成本会计实务

（第3版）

主　编　罗荷英　李　薇
副主编　潘细香　吴之固　颜运斌
主　审　张其镇

北京理工大学出版社
BEIJING INSTITUTE OF TECHNOLOGY PRESS

版权专有　侵权必究

图书在版编目（CIP）数据

成本会计实务／罗荷英，李薇主编. —3版. —北京：北京理工大学出版社，2021.5
ISBN 978-7-5682-9849-0

Ⅰ.①成…　Ⅱ.①罗…②李…　Ⅲ.①成本会计-高等学校-教材　Ⅳ.①F234.2

中国版本图书馆CIP数据核字（2021）第095533号

出版发行／北京理工大学出版社有限责任公司
社　　址／北京市海淀区中关村南大街5号
邮　　编／100081
电　　话／（010）68914775（总编室）
　　　　　（010）82562903（教材售后服务热线）
　　　　　（010）68948351（其他图书服务热线）
网　　址／http：//www.bitpress.com.cn
经　　销／全国各地新华书店
印　　刷／三河市天利华印刷装订有限公司
开　　本／787毫米×1092毫米　1/16
印　　张／19
字　　数／448千字
版　　次／2021年5月第3版　2021年5月第1次印刷
定　　价／90.00元

责任编辑／钟　博
文案编辑／钟　博
责任校对／周瑞红
责任印制／施胜娟

图书出现印装质量问题，请拨打售后服务热线，本社负责调换

前 言

本书是以教育部《高职高专会计专业人才培养方案》为依据，结合市场经济对学生的就业需求情况和正在进行的课程教学改革情况编写的。本书以高职高专财务会计学生的职业能力培养目标、知识目标、技能目标为标准，以制造企业产品生产成本的计算为主要内容，纳入学生就业面较广的行业的成本核算内容，有利于提高学生的动手能力，实现学习就业零距离接触。本书力求做到理论成熟、体例新颖、简洁易懂，对于有些需要掌握或重点理解的内容用图表表现，每一项目内容用图表的形式进行小结，并配备了相应的习题。

全书分为四大模块：模块一，成本会计实务理论基础；模块二，成本会计实务核算基础；模块三，产品成本计算方法；模块四，编制与分析成本报表。各模块内容根据会计工作过程分为 9 个项目，各项目按照会计核算要求分解为 27 项任务。

本书在编写方面具有以下特点。

1. 注重实践操作

本书强调了各种原始凭证的设计与编制；反映各种费用产生的连续记载过程；学习任务结束时，不仅配有传统的习题，还增加了成本计算过程的实务操作题，使学生在对成本计算方法有较深刻理解的同时，也提高了会计职业能力。

2. 表现形式新颖

鉴于高职高专学生的特点，本书全部内容分为四大模块，以项目为导向，结合成本计算的具体内容进行组织。各项目由案例导入、案例分析、项目小结等组成。本书同时在江西省省级精品课程“成本会计实务”网站（http：//218. 64. 175. 219/kjdsh/cbkj/index. html）为学生提供了大量学习资源。

3. 知识体系完整

本书的编写符合最新的会计准则和财经法规的相关规定，成本会计计算体系完整、内容全面，不仅有助于学生掌握成本计算操作技能，还有助于学生参加会计职称考试学习，也为学生参加各种会计技能竞赛打下一定基础。

4. 参编人员结构合理

本书主创人员由多年从事高职高专教育、多年带领学生参加江西省大学生竞赛屡获佳绩的专职教师和长期从事企业会计工作的骨干组成。

本书可以作为高等职业院校财务会计专业学生的课堂用书，也可以作为各类企业在职会计人员的培训、自学教材，以及各类企业管理人员的参考读物。

本书由江西旅游商贸职业学院罗荷英、李薇担任主编，由江西旅游商贸职业学院教师潘细香会计师、吴之固高级会计师，江西省建工集团有限责任公司主办会计颜运斌会计师担任副主编；江西旅游商贸职业学院周忠华、赵桂英、吴蔚平、赵璧佳、杜红妹、李佳文老师参与编写。其中模块一由吴之固、周忠华编写，模块二由李薇、潘细香编写，模块三由罗荷英、李薇、颜运斌编写，模块四由吴之固、赵桂英、吴蔚平编写，最后由罗荷英定稿，由江西财经大学教授张其镇任主审。

由于编者水平有限，书中的错误和缺点在所难免，恳请广大读者不吝指正，以便今后继续改进。

编　者

目　录

模块一

成本会计实务理论基础

内容提要

本模块主要阐述了成本会计中的基础理论和实务中基础工作部分；阐述了成本会计核算工作的基本要求及一般核算程序；介绍了成本的经济实质和作用；解释了费用的含义、费用要素、成本的分类；介绍了成本核算的作用、成本核算原则、成本核算的一般程序及需要应用的主要会计科目。

知识目标

1. 了解成本、成本的作用。
2. 理解成本会计工作的组织形式。
3. 掌握支出、成本、费用的划分界限。
4. 掌握成本核算的要求、基本流程及基本技能。

技能目标

1. 能正确划分支出、成本及费用。
2. 能理解、确认成本会计岗位职责范畴。
3. 能按照成本核算流程进行成本核算工作。

素质目标

1. 能够耐心细致地对企业成本构成进行了解。
2. 善于动脑，勤于思考，能够及时发现问题。

思政目标

1. 树立正确的价值观念。
2. 具有良好沟通能力及团队合作精神。

知识结构

本模块的知识结构如图 1－1 所示。

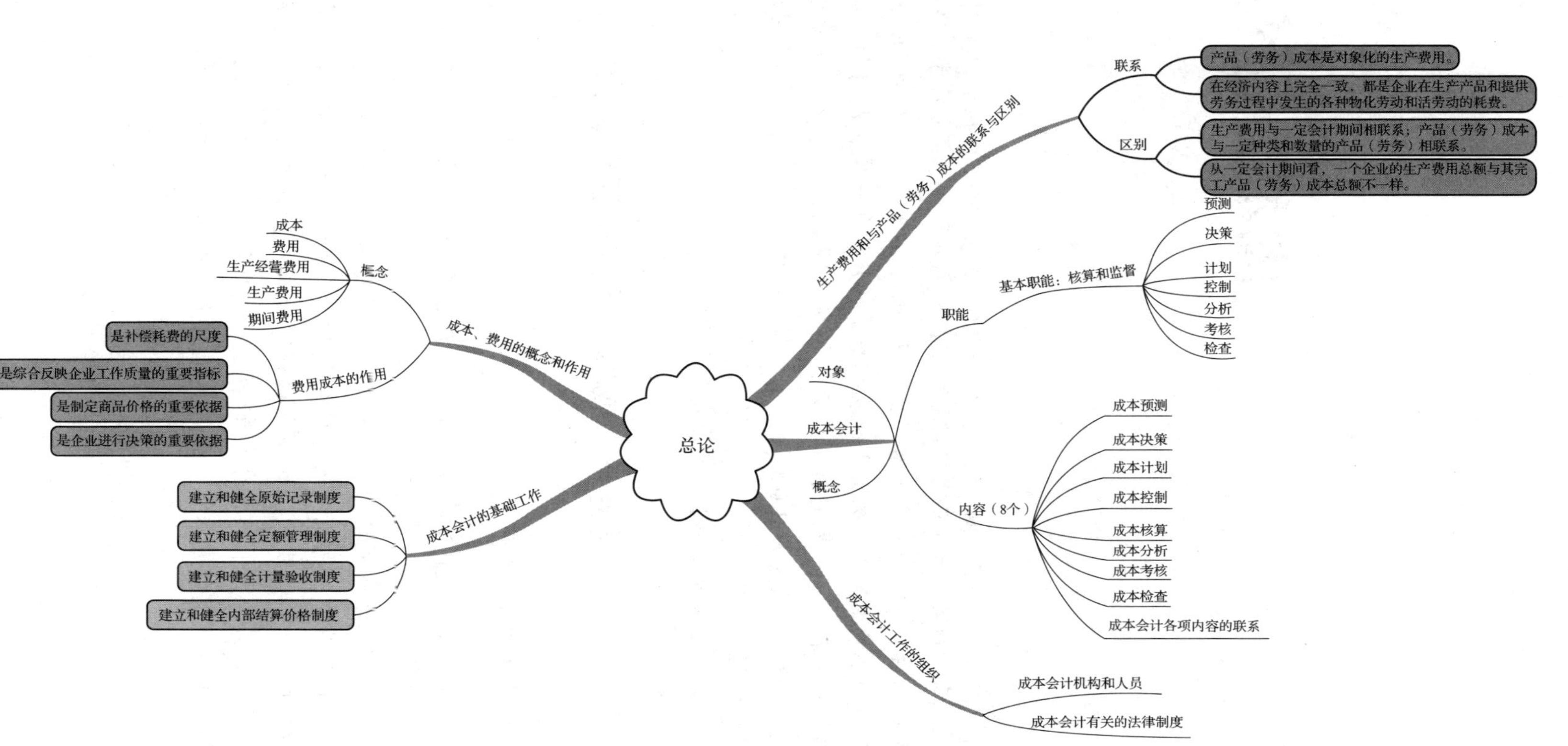

图 1－1　模块一的知识结构

项目一

成本会计实务入门

案例导入

陈琳、黄立和项颖三人是大学时的校友，他们分别毕业于会计学、市场营销和服装设计专业。毕业以后，他们合办了一家“金剪刀”服装加工厂，购进专用设备数台，花费40 000元。该厂第一个月生产了一批女士服装，并于当月销售一空，获得销售收入60 000元。该批女士服装一共花费布匹费用20 000元、辅材费用5 000元、人工工资10 000元、服装推销费用6 000元、办公费用2 000元、水电费2 000元。月末，核算本月利润时，三人对生产成本的确认发生分歧。

请问：你认为这批女士服装的成本是多少？

任务一　成本会计实务基础理论

一、成本的含义

成本会计

所谓成本，是对象化的费用。企业为了取得任何一项资产所发生的费用均可称为成本。它发生于日常工作和生活的诸多领域，如工业企业的材料采购成本、产品生产成本、劳务成本、销售成本；商品流通企业的商品采购成本、销售成本；物流交通运输企业的运输劳务成本；建筑安装企业的建筑安装成本；科研机构的科研项目开发成本；公务机关执行公务的任务成本。除此之外，人们日常生活的诸多方面都包含成本的含义，如学习成本、生产成本、时间成本以及机会成本等。由此可见，成本就是为实现某一特定目的而产生的各种耗费。

成本是会计理论中一个重要的经济概念，是商品生产发展到一定的阶段才逐步形成和完善起来的。作为用于交换的劳动产品，商品价值由三部分组成，即生产中消耗的生产资料的价值（C）、劳动者为自己的劳动所创造的价值（V），以及劳动者为社会创造的价值（M）。成本是前两者之和，即 $C+V$。换句话说，成本是企业为生产商品和提供劳务所耗费的物化劳动的货币表现，是商品价值中已消耗的生产资料的价值与劳动者为自己劳动所创造的价值之和。这一表述说明了成本的经济实质，通常称为理论成本。

在实际工作中，对成本的确定，除了要考虑理论成本外，还要考虑宏观上政策方针和微观上企业管理的需要，对成本的构成内容和开支范围进行规范，国家通过有关法规制度对成本开支范围加以界定。实际产品成本内容与理论成本包含的内容有一定的差别。例如，在工业企业的实际成本核算中，为了加强经济核算，减少资金占用，节约生产费用，减少生产损失，把废品损失、停工损失等也计入产品成本；工业企业将难以按产品对象归集的那些为组织和管理生产经营而发生的管理费用、为销售产品而发生的费用以及为筹集生产经营资金而发生的财务费用，为了简化成本核算工作，作为期间费用处理，直接计入当期损益，不计入产品成本。因此，工业企业成本会计的对象不仅包括产品生产成本，还包括期间费用。各行业经营业务的成本和有关的期间费用简称成本、费用。因此，成本会计事实上指的是成本、费用会计。

当然，成本是一个发展的概念，随着社会经济的发展，成本的概念和内涵也在不断地发生变化。为了正确理解产品成本的含义，可以从耗费和补偿两个方面考虑：从耗费的角度看，它是生产过程中劳动的消耗，是生产过程中所消耗的物化劳动和活劳动的价值的货币表现，即成本的内涵；从补偿的角度看，它是资本消耗的价值补偿，补偿商品生产中资本消耗的价值尺度，即成本的价格。

成本有广义和狭义之分，如图 1－2 所示。广义的成本是生产所耗费的货币表现，是企业生产经营过程中的所有耗费，狭义的成本是指工业企业为生产一定种类和一定数量的产品、提供劳务而发生的各种耗费，即产品成本。

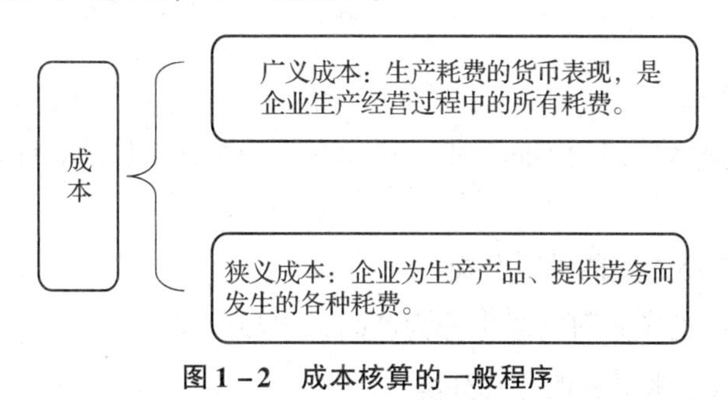

图 1－2　成本核算的一般程序

小知识

成本会计的产生和发展

成本会计先后经历了早期成本会计、近代成本会计、现代成本会计和战略成本会计四个阶段。成本会计的方式和理论体系随着发展阶段的不同而有所不同。

1. 早期成本会计阶段（1880—1920 年）

随着英国工业革命完成，机器代替了手工劳动，工厂制代替了手工工场，会计人员为了满足企业管理的需要，起初在会计账簿之外，用统计的方法来计算成本。此时，出现了成本会计的萌芽。从成本会计的方式来看，在早期成本会计阶段，主要是采用分批法或分步法成本会计制度；从成本会计的目的来看，计算产品成本以确定存货成本及销售成本。所以，初创阶段的成本会计也称为记录型成本会计。

2. 近代成本会计阶段（1921—1945年）

19世纪末20世纪初，在制造业中发展起来的以泰勒理论为代表的科学管理，对成本会计的发展产生了深刻的影响。标准成本法的出现使成本计算方法和成本管理方法发生了巨大的变化，成本会计进入了一个新的发展阶段。近代成本会计主要采用标准成本制度和成本预测，为生产过程的成本控制提供条件。

3. 现代成本会计阶段（1945—1980年）

从20世纪50年代起，西方国家的社会经济进入了新的发展时期。随着管理现代化，运筹学、系统工程和电子计算机等各种科学技术成就在成本会计中得到广泛应用，从而使成本会计发展到一个新的阶段，即成本会计的发展重点已由如何对成本进行事中控制、事后计算和分析转移到如何预测、决策和规划成本，形成了新型的以管理为主的现代成本会计。现代成本会计阶段的主要成果如下：①开展成本的预测和决策；②实行目标成本计算；③实施责任成本核算；④实行变动成本计算法；⑤推行质量成本核算。

4. 战略成本会计阶段（1981年以后）

20世纪80年代以来，电脑技术的进步、生产方式的改变、产品生命周期的缩短、以及全球性竞争的加剧，大大改变了产品成本结构与市场竞争模式。成本管理的视角应由单纯的生产经营过程管理和股东财富，扩展到与顾客需求及利益直接相关的、包括产品设计和产品使用环节的产品生命周期管理，更加关注产品的顾客可察觉价值；同时要求企业更加注重内部组织管理，尽可能地消除各种增加顾客价值的内耗，以获取市场竞争优势。此时，战略相关性成本管理信息已成为成本管理系统不可缺少的部分。该阶段的主要内容包括：①适时生产制度；②全面质量管理；③战略成本管理；④基准管理和持续改进；⑤现值理论。

二、成本的分类

根据成本核算和成本管理的不同要求，成本表现为多种多样的具体形式，并被赋予各种不同的称谓。

（一）按成本与产品之间的关系分类

按成本与产品之间的关系可将成本分为产品成本和期间费用。

（二）按成本计入成本对象的方式分类

按成本计入成本对象的方式可将成本分为直接成本和间接成本。

直接成本是指可以分清为哪种产品耗用，可以直接计入各品种、类别、批次产品等成本对象的成本。对于只有一种产品的企业来说，所有产品成本都是直接成本。

间接成本是指不能分清为哪种产品耗用，不能直接计入某品种、类别、批次产品等成本对象，而必须按照一定标准分配计入有关的各个成本对象的成本。

（三）按成本与业务量之间的关系分类

按成本与业务量之间的关系可将成本分为固定成本和变动成本。

固定成本是指在一定期间和一定业务量范围内，总额不随业务量的变动而变动的那部分成本，如企业行政管理费、厂房和机械的折旧费等。

变动成本是指在一定期间和一定业务量范围内，总额随着业务量的变动而成正比例变动的那部分成本，如原材料、辅助材料、燃料和动力费、计件工资支出等。

（四）按成本是否可以控制分类

按成本是否可以控制可将成本分为可控成本和不可控成本。

可控成本是指在特定时期内，特定责任中心能够直接控制其发生的成本。

不可控成本是相对于可控成本而言的，指的是不能为责任单位或个人的行为所控制的成本。

三、费用

（一）费用的含义

费用是企业为销售产品、提供劳务等日常活动发生的会导致所有者权益减少的、与向所有者分配利润无关的经济利益的总流出。

生产费用和期间费用的内容

企业在日常活动中所产生的费用主要有消耗材料、支付的职工薪酬、机器运转发生的磨损费用和维修费用等；在销售过程中发生的耗费主要有销售费用、企业为筹资发生的利息费用、组织和管理生产经营活动而发生的各种办公经费等。在这一过程中发生的用于生产的各种耗费称为生产费用，只有在生产过程中发生的各种生产耗费才能够作为产品成本。

（二）费用的分类

企业的生产经营过程也是物化劳动和活劳动的耗费过程，生产经营过程中发生的费用的分类如下。

1. 按其经济内容（性质）分类

费用按其经济内容（性质）可划分为劳动对象方面的费用、劳动手段方面的费用和活劳动方面的费用三大类，具体包括：

（1）外购材料。指企业为进行生产经营而耗用的一切从外部购入的原料、主要材料、辅助材料、半成品、包装物、修理用备件、低值易耗品等。

（2）外购燃料。指企业为进行生产经营而耗用的一切从外部购入的各种气体、固体、液体燃料。从理论上讲，外购燃料应该包括在外购材料中，但是由于燃料是重要的能源，需要单独考核，因此单独列作一个要素进行核算。

（3）外购动力。指企业为进行生产经营而耗用的一切从外单位购入的各种电力、蒸汽等动力。

（4）职工薪酬。指构成工资总额的各组成部分及企业支付的社会保障，工会经费和职工的教育经费、辞退福利、股份支付（现金行权）等。

（5）折旧与修理费。指企业按规定的方法计提的固定资产折旧费用和为修理固定资产而发生的支出。

（6）利息费用。指企业按规定计入生产费用的借款利息支出减去利息收入后净额。

（7）税费。指企业应缴纳的应计入管理费用的各种税金及费用，如房产税、印花税、车船使用税、土地使用税。

（8）其他费用。指企业开支的、不属于上述各要素的费用，如差旅费、办公费、邮电费、租赁费、咨询费、业务费、保险费和诉讼费。

按照以上费用要素反映的费用，称为要素费用。正确区分要素费用，可以反映企业在一定会计期间发生的费用种类和金额，分析各个时期要素费用的构成和水平，为编制企业资金计划、核定资金定额提供资料。但是，这种分类不能说明各项费用的用途，因此不便于分析各种费用的支出是否节约、合理。

2. 费用按经济用途分类

企业在生产经营中发生的费用，首先可以分为计入产品成本的生产费用和直接计入当期损益的期间费用两类。

生产费用按经济用途划分，形成成本项目，成本项目是对象化的生产费用的具体项目，一般来说，制造企业有3个基本成本项目。

（1）直接材料。指企业生产经营过程中直接耗用的，并构成产品实体的原料及主要材料、辅助材料。

（2）直接人工。指企业直接从事产品生产人员的职工薪酬。

（3）制造费用。指企业间接用于产品生产的各项费用（如机物料耗用、水电费、办公费、车间设备折旧费等），以及虽直接用于产品生产，但不便于直接计入产品成本，所以没有专设成本项目的费用（如机器设备折旧费）。

企业为了使成本项目更好地适应生产特点和管理要求，可对以上成本项目进行适当的调整。对于管理上需要单独反映、控制和考核的费用，以及在产品成本中所占比重较大的费用，应专设成本项目；否则，为了简化核算工作，不必专设成本项目。

期间费用是指企业在生产经营过程中发生的，与产品生产活动没有直接关系，属于某一时期发生的，直接计入当期损益的费用。企业的期间费用计入当期损益，分为销售费用、管理费用和财务费用三大类。

（三）支出

支出是会计主体在经济活动中发生的所有开支与耗费。企业的支出可分为资本性支出、收益性支出、所得税支出、营业外支出和利润分配性支出。

生产经营费用中费用与成本的关系如图1－3所示。

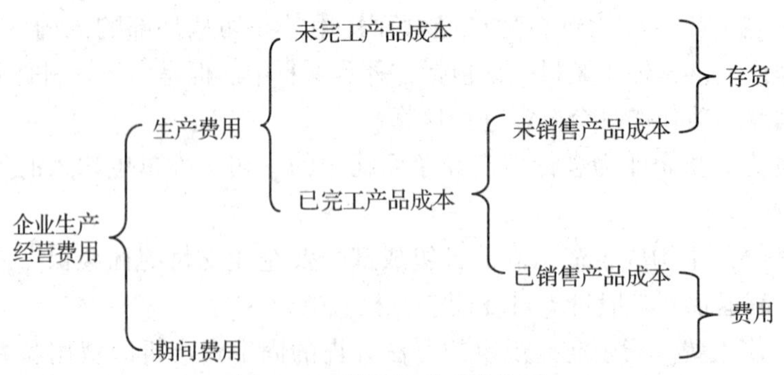

图1－3　费用与成本的关系

四、成本的作用

成本作为一个独立的经济范畴，是企业在生产经营过程中需要重点关注的内容，其作用主要表现在以下方面。

（一）成本是补偿生产耗费的尺度

产品成本就是生产过程中消耗的物化劳动和活劳动，企业生产经营中的各项耗费必须得到补偿才能够继续生产。因此，成本一方面以货币形式对生产耗费进行计量，另一方面为企业的简单再生产提出资金补偿的标准。成本作为补偿劳动耗费的尺度，对于促进企业加强成本管理、降低劳动消耗、取得最大经济效益有重要意义。

（二）成本是综合反映企业工作质量的重要指标

成本是一项反映企业生产经营管理工作的综合指标，经营管理中各方面工作的好坏都可以直接或间接地在成本上反映出来，比如，机器设备的利用是否充分、材料物资的消耗是否节约、生产工艺的设计是否合理、供产销各环节是否顺畅、劳动生产率高低、产品设计的好坏等，都会对成本产生影响。因此，可以通过对成本的计划、控制、监督、考核、分析等促使企业及企业内各单位加强经济核算，努力改进管理，降低成本，提高效益。

（三）成本是制定产品价格的重要因素

产品价格是产品价值的货币表现。实际工作中产品价格受多种因素的影响。企业在决定产品价格时要参考产品成本这一重要依据。如果单位商品价格低于产品成本，则企业必然发生亏损，再生产难以为继；只有商品价格高于产品成本，企业才有获利的可能，商品价格越高，企业获利空间越大，因此成本是影响产品价格的重要因素之一。

（四）成本是企业经营决策的重要依据

在市场经济条件下，企业只能依靠不断提高经济效益来提高自身的竞争能力。为了提高经济效益，企业必须根据市场需要和自身经营状况，作出及时、正确的生产经营决策，包括筹资决策、投资决策、生产决策等。在生产经营决策中，影响决策的因素很多，其中一个重要因素就是成本的竞争能力，在同等市场经济条件下，企业的竞争主要是产品价格与质量的竞争，拥有具备竞争优势的低成本产品才可能有较强的竞争能力，才可能提高市场占有率。成本是企业进行生产经营决策的重要依据。

五、成本会计的职能

成本会计是以成本费用为对象的一种专业会计，主要研究物质生产部门为制造产品而发生的成本，即产品的生产成本，以及企业在生产经营过程中进行日常管理、销售产品和筹集资金等所发生的各种期间费用。

成本会计是运用会计的基本原理和一般原则，采用一定的技术方法，对企业生产经营过程中各项资金耗费的发生，以及产品成本和劳务成本的形成进行连续、系统、全面综合的核算和监督的一种管理活动。成本会计是现代会计的一个重要分支。它的主要职能如下。

（一）成本预测

成本预测是指运用一定的科学方法，对未来的成本水平及其变化趋势作出科学的评估，它是确定目标成本和选择达到目标成本途径的重要手段。也就是说，通过成本预测，掌握了企业未来的成本水平及变动趋势，可以提高降低成本的自觉性，也为成本决策、成本计划、成本控制提供了及时有效的信息。

（二）成本决策

成本决策是指运用决策理论，根据成本预测及有关成本资料，运用定性与定量的方法，选择最佳成本方案，以便确定目标成本，制定成本计划的过程。它贯穿整个生产经营过程，涉及面广，因此在每个环节都应选择最优的成本决策方案，以达到总体最优。

（三）成本计划

成本计划是指在成本决策的基础上，根据计划期的生产任务、降低成本的要求以及有关资料，通过一定的程序，运用一定的方法，以货币计量形式表现计划期产品的生产耗费和各种产品成本水平，并将之作为控制与考核成本的重要依据。成本计划通常包括：编制生产成本及期间费用预算、商品（产品）总成本及单位成本计划、可比产品成本降低计划及完成计划的措施等。成本计划为企业进行成本控制、成本分析、成本考核提供了重要依据，一经确定，对各个生产单位及职能部门都有约束作用。

（四）成本控制

成本控制是指根据预定的目标，在产品成本形成的过程中，通过对成本发生和形成过程的监督，及时发现并纠正发生的偏差，采取措施，将生产经营过程中发生的各种消耗和费用支出限制在成本计划和费用预算标准的范围内，以保证产品成本降低目标的实现。通过成本控制，可以揭示问题，找出差距，防止浪费，消除损失。成本控制的范围涉及企业生产经营各环节、各部门，控制的内容包括企业人力、物力、财力的消耗及每一项费用的开支。

（五）成本核算

成本核算指根据企业确定的成本核算对象，采用适当的成本计算方法，按照规定的成本项目，严格划分各种费用的界限，并对应计入产品成本的生产费用进行一系列的归集和分配，从而计算出各成本核算对象的总成本和单位成本。成本核算是成本会计工作的核心，能够反映成本计划的执行情况，为编制下期成本计划，进行未来成本预测和决策提供资料，同时，它也是制定产品价格的重要依据。

（六）成本分析

成本分析是指利用成本核算及其他有关资料，分析成本水平与构成的变动情况，研究影响成本的各种因素及其变动原因，寻找降低成本的途径。成本分析是成本管理的重要组成部分，其作用是正确评价企业成本计划的执行结果，揭示成本增减变动的原因，为编制成本计划和制定经营决策提供重要依据。根据成本报表和成本计划等资料进行的成本事后分析，主要包括：全部产品成本计划完成情况的分析、可比产品成本计划完成情况的分析、产品单位成本计划完成情况的分析、制造费用预算执行情况的分析、技术经济指标变动对产品成本影响的分析、产品质量变动对成本影响的分析、工人劳动生产率变动对成本影响的分析、材料利用情况变化对成本影响的分析等。

（七）成本考核

成本考核是指定期通过成本指标的对比分析，对目标成本的实现情况和成本计划指标的完成结果进行的全面审核和评价。成本考核是成本会计职能的重要组成部分。成本考核以各责任者为考核对象，以其可控制成本为界限，并按责任的归属来核算和考核其成本指标的完成情况，评价工作业绩和作出奖惩决定，以充分调动各个责任者的积极性。

六、成本会计的任务

成本会计的任务是成本会计职能的具体化，也是人们期望成本会计应达到的目标和成本会计的要求。其根本任务是：促进企业尽可能节约生产经营过程中活劳动与物化劳动的消耗，不断降低产品成本，提高经济效益。成本会计的任务与成本会计的职能有着密切联系：

成本会计能否承担某一项任务，取决于它是否具有完成该项任务的职能；成本会计职能的发挥程度又受制于任务完成情况的好坏。根据企业经营管理的要求，成本会计的任务主要有以下 4 项。

（一）及时、正确地核算各种产品成本费用

按照国家有关法规制度和企业经营管理的要求，及时、正确地核算企业生产经营过程中发生的各种成本费用，提供真实、有用的成本数据资料，是成本会计的基本任务。成本核算所提供的成本数据资料不仅是企业进行存货计价、确定利润和制定产品价格的依据，也是企业进行成本管理的基本依据。

（二）优化成本决策，确立目标成本

优化成本决策，需要在科学的成本预测的基础上收集整理各种成本信息，在现实和可能的条件下，采取各种降低成本的措施，从若干可行方案中选择生产每件合格产品所消耗活劳动和物化劳动最少的方案，将成本最低化作为制定目标成本的基础。为了优化成本决策，需增加企业员工的成本意识，使之在处理每一项业务活动时都能自觉地考虑和重视降低产品成本的要求，把所费与所得进行比较，以提高企业的经济效益。

（三）加强成本控制，防止挤占成本，提高效益

加强成本控制，首先是进行目标成本控制，主要依靠执行自主管理，进行自我控制，以促其提高技术，厉行节约，注重效益；其次是遵守国家有关成本费用的法规规定，严格控制各项费用支出、营业外支出等挤占成本，并积极探求节约开支的途径，以促进企业经济效益的不断提高。

（四）建立成本责任制度，加强成本责任考核

成本责任制度是对企业各部门、各层次和执行人在成本方面的职责所作的规定，是提高职工降低成本的责任心，发挥其主动性、积极性和创造力的有效办法。建立成本责任制度，要把完成成本降低任务的责任落实到每个部门、层次和责任人，使职工的责、权、利相结合，将职工的劳动所得同劳动成本相结合；各责任单位与个人要承担降低成本之责，执行成本计划之权，获得奖惩之利。实行成本责任制度时，成本会计要以责任者为核算对象，按责任的归属对所发生的可控成本与其目标成本相比较，揭示差异，寻找发生原因，据此确定奖惩并挖掘进一步降低成本的潜力。

小知识

尽管近年来许多新的成本会计方法和思想不断涌现，但迄今为止仍未能形成一套公认的行之有效的成本会计体系。创新学派认为传统学派过于守旧，所研究的成本会计远远落后于现实企业管理的需要，而传统学派则批评创新学派缺乏系统理论体系，只是停留在对相关学科成果的“拼凑”性的介绍上，缺乏新的理论成本。因此，建立一个立足于信息化社会，满足不断发展的现代管理要求的系统的、新的成本会计理论体系，是当前乃至今后很长一段时间需要面对的紧迫课题。

案例分析

成本与费用、开支之间存在联系与区别。陈琳所理解的销售服装成本与合伙人理解的销售服装成本存在差异，根据前面所学知识，成本会计所确认的销售服装成本应为35 000元。

任务二　成本会计基础实务

为了充分发挥成本会计的职能作用，圆满完成成本会计的任务，企业应根据单位生产经营业务的特点、生产规模的大小、企业机构设置和成本管理的要求等具体情况来组织成本会计工作。

一、成本会计的基础工作

为了加强成本的审核、控制，正确、及时地计算产品成本和期间费用，企业必须做好以下各项基础工作。

（一）健全原始记录

原始记录是指按照规定的格式，对企业的生产、技术经济活动的具体事实所做的最初书面记载。它是进行各项核算的前提条件，是编制费用预算，严格控制成本费用支出的重要依据。成本会计有关的原始记录主要包括以下内容：

（1）反映生产经营过程中物化劳动消耗的原始记录；

（2）反映活劳动消耗的原始记录；

（3）反映在生产经营过程中发生的各种费用支出的原始记录；

（4）其他原始记录。

原始记录是一切核算的基础，对成本核算更是如此。因此，原始记录必须真实正确、内容完整、手续齐全、要素完备，以便为成本的计算、控制、预测和决策提供客观的依据。

（二）健全存货的计量、验收、领退和盘点制度

为了保证入库材料物资的数量与质量，必须做好计量与验收工作，准确的计量和严格的质量检测是保证原始记录可靠性的前提；为了保证领、退的材料物资准确无误，必须及时办好领料和退料凭证手续，使成本中的材料费用相对准确。由于材料物资等存货品种、规格多，进出频繁，尽管严格管理，但由于各种原因，账面不符的情况时有发生，所以对材料物资还得进行定期或不定期的清查盘点，进行账面调整，以保证库存材料物资的真实性，确保成本中的材料等费用更加准确。

（三）实施有效的定额管理

定额是指在一定生产技术组织条件下，对人力、财力、物力的消耗及占用所规定的数量标准。科学先进的定额是对产品成本进行预测、核算、控制和考核的依据。与成本核算有关的消耗定额主要包括工时定额，产量定额，材料、燃料、动力等消耗的定额，有关费用的定额，如制造费用的预算等。消耗定额是作为企业产品生产发生耗费应该掌握的标准。消耗定额由于服务于不同的成本管理目的，可表现为不同的消耗水平。当企业编制成本计划时，根据计划期内平均消耗水平制定定额；当定额作为分配实际成本标准时，以能体现现行消耗水平的定额为依据来衡量；当企业为实现预期利润而控制成本时，以企业实现预期利润必须达到的消耗水平作为衡量的尺度。定额制定后，为了保持它的科学性和先进性，必须根据生产的发展、技术的进步、劳动生产率的提高，进行不断的修订，使它为成本管理与核算提供客观的依据。

（四）建立适合企业内部的结算价格

在生产经营过程中，企业内部各单位之间往往会相互提供半成品、材料、劳务等，为了分清企业内部各单位的经济责任，明确各单位工作业绩以及满足总体评价与考核的需要，应制定企业内部结算价格。

制定结算价格的主要依据有以下几点：

（1）内部转移的材料物资等，应以当时的市场价格作为内部结算价格。

（2）材料物资、劳务等也可以以市场价格为基础，双方协商定价，即以通常所说的“议价”作为内部的结算价格。

（3）企业生产的零部件、半成品等在内部转移时，可以将标准成本或计划成本作为内部结算价格。

（4）在原有成本的基础上，加上合理的利润（按一定利润率计算）作为内部的价格。

除上述计价方法外，企业也可以根据生产特点和管理要求以及结算的具体情况确定其合理的结算价格并进行结算。

（五）建立科学、完善的规章制度

规章制度是企业为了进行正常的生产经营和管理而制定的有关制度、章程和规则。规章制度是人们行动的准绳，是实施有效的成本管理的保证。

企业内与成本会计有关的规章制度主要包括：计量验收制度、定额管理制度、岗位责任制、考勤制度、质量检查制度、设备管理和维修制度、材料收发领用制度、物资盘存制度、费用开支规定及其他各种成本管理制度等。各种规章制度的具体内容应随着生产发展、经营情况的变化、管理水平的提高等客观条件和变化，不断改进，逐步完善。

二、成本会计工作的组织

为了充分发挥成本会计的作用，更好地完成成本会计的各项任务，必须有效地加强和组织成本会计工作。

（一）成本会计机构设置

企业的成本会计机构，是在企业中负责组织领导和从事成本会计工作的职能部门，是企业会计机构的重要组成部分。它是企业实施成本管理的组织保证，也是进行成本核算的重要条件。企业应当在保证成本会计工作质量的前提下，按照节约成本会计工作时间和费用的原则，设置成本会计工作机构。企业的业务类型和经营规模以及成本会计机构与财务会计机构的关系都影响到成本会计工作组织的设置。成本会计机构可以单独设置，也可以并入企业会计机构。在大中型制造企业中，通常在厂部专设的会计机构中单独设立成本会计科，并在各生产车间设置成本会计组，专门从事成本会计工作；在小型制造企业中，通常在专设的会计机构中设置专职的成本核算员，负责处理成本会计相关事宜。

企业内部各级成本会计机构按照组织分工方式的不同，分为集中工作和分散工作两种基本方式。

1. 集中工作方式

集中工作方式（图 1－4）是指企业成本会计工作主要由厂部成本会计机构集中进行，车间等其他单位的成本会计机构或人员只负责原始记录和原始凭证的填制，并对它们进行初步的审核、整理和汇总，为厂部成本会计机构进一步工作提供基础资料。在这种方式下，厂部成本会计机构能够及时地掌握企业成本费用的全面信息，便于集中使用计算机进行成本数据的处理，还可以减少成本会计工作、机构层次和人员数量。它不便于实现责任成本核算，直接从事生产经营活动的单位和个人不能及时掌握本单位的成本信息，从而不便于成本的及时控制和责任成本制的推行。

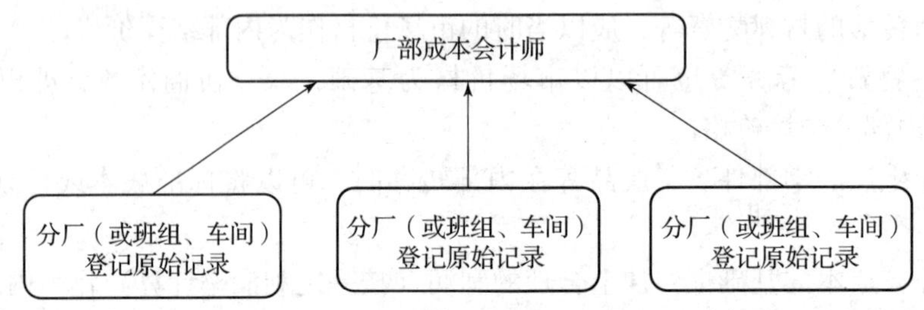

图1－4 集中工作方式的成本会计组织

2. 分散工作方式

分散工作方式（图1－5）是指将企业成本会计工作中的核算、分析、计划编制等分散到车间和其他单位，由其成本会计机构和人员分别进行。厂部的成本会计机构负责对各车间和其他单位的成本会计机构和人员进行业务上的指导和监督，并对全厂的成本会计信息进行综合的核算和分析。分散工作方式的优、缺点正好和集中工作方式的优、缺点相反。

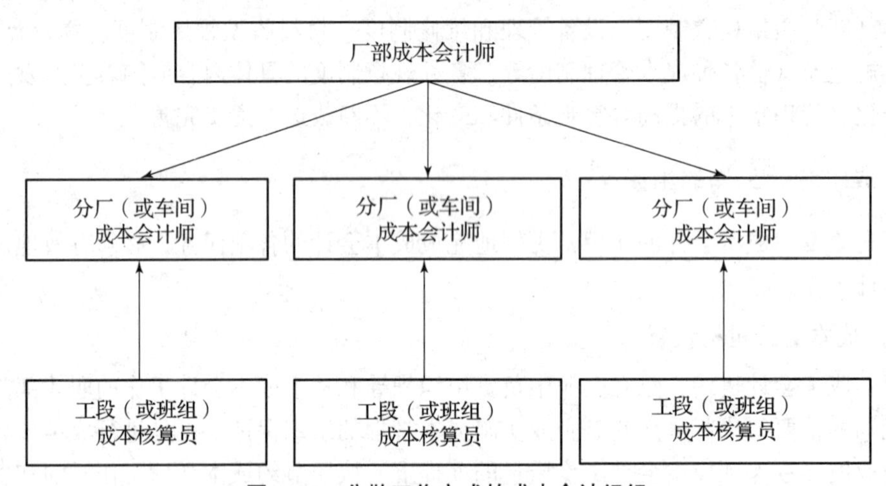

图1－5 分散工作方式的成本会计组织

一般而论，集中工作方式主要适用于中小型企业，分散工作方式主要适用于大中型企业。在实际过程中，为了扬长避短，可以在一个企业中将两种工作方式结合起来，即对某些部门采用分散工作方式，而对某些部门采用集中工作方式。

（二）成本会计人员配备

成本会计人员是在会计机构中从事成本会计工作的人员。成本会计工作是会计工作的核心，为了保证成本会计工作的质量，成本会计人员应具备较高的素质。

作为一个合格的成本会计人员，首先应该具备会计从业资格和相应的会计专业任职资格，具有与所从事的会计工作相适应的专业知识和业务能力；其次要熟悉和执行国家的政策和法规，热爱会计工作，精通会计业务，遵守职业道德；再次还应当懂得企业成本管理，能经常深入企业，实践生产各环节，熟悉企业的生产特点和管理的具体要求。

同时，成本会计人员的配备应该是多层次的，除厂部和生产车间配备专职的成本会计人员进行成本核算，参与成本管理外，在生产班组内，也可以设置兼职核算员，开展班组核算。班组核算主要负责登记原始记录，填制原始凭证，并对原始资料进行初步的审核、整理与汇总，提供与产品成本计算有关的基础的原始资料。

三、成本会计制度的制定

成本会计制度是成本会计工作的规范，是会计法规和制度的重要组成部分。企业成本会计制度包括统一制度和内部制度两个方面、四个层次。

（一）《中华人民共和国会计法》

《中华人民共和国会计法》是经全国人民代表大会常务委员会通过，由国家主席令发布实施的，是我国会计工作的基本大法。有关会计的一切法规、制度，都应该按《中华人民共和国会计法》的要求进行制定。

（二）《企业会计准则》

《企业会计准则》是依据《中华人民共和国会计法》，经国务院批准，由财政部发布实施的，是企业进行财务会计工作的基本准则。企业进行成本核算，组织成本监督，设置成本会计机构和配备成本会计人员等都应当遵循《中华人民共和国会计法》和《企业会计准则》的规定。

（三）企业会计制度

企业会计制度是由各企业依据《企业会计准则》，结合本企业的具体条件自主制定的会计制度。企业的成本会计工作是企业会计工作的重要组成部分，企业的成本会计工作也应当符合企业会计制度的有关规定。

（四）企业成本会计制度、规程或办法

各企业为了具体规范本企业的成本会计工作，还应根据上述各种法规和制度，结合本企业生产经营的特点和成本管理的要求，具体制定本企业的成本会计制度、规程或办法。它们是企业进行成本会计工作的具体、直接的依据。

具体的成本会计制度包括以下几个方面：

（1）关于成本会计工作的组织分工及职责权限；

（2）关于成本预测、决策制度；

（3）关于成本定额、成本计划和费用预算编制制度；

（4）关于成本报表编制的制度，包括报表的种类、格式、编制方法等；

（5）关于成本核算制度，包括成本计算对象、成本计算方法的规定，成本项目的设置，生产费用的归集和分配，月末在产品计价方法的确定以及成本核算的一些基础性工作要求等；

（6）关于成本控制、成本分析、成本考核制度等；

（7）关于成本考核办法和有关奖励制度；

（8）其他有关的成本会计制度。

成本核算的基本要求及一般程序

案例导入

为了正确核算产品的成本，陈琳按照会计法规规定，设置了“基本生产成本”“辅助生产成本”“制造费用”等账户，并根据生产的特点和管理的要求，确定成本计算对象，采用合适的成本计算方法，严格按照成本核算的程序设置生产成本明细账，归集生产费用，计算各月份完工产品总成本及单位成本。为了更好地反映各账户之间的关系，除了已设置的几个主要账户，企业在成本核算过程中还涉及哪些账户？它们之间有什么关系？

任务一　产品成本核算要求

产品成本核算就是根据有关的法规、制度和企业经营管理的要求，对生产经营过程中实际发生的各种劳务耗费进行计算，并进行相应的账务处理，提供真实、有用的成本信息。成本核算应做到“算管结合，算为管用”。因此，为了充分发挥产品成本核算的作用，应贯彻执行以下各项要求。

成本核算要求和原则

一、遵循产品成本核算的基本原则

为了做好成本核算工作，提高成本核算质量，充分发挥成本核算的作用，必须遵循下列原则。

（一）合法性原则

合法性原则，是指计入成本的费用必须符合党和政府的方针政策、法令、制度的规定。

（二）权责发生制原则

企业的成本费用核算是建立在权责发生制的基础上的。权责发生制要求：应由本期成本负担的费用，不论是否已经支付，都要计入本期成本；不应由本期成本负担的费用，即使在本期支付也不应作为本期成本。

（三）按实际成本计价原则

成本核算按实际成本计价，主要包括个方三个方面的内容：一是对生产所耗用的原材料、燃料、动力和折旧等费用，都要按实际成本计价；二是完工产品成本要按实际成本计价；三是由当期损益负担的产品销售成本，也应按实际数结转。

遵循按实际成本计价原则，可以减少成本计算的随意性，保持成本信息的客观性和可验证性。

（四）一致性原则

一致性原则是指成本核算所涉及的成本核算对象、成本项目、成本核算方法以及会计处理方法前后各期应当一致，保证前后各期成本信息的可比性，提高成本信息的利用程度。一致性原则的要求包括四方面内容：

（1）某项成本要素发生时，确认该要素水平的方法前后期应当一致，如发出材料的计价方法等。

（2）成本计算过程所采用的费用分配方法前后期应当一致，如制造费用的分配方法、材料费用的分配方法、人工费用的分配方法等。

（3）同一种产品的成本核算方法前后各期应当一致，如品种法、分批法、分步法等，前期选定一种核算方法后，后期不得随意变更。

（4）成本核算对象、成本项目的确定前后期应当一致。

（五）分期核算原则

企业的生产经营活动连续不断地进行，为了及时、准确地核算产品生产成本，企业必须将连续不断的生产经营期间划分为若干个相等的成本核算期间，按期计算产品生产成本。为了降低成本核算成本，顺利进行各项成本核算工作，成本核算期间的划分必须与会计年度的划分一致。成本核算中费用的归集与分配都是按月进行的，与会计报告期不一致。成本分配核算原则，主要是分清当月发生和当月负担的成本费用的界限，从时间上确定各个成本计算期的费用和产品成本的界限，保证成本核算的正确性。

（六）重要性原则

重要性原则是指对产品成本中的重要内容应单独设立项目反映，力求准确；对次要的内容则简化核算或与其他内容合并反映。如构成产品实体或主要成分的原材料、生产工人的工资就直接记入产品成本的“直接材料费用”“直接人工费用”项目单独进行反映；一般性耗用的、数额不大的材料费用就计入“制造费用”或“管理费用”等综合项目中合并反映，从而使成本指标达到最佳的成本效益和经济效益。

二、正确划分各费用界限

（一）正确划分成本费用和非成本费用的界限

企业的经营活动是多方面的，除了生产经营活动外，还有其他方面的经济活动，因此费用支出的用途也是多方面的，并非全部计入成本费用。企业对发生的各种支出，首先要分清是费用性支出还是非费用性支出，以防止乱计成本、乱列支出，形成当期的生产费用与期间费用。资本性支出、投资性支出、所得税支出、营业外支出和利润分配性支出属于非费用性支出，不构成当期的成本和费用。

（二）正确划分生产费用和期间费用的界限

企业发生的费用性支出，必须根据其经济用途分清是生产费用还是期间费用。对于哪些费用应计入产品成本和期间费用，哪些不计入，国家规定了成本开支范围，它规定了成本开支的范围，是企业必须严格执行的重要财经制度和财经纪律。任意扩大或缩小成本、费用开支范围，多计或少计成本、费用，不仅是破坏国家财经纪律的行为，而且造成成本数字不实，从而不利于企业的经营管理。

（三）正确划分本期费用和下期费用的界限

成本核算是建立在权责发生制的基础之上的。应由本月成本、费用负担的费用都应在本月入账，计入本月的产品成本和期间费用；不应由本月成本、费用负担的费用，一律不得列入本月的产品成本和期间费用。企业要防止利用费用人为调节各个月份的成本、费用，人为调节各月损益的做法。

（四）正确划分各种产品的费用界限

为了分析和考核各种产品成本计划的执行情况，必须正确计算各种产品的成本。凡应由某种产品成本负担的费用，应直接计入某种产品成本；凡由几种产品共同发生的费用，分不清应由哪种产品负担的，则应采用适当的分配方法，分配计入各种产品成本。在划分各种产品的费用界限时，要防止在这些产品之间任意增减费用，借以掩盖成本超支，或以盈补亏或虚报成本的错误做法。

（五）正确划分完工产品和在产品的费用界限

月末计算各种产品成本时，如果该种产品已全部完工，那么计入这种产品的生产费用就是该种产品的生产成本。如果该种产品既有完工产品又有未完工的产品，那么就要采用适当的分配方法将生产费用在完工产品与月末在产品之间进行分配，分别计算完工产品成本和月末在产品成本。要防止任意增加或减少月末在产品费用，人为地调节完工产品成本的错误做法。

三、正确确定计价结转方法

企业在生产经营过程中使用的财产物资将逐渐转移为成本和费用。因此，财产物资的计价和价值结转方法都会影响成本、费用。企业财产物资计价和价值结转方法主要包括：固定资产原值的计算方法、折旧方法、折旧率的种类和计算方法等；材料按实际成本进行核算时发出材料单位成本的计算方法、材料按计划成本进行核算时材料成本差异率的计算方法、周转材料的摊销方法、摊销率的计算方法等。为了正确计算成本，对于各种财产物资的计价和价值的结转，应严格执行国家统一的会计制度。各种方法一经确定，应保持相对稳定，不能随意改变，以保证成本信息的可比性。为了正确地计算成本、费用，对于这些财产物资的计价和价值结转的方法既要合理，又要简便，同时要保持相对稳定，以保证成本信息的可比性。

四、做好成本核算的基础工作

为了保证产品成本核算的质量，达到对产品进行正确计划、控制、分析的目的，必须做好成本核算的基础工作。成本计算正确与否，取决于基础工作的扎实程度。

五、选择适当的成本计算方法

产品的生产工艺过程和生产组织的特点不同，则所采用的成本计算方法也不同。计算产品成本是为了加强成本管理，满足企业管理的需要。企业采用什么成本计算方法，在很大程度上是由产品的生产特点决定的。企业只有按照产品的生产特点和管理要求，选择适当的成本计算方法，才能正确地计算产品成本，为管理提供有用的信息。

任务二　产品成本核算的一般程序和主要会计科目

一、产品成本核算一般程序

成本核算程序

产品成本核算的一般程序是指对企业在生产经营过程中发生的各项费用，按照成本核算和管理需要的要求，逐步进行归集和分配，最后计算出各种产品的成本和各项期间费用的基本过程。

（一）确定产品成本计算对象，设置生产成本明细账

产品成本计算对象是生产费用的承担者，即归集和分配生产费用的对象。确定产品成本计算对象，就是要解决生产费用由谁来承担的问题。产品成本计算对象的确立，是设置产品成本明细账，正确计算产品成本的前提，也是区别各种产品成本计算的主要标志。不同的企业，由于在生产规模、生产特点、管理要求及管理水平等方面存在着差异，其产品成本计算对象也不相同。

对大量、大批生产的产品，通常以产品品种作为产品成本计算对象；对小批或单件组织生产的产品，通常以产品的生产批次作为产品成本计算对象；对生产步骤较多，又需要计算每一生产步骤半成品成本的产品，则可以产品的生产步骤作为产品成本计算对象；对生产过程相同、生产工艺相近的同类产品，还可以产品的类别作为产品成本计算对象。

（二）确定成本项目，严格审核和控制企业的各项支出

为了正确反映产品成本的经济构成，进行产品成本的比较，加强产品成本管理，需要对发生的生产费用按其经济用途归集到产品成本计算对象中，因此，企业在进行产品成本计算前，必须先确定成本项目。产品成本项目一般分为 3 个：直接材料费用、直接人工费用和制造费用。也可以按照成本管理的需要对成本项目进行必要的调整，如增设废品损失、停工损失等成本项目。

对企业的各项支出进行审核和控制，并按照国家的有关规定确定其是否应记入产品成本、期间费用。

凡不属于企业日常生产经营方面的支出，均不得记入产品成本或期间费用；凡属于企业日常生产经营方面的支出，均应全部记入产品成本或期间费用，不得遗漏。对于应记入产品成本的支出，应正确区分成本项目，这有利于正确核算、分析产品成本。

（三）确定成本计算期，正确划分各种费用的界限

成本计算期是指产品成本计算的周期。产品成本计算期的确定主要取决于企业生产组织的特点。

为了按期分析和考核产品成本，应将计入产品成本的生产费用在各个期间进行划分。为此，本期发生的成本费用都应在本期入账，不应将其一部分延续到下期入账，也不应将下一期的生产费用提前记入本期产品成本。

（四）归集和分配生产费用

将应记入本期产品成本的各项费用，在各种产品之间按照成本项目进行归集和分配，计算出按成本项目反映的各种产品的成本。

生产费用发生时，凡能划清某种产品负担的费用，应直接记入该种产品成本；凡由几种产品共同负担的费用，必须采用适当的办法，在各种产品之间进行分配，分别记入各产品的成本，不得人为地在不同产品之间转移费用。应特别指出，在划分各种产品成本的费用界限时，应注意划清可比产品与不可比产品之间、盈利产品与亏损产品之间费用的界限。应该防止在盈利产品与亏损产品之间以及可比产品与不可比产品之间任意增减生产费用的错误做法。只有客观、正确地反映各种产品的成本，才能正确地考核分析全部产品成本计划的完成情况和各种产品成本的升降情况，寻求降低成本的正确途径。

（五）将生产费用在完工产品与期末在产品之间进行分配

对于期末既有完工产品又有在产品的企业，应将该种产品的生产费用在完工产品与期末在产品之间进行分配，计算出该种产品的完工产品成本和期末在产品成本。

（六）编制产品成本计算单，登记生产成本明细账

产品成本的计算过程主要体现在产品成本计算单的编制上。企业按照成本计算对象开设产品成本计算单，按照成本项目分设专栏，从生产成本明细账中累计出各产品相应的期初在产品成本、本期发生的成本，将所累计的成本在完工产品与月末在产品之间进行分配，计算出完工产品总成本和单位成本。最后，完成生产成本明细账的登记。产品成本计算单的基本格式见表1－1。

表1－1　产品成本计算单

产品名称：　　　　20××年×月×日　　　　元

项目	成本项目			合计
	直接材料费用	直接人工费用	制造费用	

制表单位：

二、产品成本核算的主要会计科目

为了核算企业所发生的各项费用，进行成本的计算与控制，提供管理上所需要的各项成本费用资料，企业应设置一系列会计科目进行核算，主要包括以下几类。

（一）核算要素费用的会计科目

为了反映和核算各项要素费用的发生、归集与分配，应设置“原材料”“周转材料”等科目反映劳动对象的消耗，设置“应付职工薪酬”等科目反映劳动力的消耗，设置“累计折旧”“累计摊销”等科目反映劳动资料的消耗。

（二）计算产品成本的会计科目

为了正确归集和分配生产费用，计算产品生产成本，进行产品成本的总分类核算，应设立“生产成本”和“制造费用”等成本类科目。

1. “生产成本”科目

该科目核算企业进行工业性生产发生的各项生产成本，包括生产各种产品、自制材料、自制工具、自制设备等发生的生产费用。下面设置“基本生产成本”和“辅助生产成本”两个明细科目。

“基本生产成本”明细科目核算企业基本生产车间为完成企业主要生产目的而进行的产品生产所发生的生产费用，用以计算基本生产的产品成本。借方登记为进行基本生产而发生的各项费用；贷方登记转出的完工入库产品成本；余额在借方，表示基本生产车间的在产品成本。基本生产成本明细账应当按照基本生产车间和成本核算对象设置，账内按照产品成本项目设置专栏。其基本格式见表1－2。

表1－2　基本生产成本明细账

二级科目：　　　　总第　　页
字第　　页

年		凭证		摘要	借	贷	余额	（　　　　）方分析			
月	日	字	号					直接材料费用	直接人工费用	制造费用	合计

“辅助生产成本”明细科目核算企业辅助生产车间为基本生产服务而进行的产品生产和劳务供应所发生的生产费用，用以核算辅助生产产品和劳务成本。该科目借方登记为进行辅

助生产而发生的各项费用；贷方登记转出的完工入库产品的成本和分配转出的劳务费用；如有余额则在借方，表示辅助生产在产品的成本；如辅助生产车间提供劳务服务，则月末无余额。该明细科目应按辅助生产车间和生产的产品、劳务分设明细账，账内按辅助生产的成本项目或费用项目设专栏进行明细登记。

2. “制造费用”科目

为了归集和分配企业生产车间或部门为生产产品和提供劳务而发生的各项间接费用，核算时应设置“制造费用”科目。该科目的借方登记实际发生的制造费用。除季节性生产企业外，该科目月末无余额。“制造费用”科目可按不同的生产车间、部门设置明细账。

（三）归集期间费用的会计科目

1. “销售费用”科目

为了核算企业在销售商品、自制半成品和提供劳务过程中发生的各种费用，以及专设销售机构的各项经费，核算时应设置“销售费用”科目。该科目的借方登记实际发生的各项销售；贷方登记期末转入“本年利润”科目的销售费用；期末结转后该科目应无余额。“销售费用”科目的明细账按费用项目设置专栏，进行明细登记。

2. “管理费用”科目

为了核算企业行政管理部门为管理和自制生产经营活动而发生的各种费用，核算时应设置“管理费用”科目。该科目借方登记实际发生的各项管理费用；贷方登记期末转入“本年利润”科目的管理费用；期末结转后该科目应无余额。“管理费用”科目明细账应按费用项目设置专栏，进行明细登记。

3. “财务费用”科目

为了核算企业在生产经营过程中为筹集资金费用而发生的各项费用，核算时应设置“财务费用”科目。该科目的借方登记实际发生的各项财务费用；贷方登记应冲减财务费用的利息收入、汇兑收益和期末转入“本年利润”科目的财务费用；期末结转后该科目应无余额。“财务费用”科目的明细账应按费用项目设置专栏，进行明细登记。

案例分析

“金剪刀”服装加工厂进行成本核算之前，首先确定成本计算对象为某批次服装，并根据管理要求设立基本生产成本明细账并确定成本项目，分析所有开支中哪些可以直接计入某批次产品成本，对多批产品共同发生的原材料费用、人工费用应确定分摊方法，同时因为规模较小，可以不开设辅助生产成本明细账。

项目小结

（1）成本的含义如图1－2所示。

（2）成本的分类如图1－6所示。

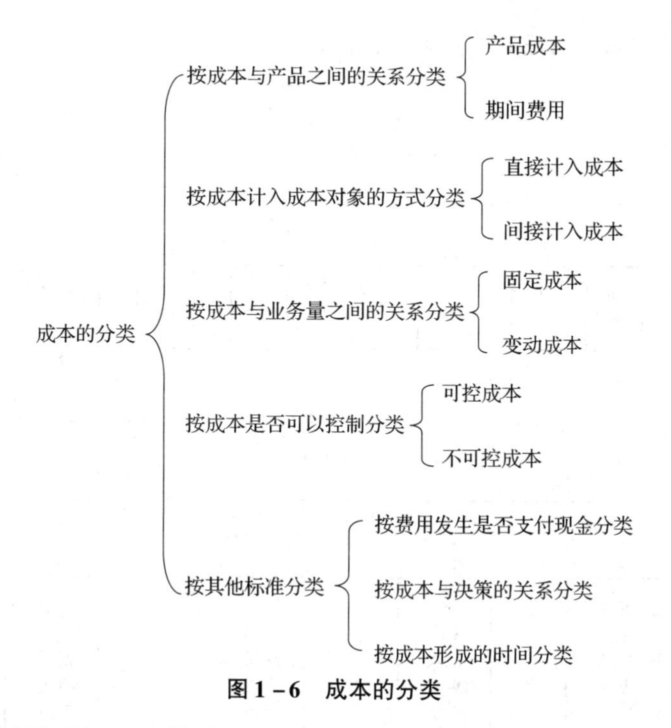

图 1－6　成本的分类

（3）成本的作用如图 1－7 所示。

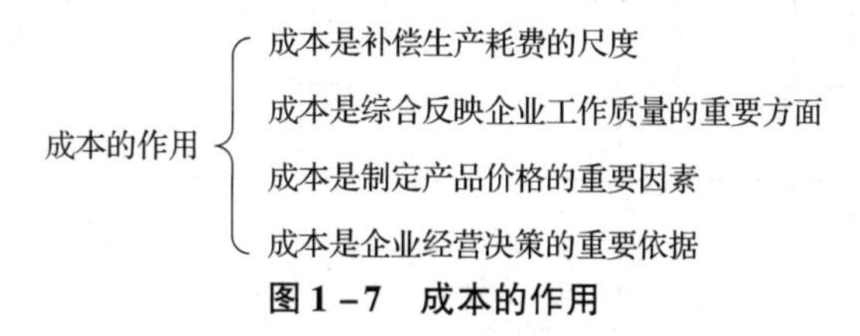

图 1－7　成本的作用

（4）费用的分类如图 1－8 所示。

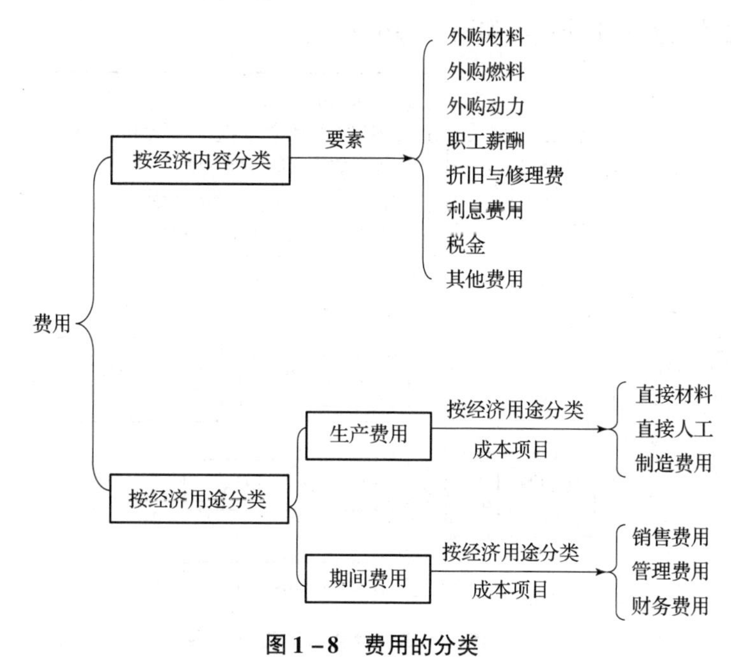

图 1－8　费用的分类

（5）成本会计的职能与任务如图1－9所示。

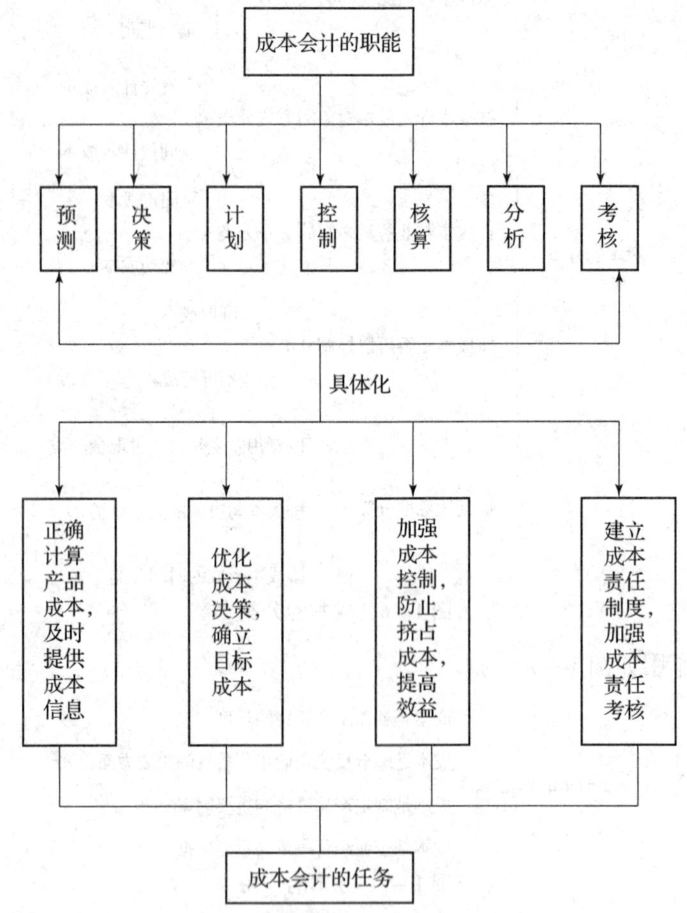

图1－9 成本会计的职能和任务

（6）成本会计实务的工作内容如图1－10所示。

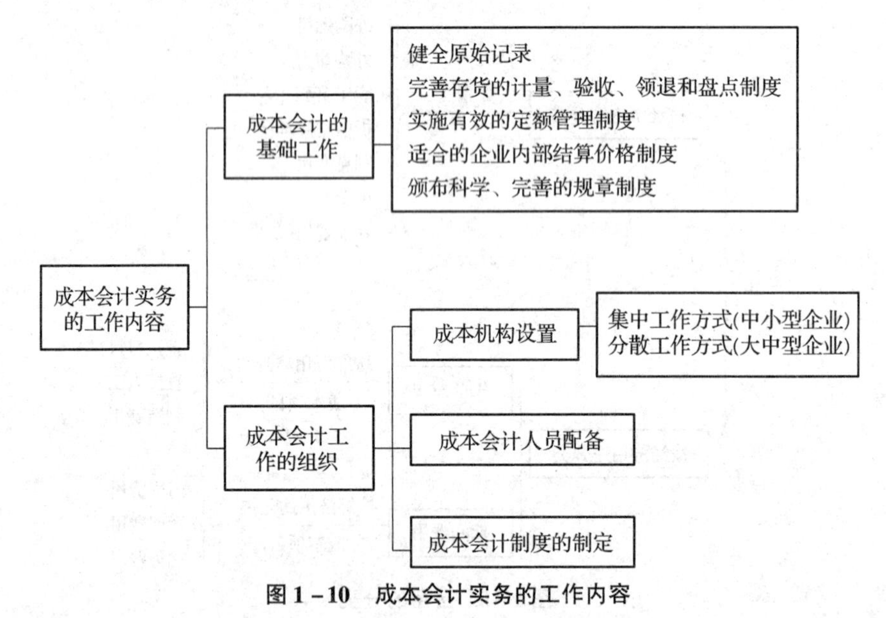

图1－10 成本会计实务的工作内容

（7）成本核算的要求如图 1－11 所示。

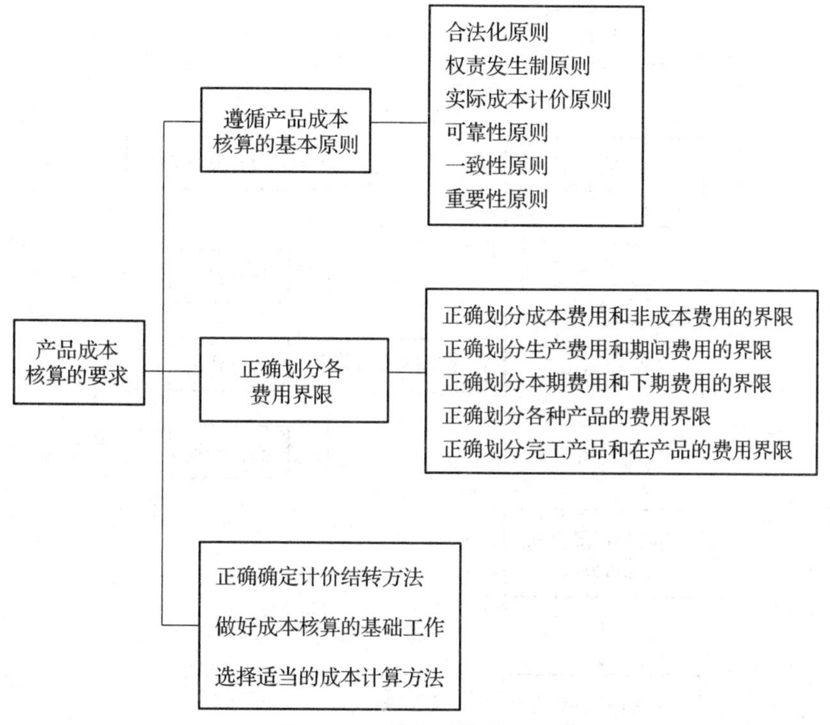

图 1－11　成本核算的要求

（8）产品成本核算的主要会计科目如图 1－12 所示。

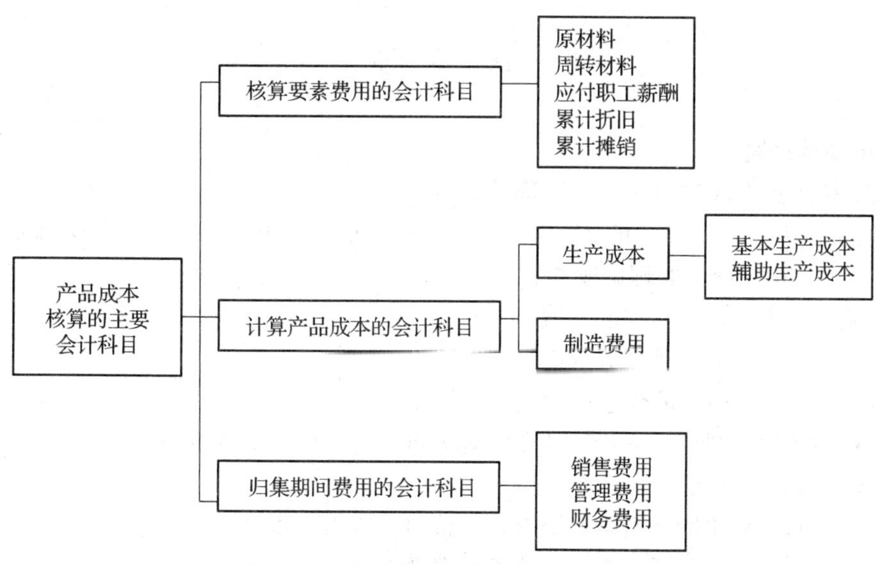

图 1－12　产品成本核算的主要会计科目

（9）产品成本核算的一般程序如图1－13所示。

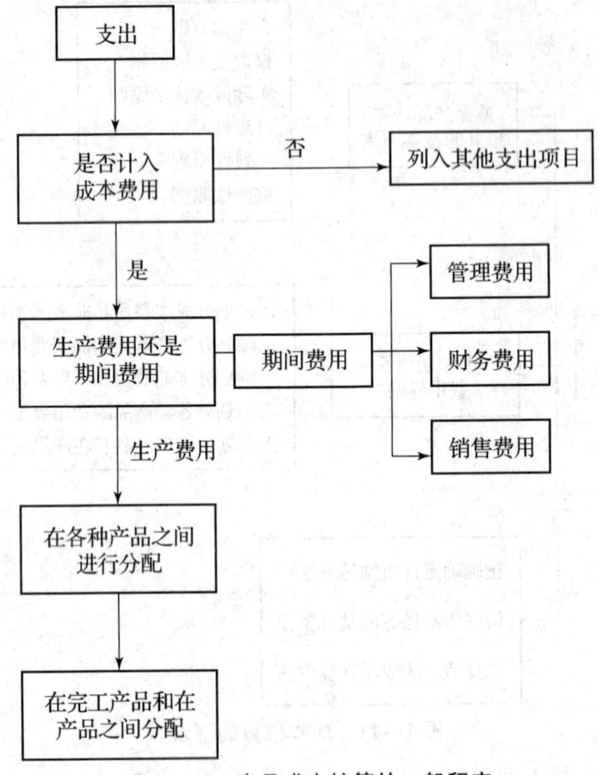

图1－13　产品成本核算的一般程序

练习题

一、单项选择题

1. 成本是产品价值中的（　　）部分。

A. $C+V+M$　　B. $C+V$　　C. $C+M$　　D. $V+M$

2. （　　）构成商品的理论成本。

A. 已耗费的生产资料转移的价值

B. 劳动者为自己劳动所创造的价值

C. 劳动者为社会劳动所创造的价值

D. 已耗费的生产料转移的价值和劳动者为自己劳动所创造的价值

3. 理论成本的内涵是（　　）。

A. 生产经营过程中所耗费生产资料转移价值的货币表现

B. 劳动者为自己劳动所创造价值的货币表现

C. 劳动者为社会劳动所创造价值的货币表现

D. 企业在生产经营过程中所耗费的资金的总和

4. 一般来说，实际工作中的成本开支范围与理论成本包括的内容（　　）。

A. 是有一定差别的　　B. 是一致的

C. 是不相关的　　D. 是可以相互替代的

5. 从现行企业会计制度的有关规定出发，成本会计的对象是（　　）。

A. 各项期间费用的支出及归集过程

B. 产品生产成本的形成过程

C. 诸会计要素的增减变动

D. 企业生产经营过程中发生的生产经营业务成本和期间费用

6. 下列各项中，属于产品生产成本项目的是（　　）。

A. 外购动力费用　　B. 制造费用

C. 工资费用　　D. 折旧费用

7. 下列各项中，属于直接记入费用的有（　　）。

A. 几种产品负担的制造费用

B. 几种产品共同耗用的原材料费用

C. 一种产品耗用的生产工人工资

D. 几种产品共同负担的机器设备折旧费

8. 为了及时、正确地计算产品成本，企业应做好的各项基础工作不包括（　　）。

A. 选择适当的成本计算方法

B. 材料物资的计量、收发、领退和盘点

C. 做好各项原始记录工作

D. 定额的制定和修订

9. 为了正确计算产品成本，可以不进行（　　）项目中费用界限的划分。

A. 各个月份的费用界限　　B. 销售费用与管理费用的界限

C. 各种产品的费用界限　　D. 生产费用与期间费用的界限

10. 为了保证按每个成本计算对象正确地归集应负担的费用，必须将应由本期产品负担的生产费用正确地在（　　）。

A. 各种产品之间进行分配

B. 完工产品和在产品之间进行分配

C. 盈利产品与亏损产品之间进行分配

D. 可比产品与不可比产品之间进行分配

11. 正确计算产品成本，应做好的基础工作是（　　）。

A. 正确确定财产物资的计价　　B. 正确划分各种费用界限

C. 确定成本计算对象　　D. 建立和健全原始记录工作

12. 下列各项中，不记入产品成本的费用是（　　）。

A. 直接材料费用　　B. 辅助车间管理人员工资

C. 车间厂房折旧费　　D. 厂部办公楼折旧费

13. 工资及福利费成本项目是指（　　）。

A. 全体职工的工资和按规定比例计提的职工福利费

B. 直接参加产品生产的工人的工资及福利费

C. 计入成本的原材料节约奖

D. 车间管理人员的工资及福利费

14. 在企业已经设置了“基本生产成本”总账科目的情况下，不能再设置的总账科目是（　　）。

A. “辅助生产成本”　　B. “生产费用”

C. “制造费用”　　D. “废品损失”

二、多项选择题

1. 商品的理论成本是由生产商品所耗费的（　　）构成的。

A. 生产资料转移的价值　　B. 劳动者为自己劳动所创造的价值

C. 劳动者为社会劳动所创造的价值　　D. 必要劳动

2. 成本的主要作用在于（　　）。

A. 是补偿生产耗费的尺度

B. 是综合反映企业工作质量的重要指标

C. 是企业对外报告的主要内容

D. 是制定产品价格的重要因素和进行生产经营决策的重要依据

3. 成本会计的对象，总括地说应该包括（　　）。

A. 产品销售收入的实现过程　　B. 财务成本

C. 管理成本　　D. 利润的实现及分配过程

4. 成本会计的反映职能包括（　　）。

A. 提供反映成本现状的核算资料的功能

B. 提供有关预测未来经济活动的成本信息资料的功能

C. 控制有关经济活动的功能

D. 考核有关经济活动的功能

5. 为了正确计算产品成本，必须正确划分以下几个方面的费用界限：（　　）。

A. 盈利产品和亏损产品　　B. 可比产品和不可比产品

C. 生产费用与期间费用　　D. 各个会计期间

E. 完工产品与在产品

6. 下列各项中，不属于产品生产成本项目的是（　　）。

A. 外购动力　　B. 工资费用

C. 折旧费　　D. 直接材料费用

E. 燃料及动力

7. 下列各项中，不属于工业企业费用要素的是（　　）。

A. 废品损失　　B. 外购燃料费用

C. 制造费用　　D. 直接材料费用

E. 生产工资及福利费

8. 为了正确计算产品成本，应做好的基础工作包括（　　）。

A. 制定和修订定额

B. 做好原始记录工作

C. 正确选择各种分配方法

D. 计量、收发、领退和盘点材料物资

E. 制定和修订厂内计划价格

9. 不记入产品成本的费用是（　　）。

A. 生产工人工资　　B. 销售费用　　C. 财务费用　　D. 管理费用
E. 生产产品用动力费用

10. 对工业企业生产费用最基本的分类是（　　）。
A. 劳动对象方面的费用　　B. 活劳动方面的费用
C. 费用要素　　D. 产品生产成本项目

11. 为了正确计算产品成本，在费用界限划分过程中应贯彻的原则是（　　）。
A. 成本效益原则
B. 受益原则
C. 收付实现制原则
D. 负担费用多少与受益程度成正比的原则

12. 在企业已经设置了基本生产成本总账科目的情况下，还可以设置的总账科目有（　　）。
A. 基本生产成本　　B. 生产费用　　C. 废品损失　　D. 停工损失

13. 下列各项中，应记入产品成本的费用有（　　）。
A. 车间办公费　　B. 季节性停工损失
C. 在产品的盘亏损失　　D. 企业行政管理人员工资

14. 属于工业企业成本核算中使用的会计账户有（　　）。
A. 基本生产成本　　B. 辅助生产成本
C. 制造费用　　D. 营业外支出

15. 产品成本项目中的原材料，包括直接用于产品生产的（　　）。
A. 原材料　　B. 主要材料　　C. 辅助材料　　D. 包装物

三、判断题（正确的画"√"，错误的画"×"）

1. 从理论上讲，商品价值中的补偿部分就是商品的理论成本。（　　）
2. 理论成本的内涵，是企业在生产经营过程中所耗费的自己的总和。（　　）
3. 在实际工作中，确定成本的开支范围应以成本的内涵为理论依据。（　　）
4. 总括地讲，成本会计的对象就是产品的生产成本。（　　）
5. 成本计算对象是分配成本的客体，它可以是人们关心的、希望知道其成本数据的任何事物。（　　）
6. 提供有关预测未来经济活动的成本信息资料，是成本会计监督职能的一种发展。（　　）
7. 以已经发生的各项费用为依据，为经济管理提供真实的、可以验证的成本信息资料，是成本会计反映职能的基本方面。（　　）
8. 成本会计的监督职能，就是通过对实际成本信息资料进行检查和分析来评价、考核有关经济活动。（　　）
9. 成本会计的监督包括事前、事中和事后的监督。（　　）
10. 成本会计的任务包括成本的预测、决策、计划、核算、控制、考核和分析。（　　）
11. 产品生产成本是指企业为生产一定种类、一定数量的产品所支出的各种生产经营管理费用的总和。（　　）
12. 按照费用要素分类核算工业企业费用，能够分析各项费用的支出是否节约、合理。（　　）

13. 在生产车间只生产一种产品的情况下，所有生产费用均为直接计入费用。 （ ）

14. “辅助生产成本”科目月末应无余额。 （ ）

15. 企业设置了“生产费用”总账科目后，不必再设置“生产成本”和“制造费用”总账科目。 （ ）

16. 成本预测和计划是成本会计最基本的任务。 （ ）

模块二

成本会计实务核算基础

内容提要

本模块详细介绍了某一项成本费用的归集方法及在多个受益对象之间分配要素费用的方法，包括各种要素费用的分配过程及有关账户的应用、其他辅助生产车间费用在各个受益对象之间进行分配的多种方法、制造费用的归集和分配、损失性费用的核算以及生产费用在完工产品与在产品之间进行分配的各种方法、各种要素费用分配的账务处理。

知识目标

1. 了解各项费用要素归集与分配的关系。
2. 理解各有关费用各种分配方法的优、缺点和适用范围。
3. 掌握各成本构成要素的分配方法和费用分配表的编制方法。

技能目标

1. 熟练整理、汇总各种费用单证。
2. 熟练编制相关会计分录。
3. 开设并登记各项费用成本明细账。

素质目标

1. 能够运用办公软件设计、正确编制各种要素费用汇总表。
2. 能够运用办公软件设计、正确编制各种要素费用分配表。

思政目标

1. 通过对各项要素费用的归集和分配，认识企业节约成本、提高效率、保护环境的重要性。
2. 加强职业道德意识，廉洁自律，按劳取酬。

项目一

分配要素费用

案例导入

宏源公司是一家电瓷生产企业，刚刚大学毕业的小李担任公司的成本费用会计。企业生产产品有几十种，涉及材料费用、人工费用等各种费用。如何收集并整理、汇总原始记录？各种成本费用如何进行区分归集和分配？分配的有关凭证如何编制？分配后如何进行账务处理？通过本项目的学习，你认为小李该如何进行成本核算？

产品成本是以产品为对象归集的生产耗费，它包括的内容很广泛，既有材料耗费、人工耗费、动力耗费，又有对辅助生产部门提供的产品或劳务耗费，还包括生产部门为组织和管理产品生产而发生的耗费以及产品生产过程中发生的生产损失等各项要素费用。

这些要素费用发生时，对于直接用于某一具体对象的，直接计入该对象的成本；对于用于多个对象的，则采用一定的比例方法在多个受益对象间进行分配。其公式为：

$$费用分配率=\frac{待分配费用总额}{分配标准总额}$$

公式中的待分配费用总额是指某项需要由若干受益对象共同承担的费用；分配标准总额是指各个受益对象作为费用受益程度的衡量标准相加之和。

费用分配标准是影响费用分配方法是否合理的重要因素。分配标准与分配费用应当有密切的联系。分配标准主要有三类：一是成果类，如产品的质量、体积、产量、产值等；二是消耗类，如生产工时、生产工人工资、机器工时、原材料消耗量或原材料费用等；三是定额类，如定额消耗量、定额费用、定额工时等。

要素费用的归集和分配如图 2－1 所示。

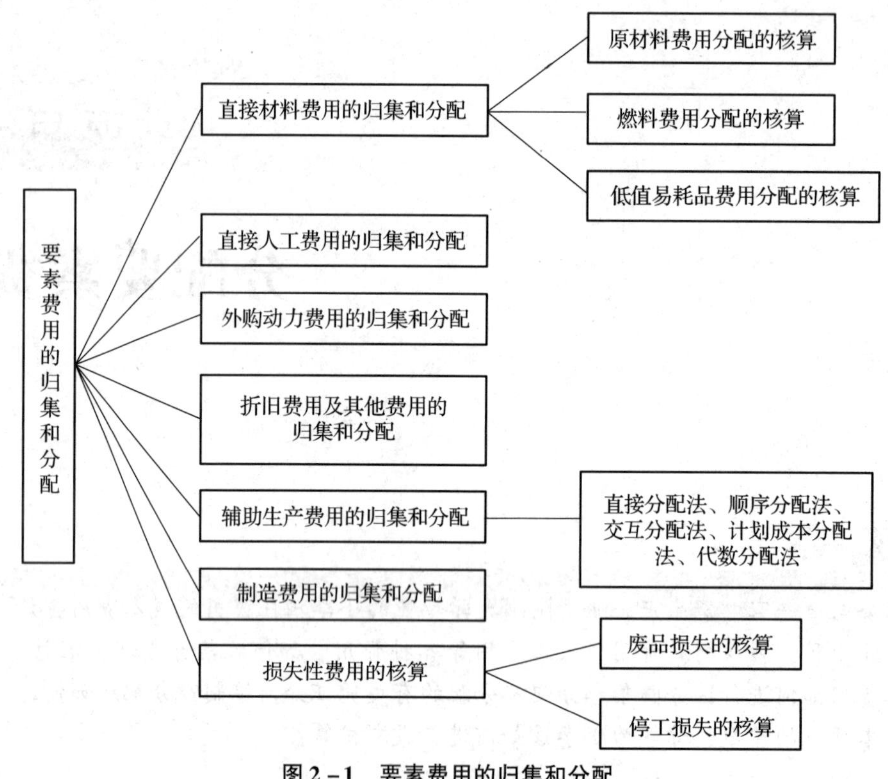

图2－1　要素费用的归集和分配

任务一　核算材料费用

一、材料费用的确认

材料费用的归集和分配

企业在生产经营过程中耗用的材料，按其在生产中的不同的用途，可以分为原料及主要材料、辅助材料、外购半成品、燃料、修理用备件、包装物和低值易耗品等。对材料费用进行核算，就是对产品生产过程中发生的材料耗费根据领料凭证归集到有关成本计算对象。

企业通常设置“原材料”“燃料”“周转材料”等账户对上述各种材料费用进行核算。其中，“原材料”账户通常核算原材料及主要材料、辅助材料、外购半成品、修理用备件等材料的增加、减少和结存情况。

二、材料费用的归集

材料的发出应根据领料单、限额领料单和领料登记表等发料凭证进行。会计部门应对发料凭证所列材料的种类、数量等进行审核，检查所领原材料的种类和用途是否符合有关要求，数量是否超过定额。只有经过审核、签章的发料凭证才能据以发料，并作为材料发出核算的凭证。原材料的领料凭证有领料单（表2－1）、限额领料单（表2－2）、退料单等。

表 2－1　领料单

领用部门：　　　　　　　　　　年　　月　　日　　　　　　　　　　领料单编号：

用途：

<table>
<tr><td rowspan="2">材料名称</td><td rowspan="2">规格型号</td><td rowspan="2">计量单位</td><td colspan="2">数量</td><td colspan="2">价格</td><td rowspan="2">备注</td></tr>
<tr><td>请领</td><td>实发</td><td>单价</td><td>金额</td></tr>
<tr><td></td><td></td><td></td><td></td><td></td><td></td><td></td><td></td></tr>
<tr><td></td><td></td><td></td><td></td><td></td><td></td><td></td><td></td></tr>
<tr><td></td><td></td><td></td><td></td><td></td><td></td><td></td><td></td></tr>
</table>

第二联交会计部门

主管：　　　　　　　　领料：　　　　　　　　仓库：

表 2－2　限额领料单

领用部门：　　　　　　　　　　年　　月　　日　　　　　　　　　　领料单编号：

用途：　　　　　　　　　　　　　　　　　　　　　　　　　　　　　发料仓库：

<table>
<tr><td>材料类别</td><td>材料编号</td><td>材料名称及规格</td><td>计量单位</td><td>领用限额</td><td>实际领用</td><td>单价</td><td>金额</td><td>备注</td></tr>
<tr><td></td><td></td><td></td><td></td><td></td><td></td><td></td><td></td><td></td></tr>
<tr><td colspan="5">供应部门负责人：</td><td colspan="4">生产计划部门负责人：</td></tr>
</table>

<table>
<tr><td rowspan="2">日期</td><td colspan="2">数量</td><td rowspan="2">领料人签章</td><td rowspan="2">发料人签章</td><td rowspan="2">扣除代用数量</td><td colspan="3">退料</td><td rowspan="2">限额结余</td></tr>
<tr><td>请领</td><td>实发</td><td>数量</td><td>收料人</td><td>发料人</td></tr>
<tr><td></td><td></td><td></td><td></td><td></td><td></td><td></td><td></td><td></td><td></td></tr>
<tr><td></td><td></td><td></td><td></td><td></td><td></td><td></td><td></td><td></td><td></td></tr>
<tr><td></td><td></td><td></td><td></td><td></td><td></td><td></td><td></td><td></td><td></td></tr>
</table>

第二联交会计部门

主管：　　　　　　　　领料：　　　　　　　　仓库：

对于生产所剩余料，应该编制退料单，据以退回仓库。对于车间已领用、下月需要继续耗用的材料，为了避免本月末交库、下月初又领用的手续，可以采用“假退料”办法，即材料实物不动，只是填制一份本月份的退料单，表示该项余料已经退库，同时编制一份下月份的领料单，表示该项余料作为下月份的领料出库。

月末，企业应根据全部领料凭证汇总编制原材料耗用汇总表（表 2－3），并据以登记“原材料”账户，归集材料费用。

表 2－3　原材料耗用汇总表

单位名称：宏源公司　　　　　　20××年 12 月 30 日　　　　　　　　　　元

应贷科目 / 应借科目	原材料	燃料	合计
基本生产成本	90 000	8 500	98 500
辅助生产成本	9 000	3 750	12 750

续表

应贷科目 应借科目	原材料	燃料	合计
制造费用	3 000		3 000
管理费用	6 000		6 000
合计	108 000	12 250	120 250

主管： 审核： 制表人：

三、材料费用的分配

（一）原材料费用分配的核算

原材料费用分配的方法

对于直接用于产品生产、构成产品实体的原料和主要材料，专门设有“原材料”（或“直接材料”）成本项目。这些原材料和主要材料一般分产品领用，其费用属于直接计入费用，应根据领退料凭证直接计入某种产品成本的“原材料”项目。原材料和主要材料也有不能分产品领用，而是几种产品共同耗用的，这些原材料费用属于间接计入费用，应当采用适当的分配方法，分配计入各有关产品成本的“原材料”成本项目。

（1）质量比例分配法。由于原材料和主要材料的耗用量一般与产品的质量、体积有关，因此原材料和主要材料费用一般可以按产品的质量比例分配。质量比例分配法是以各种原材料的质量为标准来分配材料费用的方法。

例2-1-1 某企业20××年12月生产的甲、乙两种产品共同耗用A原材料90 000元，本月两种产品产量分别为2 500千克、2 000千克。各产品应分配的原材料费用按质量比例分配法分配如下：

费用分配率＝90 000÷(2 500＋2 000)＝20（元/千克）

甲产品应分配的材料费用＝2 500×20＝50 000（元）

乙产品应分配的材料费用＝2 000×20＝40 000（元）

编制材料费用分配表，见表2-4。

表2-4 材料费用分配表

20××年12月31日

应借科目		分配标准/千克	分配率/（元·千克$^{-1}$）	金额合计/元
一级账户	明细账户			
基本生产成本	甲	2 500		50 000
基本生产成本	乙	2 000		40 000
合计		4 500	20	90 000

主管： 审核： 编制：

编制各种要素费用分配表的程序一般分为以下5个步骤：

①确定各个生产费用受益对象（成本计算对象或受益部门）的分配标准。

②确定待分配费用总额。

③计算费用分配率。

④计算每一受益对象应负担的费用金额。

⑤根据分配结果，编制生产费用分配表。

生产费用分配表的填制方法如下：

①在表名的空格栏填列被分配费用项目名称。

②在“应借账户”栏分别填列总账账户和明细账户（成本计算对象或受益部门）。

③在“成本项目”栏填列生产费用所归集的成本项目的名称。

④在“分配标准”栏填列每一费用受益对象参与分配该项生产费用的分配标准，分配标准的合计数应与分配率公式中的分配相同。

⑤在“分配率”栏填列分配率的计算结果。

⑥在“分配金额”栏填列各受益对象应负担的生产费用，分配金额的合计数应当与被分配费用总额相同。

（2）材料定额消耗量比例分配法。在材料消耗定额比较准确的情况下，原材料和主要材料费用也可以按照产品的材料定额消耗量的比例或材料定额费用的比例进行分配。

小知识

关于定额

消耗定额是指单位产品可以消耗的数量限额；定额消耗量是指一定产量下按照消耗定额计算的可以消耗的数量。费用定额和定额费用则是消耗定额和定额消耗量的货币表现。材料费用定额和材料定额费用就是材料消耗定额和材料定额消耗量的货币表现；工资定额和定额工资则是工时消耗定额（也称工时定额）和工时定额消耗量（也称定额工时）的货币表现。

材料定额消耗量比例分配法的计算步骤如下：

①计算各种产品材料定额消耗量总额（即分配标准总额）。

②计算单位材料定额消耗量，即计算材料消耗量分配率。

③计算某种产品应分摊的材料数量。

④计算某种产品应分摊的材料费用。

具体计算公式如下：

$$某种产品材料定额消耗量=该种产品实际产量\times单位产品材料消耗定额$$

$$材料消耗量分配率=\frac{材料实际消耗总量}{各种产品材料定额消耗量之和}$$

$$某种产品应分配的材料数量=该种产品定额消耗的材料总量\times材料消耗量分配率$$

$$某种产品应分摊的材料费用=该种产品应分配的材料数量\times材料单价$$

例2-1-2　某企业在20××年12月生产甲、乙两种产品，领用A材料4 500千克，单价为20元，共计90 000元。本月投产的甲产品为200件，乙产品为180件。甲产品的材料消耗定额为16千克，乙产品的材料消耗定额为10千克。分配计算如下：

$$甲产品的材料定额消耗量=200\times16=3\ 200（千克）$$

乙产品的材料定额消耗量 = 180 × 10 = 1 800（千克）

材料消耗量分配率 = 4 500 ÷ (3 200 + 1 800) = 0.9

甲产品应分配的材料数量 = 3 200 × 0.9 = 2 880（千克）

乙产品应分配的材料数量 = 1 800 × 0.9 = 1 620（千克）

甲产品应分配的材料费用 = 2 880 × 20 = 57 600（元）

乙产品应分配的材料费用 = 1 620 × 20 = 32 400（元）

这种分配方法可以考核材料消耗定额的执行情况，有利于进行材料消耗的实物管理，但分配的计算工作量较大。为了简化分配计算工作量，也可以直接按材料定额消耗量分配材料费用。分配计算公式如下：

$$原材料费用分配率 = \frac{原材料费用总额}{各种产品材料定额消耗量之和}$$

某种产品应分配的材料费用 = 该种产品的定额消耗量 × 原材料费用分配率

仍以上例资料分配计算如下：

原材料费用分配率 = 90 000 ÷ (3 200 + 1 800) = 18（元/千克）

A 产品应分配的材料费用 = 3 200 × 18 = 57 600（元）

B 产品应分配的材料费用 = 1 800 × 18 = 32 400（元）

上述两种分配的计算结果相同，但后一种方法不能反映各种产品所应负担的材料消耗总量，不利于加强材料消耗的实物管理。

（3）材料定额费用比例法。在各种产品共同耗用原材料种类较多的情况下，为了进一步简化分配计算工作，可以按照各种材料的定额费用的比例来分配材料实际费用，即材料定额费用比例法。此方法的分配计算公式如下：

某种产品某种材料定额费用 = 该种产品实际产量 × 单位产品该种材料费用定额
= 该种产品实际产量 × 单位产品该种材料消耗定额 × 该种材料计划单价

$$材料费用分配率 = \frac{各种材料实际费用总额}{各种产品各种材料定额费用之和}$$

某种产品分配负担的材料费用 = 该种产品各种材料定额费用之和 × 材料费用分配率

例 2－1－3 假定某企业在 20×× 年 12 月甲、乙两种产品领用 A、B 两种主要材料，共计 150 000 元。本月投产甲产品 200 件、乙产品 180 件。甲产品的消耗定额为：A 材料 16 千克、B 材料 11 千克；乙产品的材料消耗定额为 A 材料 10 千克、B 材料 10 千克。A、B 两种材料的计划单价分别为 20 元和 12 元。分配计算如下：

甲种产品 A 种材料定额费用 = 200 × 16 × 20 = 64 000（元）

甲种产品 B 种材料定额费用 = 200 × 11 × 12 = 26 400（元）

甲种产品材料定额费用 = 64 000 + 26 400 = 90 400（元）

乙种产品 A 种材料定额费用 = 180 × 10 × 20 = 36 000（元）

乙种产品 B 种材料定额费用 = 180 × 10 × 12 = 21 600（元）

乙种产品材料定额费用 = 36 000 + 21 600 = 57 600（元）

材料费用分配率 = 150 000 ÷ (90 400 + 57 600) = 1.013 514

甲产品分配负担材料费用 = 90 400 × 1.013 514 = 91 622（元）

乙产品分配负担材料费用 = 57 600 × 1.013 514 = 58 378（元）

或乙产品分配负担材料费用 = 150 000 − 91 622 = 58 378（元）

其中，计算乙产品分配负担材料费用的第二种方法为倒挤法。该方法适用于分配率不能除尽的情况，以保证受益对象分配的费用之和与待分配费用总额一致。

（二）原材料费用分配的账务处理

上述直接用于产品生产、专设成本项目的各种材料费用，应记入“基本生产成本”科目的借方及其所属各产品成本明细账“直接材料费用”成本项目。直接用于辅助生产、专设成本项目的各种材料费用，用于基本生产和辅助生产但设有专设成本项目的各种材料费用，用于产品销售以及用于组织和管理生产经营活动等方面的各种费用，应分别记入“辅助生产成本”“制造费用”“销售费用”和“管理费用”等科目的借方。已发生的各种材料费用总额应记入“原材料”科目的贷方。

原材料费用分配在实际工作中是通过编制原材料费用分配表进行的。这种分配表应根据领、退料凭证和有关凭证编制，其中，退料凭证的数额可以从相应的领料凭证的数额中扣除。下面举例说明其编制方法和会计处理。

例 2－1－4　宏源公司 20××年 12 月发料情况见表 2－5。

表 2－5　发出材料明细表

20××年 12 月 31 日

材料类别	发料数量	单位成本/元	金额/元	用途
原材料	100 千克	300	30 000	甲产品生产用
原材料	70 千克	500	35 000	甲、乙两种产品共用
燃料	60 千克	30	1 800	供电车间 50 千克，供水车间 10 千克
燃料	10 千克	30	300	基本生产车间用
燃料	5 千克	30	150	管理部门用
辅助材料	100 千克	20	2 000	基本生产车间一车间用
修理用备件	25 支	3	75	基本车间修理用
小计			69 325	

该企业投产甲产品 50 件、乙产品 40 件，单耗原材料定额分别为 3 千克、5 千克，则编制原材料费用分配表，见表 2－6。

表 2－6　原材料费用分配表

20××年 12 月 31 日

<table>
<tr><th colspan="2" rowspan="2">应借账户</th><th rowspan="2">成本或费用明细项目</th><th colspan="3">间接计入</th><th rowspan="2">直接记入/元</th><th rowspan="2">合计/元</th></tr>
<tr><th>耗用材料/千克</th><th>分配率</th><th>分配额/元</th></tr>
<tr><td rowspan="3">基本生产成本</td><td>甲产品</td><td>直接材料费用</td><td>30</td><td></td><td>15 000</td><td>30 000</td><td>45 000</td></tr>
<tr><td>乙产品</td><td>直接材料费用</td><td>40</td><td></td><td>20 000</td><td></td><td>20 000</td></tr>
<tr><td>小计</td><td></td><td>70</td><td>500</td><td>35 000</td><td>30 000</td><td>65 000</td></tr>
</table>

续表

应借账户		成本或费用明细项目	间接计入			直接记入/元	合计/元
			耗用材料/千克	分配率	分配额/元		
辅助生产成本	供电车间	直接材料费用				1 500	1 500
	供水车间	直接材料费用				300	300
	小计					1 800	1 800
制造费用	第一车间	修理费				75	75
		机物料消耗				2 300	2 300
	小计					2 375	2 375
管理费用		机物料消耗				150	150
合计					35 000	34 325	69 325

根据上述原材料费用分配表，可以编制会计分录如下：

会计分录（1）借：基本生产成本——一车间——甲产品　　45 000
　　　　　　　　　　　　　　　　　　——乙产品　　20 000
　　　　　　　　辅助生产成本——供电车间　　1 500
　　　　　　　　　　　　　　——供水车间　　300
　　　　　　　　制造费用——一车间　　2 375
　　　　　　　　管理费用　　150
　　　　　　　贷：原材料　　　　69 325

（三）燃料费用的核算

燃料实际上也是材料，所以燃料费用分配及账务处理方法与原材料费用分配及账务处理方法相同。但如果企业的燃料费用比重较大，为了加强管理，可在“原材料”账户外增设“燃料”账户进行核算，并在成本项目中与动力费用一起，单设“燃料与动力”项目进行成本核算。

燃料动力的归集和分配

对直接用于产品生产、专设成本项目的燃料费用，如果分产品领用，属于直接计入费用，应根据领、退料单直接计入该产品成本的“燃料与动力”成本项目；如果不能分产品领用，属于间接计入费用，应采用适当的分配方法，分配计入各有关产品成本的这一成本项目。分配的标准一般有产品的质量、体积、所耗原材料的数量或费用，以及燃料的定额消耗量或定额费用等。

例2-1-5　假定宏源公司生产成本中燃料和动力费用较多，为了加强对能源消耗的管理，在成本项目中专设“燃料与动力”项目。该企业20××年12月直接用于甲、乙两种产品生产的燃料费用共为12 000元，按甲、乙两种产品所耗原材料费用比例分配。甲产品材料费用为91 622元，乙产品材料费用为58 378元，则甲、乙两种产品应分配燃料费用如下：

燃料费用分配率 = 12 000 ÷ (91 622 + 58 378) = 0.08

甲产品应分配燃料费用 = 91 622 × 0.08 = 7 329.76（元）

乙产品应分配燃料费用 = 58 378 × 0.08 = 4 670.24（元）

另外，假定辅助生产车间耗用燃料费用 5 942 元，其中供水车间耗用 702 元，供电车间耗用 5 240 元，则编制的燃料费用分配表见表 2 – 7。

表 2 – 7　燃料费用分配表

20××年 12 月 31 日

应借账户		成本项目或费用项目	分配计入			直接记入/元	合计/元
			原材料费用/元	分配率	分配额/元		
基本生产成本	甲产品	燃料及动力费用	91 622		7 330		7 330
	乙产品	燃料及动力费用	58 378		4 670		4 670
	小计		150 000	0.08	12 000		12 000
辅助生产成本	供水车间	燃料及动力费用				702	702
	供电车间	燃料及动力费用				5 240	5 240
	小计					5 942	5 942
合计					12 000	5 942	17 942

根据上述燃料费用分配表，可以编制会计分录如下：

会计分录（2）借：基本生产成本——车间——甲产品　　7 330

　　　　　　　　　　　　　　　　　　——乙产品　　4 670

　　　　　　　　辅助生产成本——供水车间　　702

　　　　　　　　　　　　　　——供电车间　　5 240

　　　　　　　贷：燃料　　17 942

（四）周转材料费用的核算

周转材料是指企业能够多次使用，逐渐转移其价值，但其仍保持原有形态而不被确认为固定资产的材料，如低值易耗品和包装物等。

1. 低值易耗品费用的核算

低值易耗品通常被视为存货，作为游动资产进行核算和管理，一般划分为一般工具、专用工具、替换设备、管理工具、劳动保护用品，以及生产经营中周转使用的包装容器等。低值易耗品费用是通过“周转材料——低值易耗品”账户进行核算的，它既可以按实际成本计价核算，也可以按计划成本计价核算。按计划成本计价核算时，应在“材料成本差异”总账账户下设置“低值易耗品成本差异”明细账，核算低值易耗品实际成本与计划成本的差异。

低值易耗品的价值转移方式与原材料不同，作为劳动资料，其价值是逐渐转移到产品成本或转化为期间费用的。低值易耗品的摊销方法通常根据其价值大小有两种：对价值较低或极易损坏的，采用一次摊销法；价值较高、可供多次反复使用的，采用分次摊销法。低值易耗品可按用途、部门和受益对象来分配。具体地说，直接用于某种产品生产领用的低值易耗品，应直接计入“生产成本——基本生产成本”账户及其明细账的“直接材料费用”成本项目；如为生产多种产品共同领用的以及辅助生产部门领用的低值易耗品，则应记入“制造费用”账户，再分配计入各有关产品中；如为企业管理部门领用的低值易耗品，应计入“管理费用”账户。

例2-1-6 某企业20××年12月基本生产车间领用生产工具一批，成本为800元。另有一批生产工具在该月报废，残料入库作价70元。该企业采用一次摊销法。试编制会计分录。

领用生产工具时：

借：制造费用 800

贷：周转材料——低值易耗品 800

报废生产工具，残料入库时：

借：原材料 70

贷：制造费用 70

例2-1-7 某企业20××年12月生产车间一车间领用专业工具一批，实际成本为24 000元，该批低值易耗品采用五五摊销法核算。试编制会计分录。

领用时：

会计分录（3）借：制造费用——第一车间 12 000

贷：周转材料——低值易耗品 12 000

报废时：

会计分录（4）借：制造费用——第一车间 12 000

贷：周转材料——低值易耗品 12 000

2. 包装物费用的核算

包装产品所领用的各种包装物品所发生的包装物费用，需区别其不同使用方式进行分配：生产领用作为产品组成部分的，计入“基本生产成本”账户的“直接材料”成本项目；随包装产品出售的，如不单独计价记入“销售费用”账户，如单独计价记入“其他业务成本”账户；出租包装物记入“其他业务成本”账户；出借包装物记入“销售费用”账户。包装物的摊销方法同低值易耗品，具体会计处理方法这里从略。

案例分析

小李在刚接手成本费用会计工作时，应当首先明确企业的成本项目有哪些，然后分类收集资料。在这一任务中，我们学习了材料费用及类似材料费用的其他费用的核算，小李可以到相应的仓库、车间查看材料领用耗用资料，然后结合会计上原已入账的记录，进行材料费用的核算。

任务二　核算工资薪酬

一、工资薪酬费用的确认

职工薪酬，是指企业为获得职工提供的服务或解除劳动关系所给予的各种形式的报酬或补偿。企业提供给职工配偶、子女、受赡养人、已故员工遗属及其他受益人等的福利，也属于职工薪酬。根据《企业会计准则》的规定，职工薪酬包括短期薪酬、离职后福利、辞退福利和其他长期职工福利。

1. 短期薪酬

短期薪酬是指企业预期在职工提供相关服务的年度报告期间结束后12个月内将全部予以支付的职工薪酬，因解除与职工的劳动关系给予的补偿除外。因解除与职工的劳动关系给予的补偿属于辞退福利的范畴。短期薪酬主要包括：

（1）职工工资、奖金、津贴和补贴，是指企业按照构成工资总额的计时工资、计件工资、支付给职工的超额劳动报酬等的劳动报酬，为了补偿职工特殊或额外的劳动消耗和因其他特殊原因支付给职工的津贴，以及为了保证职工工资水平不受物价影响支付给职工的物价补贴等。其中，企业按照短期奖金计划向职工发放的奖金属于短期薪酬，按照长期奖金计划向职工发放的奖金属于其他长期职工福利。

（2）职工福利费，是指企业向职工提供的生活困难补助费、丧葬补助费、抚恤费、职工异地安家费、防暑降温费等职工福利支出。

（3）医疗保险费、工伤保险费和生育保险费等社会保险费，是指企业按照国家规定的基准和比例计算，向社会保险经办机构缴存的医疗保险费、工伤保险费和生育保险费。

（4）住房公积金，是指企业按照国家规定的基准和比例计算，向住房公积金管理机构缴存的住房公积金。

（5）工会经费和职工教育经费，是指企业为了改善职工文化生活，使职工学习先进技术和提高文化水平和业务素质，用于开展工会活动和职工教育及职业技能培训等的相关支出。

（6）短期带薪缺勤，是指职工虽然缺勤但企业仍向其支付报酬的安排，包括年休假、病假、婚假、产假、丧假、探亲假等。

（7）短期利润分享计划，是指因职工提供服务而与职工达成的基于利润或其他经营成果提供薪酬的协议。

（8）非货币性福利，是指企业以自产产品或外购商品发放给职工作为福利，将自己拥有的资产无偿提供给职工使用，为职工无偿提供医疗保健服务等。

（9）其他短期薪酬，是指除上述短期薪酬以外的其他为获得职工提供的服务而给予的短期薪酬。

2. 离职后福利

离职后福利是指企业为获得职工提供的服务而在职工退休或与企业解除劳动关系后提供的各种形式的报酬和福利，属于短期薪酬和辞退福利的除外。

小知识

离职后福利计划，是指企业与职工就离职后福利达成的协议，或者企业为向职工提供离职后福利制定的规章或办法等。离职后福利计划按照企业承担的风险和义务情况，可以分为设定提存计划和设定受益计划。其中，设定提存计划是指企业向独立的基金缴存固定费用后，不再承担进一步支付义务的离职后福利计划；设定受益计划是指除设定提存计划以外的离职后福利计划。

3. 辞退福利

辞退福利是指企业在职工劳动合同到期之前解除与职工的劳动关系，或者为鼓励职工自愿接受裁减而给予职工的补偿。辞退福利主要包括：

（1）在职工劳动合同尚未到期前，不论职工本人是否愿意，企业决定解除与职工的劳动关系所给予的补偿。

（2）在职工劳动合同尚未到期前，为鼓励职工自愿接受裁减所给予的补偿，职工有权利选择继续在职或接受补偿离职。

小知识

有关“离职后”

职工虽然没有与企业解除劳动合同，但未来不再为企业提供服务，不能为企业带来经济利益，企业承诺提供实质上具有辞退福利性质的经济补偿。如发生“内退”的情况，在职工正式退休日期之前应当比照辞退福利处理，在职工正式退休日期之后，应当按照离职后福利处理。

4. 其他长期职工福利

其他长期职工福利是指除短期薪酬、离职后福利、辞退福利之外的所有职工薪酬，包括长期带薪缺勤、长期残疾福利、长期利润分享计划等。

二、工资薪酬费用的归集

（一）工资总额的组成

人工费用的归集和分配

工资总额是指各单位在一定时期内直接支付给本单位全部职工的应付工资。

应付工资＝计时工资＋计件工资＋奖金＋津贴和补贴＋加班加点工资＋特殊情况下支付的工资

1. 计时工资

计时工资是按计时工资标准和工作时间支付给职工的劳动报酬。计时工资包括：①对已做工作按计时工资标准支付的工资；②实行结构工资制的单位支付给职工的基础工资和职务（岗位）工资；③新参加工作职工的见习工资（学徒的生活费）；④运动员体育津贴。

2. 计件工资

计件工资是对已做工作按计件单价支付的劳动报酬。计件工资包括：①在实行超额累进计件、直接无限计件、限额计件和超定额计件等工资制度下，按照定额和计件单价支付给职工的工资；②按工作任务包干方法支付给职工的工资；③按营业额提成或利润提成办法支付给职工的工资。

由于集体生产或连续操作，不能够按个人计算工作量的，也可以按参加工作的集体（一般为班组）计算，支付集体计件工资。集体计件工资还应在集体成员内部按照每一职工劳动的数量和质量进行分配。

3. 奖金

奖金是支付给职工的超额劳动报酬和增收节支的劳动报酬。奖金包括：①生产奖；②节约奖；③劳动竞赛奖；④机关、事业单位奖励工资；⑤企业支付的其他资金。

4. 津贴和补贴

津贴和补贴是为补偿职工特殊或额外的劳动消耗和因其他特殊原因支付给职工的津贴，以及为了保证职工工资水平不受物价影响支付给职工的物价补贴。津贴包括：①补偿职工特殊或额外劳动消耗的津贴；②保健性津贴；③技术性津贴；④其他津贴。补贴包括为保证职工工资水平不受物价上涨或变动影响支付的各种物价补贴。

5. 加班加点工资

加班加点工资是按照规定支付的加班工资或加点工资。

6. 特殊情况下支付的工资

特殊情况下支付的工资包括：①根据国家法律、法规和政策规定，由于疾病、工伤、产假、计划生育假、探亲假、定期休假、停工学习、执行国家或社会义务等原因按计时工资标准或这一标准的一定比例支付的工资。工伤、产假、计划生育假、探亲假、定期休假等，均按计时工资标准支付；病假按病期长短（6 个月以内为短期，6 个月以上为长期）和工龄长短，分别按计时工资标准的一定比例支付。②附加工资和保留工资。

（二）工资薪酬费用的原始记录

进行工资薪酬费用核算，必须有一定的原始记录作为依据。不同的工资制度所依据的原始记录不同。计算计时工资费用，应以考勤记录中的工作时间记录为依据；计算计件工资费用，应以产量记录中的产品数量和质量为依据。因此，考勤记录和产量记录是工资费用核算的主要原始记录。

1. 考勤记录

考勤记录是登记职工出勤和缺勤情况的记录，它为计算计时工资提供依据。考勤记录有考勤簿、考勤卡和考勤磁卡等形式。

2. 产量记录

产量记录是登记工人或生产小组在出勤时间内完成产品的数量、质量和耗用工时的原始记录，是计件工资计算的依据，同时也是统计产量和工时的依据，如派工单、加工路线单和产量通知单等。

会计部门应该对产量记录进行审核。经过审核的产量记录即可作为许计件工资的依据。

（三）工资薪酬费用的计算

工业企业可根据具体情况采用不同的工资制度，其中最普遍的工资制度是计时工资制度和计件工资制度。企业一旦选择了一种工资核算制度，就不得随意变更。

1. 计时工资薪酬的计算

计时工资的计算一般有月薪制和日薪制两种方法。

采用月薪制，不论该月有多少天，只要职工满勤，就可以拿到全勤工资薪酬。如有缺勤，则应从月标准中扣除缺勤工资。具体计算公式如下：

某职工应得计时工资 = 该职工月标准工资 - 缺勤天数 × 日标准工资

日标准工资是指每位职工在单位时间应得的平均工资数额。日标准工资薪酬的计算一般有两种方法。

1）按全年平均月计薪天数计算

按全年平均月计薪天数计算日标准工资薪酬，即用月工资收入除以全年平均月计薪天数。根据劳动和社会保障部《关于职工全年月平均工作时间和工资折算问题的通知》的规定，日标准工资薪酬按月计算计薪天数为20.83天。

按月计算计薪天数 =（365 - 104 - 11）÷ 12 = 20.83（天）

全年有104个双休日、11个法定节假日。

日工资薪酬 = 月工资薪酬 ÷ 20.83

采用按20.83天计算日标准工资薪酬的企业，节假日不算，不扣工资，双休日不付工资薪酬。

2）按全年平均每月日历日数计算

按全年平均每月日历日数计算日标准工资薪酬，即用月工资薪酬收入除以全年平均每月日历日数。平均每月计薪天数为30天。

日工资薪酬 = 月工资薪酬 ÷ 30

采用这种方法计算时，日工资薪酬包括双休日的工资薪酬，缺勤期间若遇双休日，照扣工资薪酬。

例2-1-8 某企业20××年12月份职工张晓芹月工资薪酬为3 000元，本月缺勤4天（缺勤期间有休息日2天），有双休日8天，应付张晓芹的计时工资薪酬的计算结果如下：

（1）按全年平均月计薪天数计算：

日工资薪酬 = 月工资薪酬 ÷ 20.83
= 3 000 ÷ 20.83 = 144.02（元）

应付张晓芹的计时工资薪酬 = 3 000 - 2 × 144.02 = 2 711.96（元）

（2）按全年平均每月日历日数计算：

日工资薪酬 = 月工资薪酬 ÷ 30
= 3 000 ÷ 30 = 100（元）

应付张晓芹的计时工资薪酬 = 3 000 - 4 × 100 = 2 600（元）

2. 计件工资薪酬的计算

计件工资薪酬按照支付对象的不同，可分为个人计件工资薪酬和集体计件工资薪酬。在计算计件工资薪酬时，对于由于材料缺陷等客观原因产生的废品，即料废，应照付计件工资薪酬；对于由于工人加工过失等原因而产生的废品，即工废，则不应支付计件工资薪酬。计件工资薪酬一般适用于生产工人工资薪酬的计算。

应付计件工资薪酬 =（合格品数量 + 料废品数量）× 计件单价

计件单价 = 定额工时 × 小时工资薪酬分配率

1）个人计件工资薪酬的计算

个人计件工资薪酬是以个人完成的产品数量和规定的计件单价计算的工资薪酬。

例2-1-9　宏源公司工人小王本月分别加工生产甲、乙两种产品1 000件、800。验收时发现甲产品料废4件、工废5件，其余合格。甲、乙产品的计件单价分别为1.5元和2.5元。小王本月应得计件工资薪酬为多少？

$$小王本月应得计件工资薪酬=(1\ 000-5)\times1.5+800\times2.5=3\ 492.5\ (元)$$

例2-1-10　宏源公司工人小王本月分别加工生产甲、乙两种产品1 000件、800。验收时发现甲产品料废4件、工废5件，其余合格。甲、乙产品的定额工时分别为0.2小时和0.1小时，该职工的小时工薪率为10元。小王本月应得计件工资薪酬为多少？

$$小王本月应得计件工资薪酬=[(1\ 000-5)\times0.2+800\times0.1]\times10=2\ 790\ (元)$$

2）集体计件工资薪酬的计算

在企业中，有的产品生产是按集体（班、组）进行的，则计件工资薪酬需以集体为对象进行计算。具体分两步：第一步，先按上述计算个人计件工资薪酬的方法，计算集体计件工资薪酬总额；第二步，采用一定的方法，将集体计件工资薪酬总额在集体各成员之间进行分配。其计算公式如下：

$$集体计件工资薪酬总额=集体完成工作总量\times计件单价$$

$$计件工资薪酬分配率=\frac{集体计件工资薪酬总额}{集体职工应付计时工薪之和}$$

$$某职工应付计时工资薪酬=该职工工作小时数\times小时工资薪酬分配率$$

$$某职工应付计件工资薪酬=该职工应付计时工资薪酬\times计件工资薪酬分配率$$

例2-1-11　宏源公司第一生产小组由4名工人组成，20××年12月生产甲产品600件，计件单价为18元，其余资料见表2-8，表中小时工薪率、实际工作小时从单位获得。计算每名职工本月应得计件工资薪酬。

表2-8　宏源公司第一生产小组计件工资薪酬分配表

20××年12月31日

姓名	小时工资薪酬分配率/（元·小时$^{-1}$）	实际工作小时数	计时工资薪酬总额/元	计件工资薪酬分配率	应得计件工资薪酬/元
	①	②	③	④	⑤
易庆泽	5	260	1 300		1 950
张伟红	7	260	1 820		2 730
吴杜非	6	280	1 680		2 520
游丽芳	8	300	2 400		3 600
合计			7 200	1.5	10 800

其中：计件工资薪酬总额=600×18=10 800（元）

计时工资薪酬总额=5×260+7×260+6×280+8×300=7 200（元）

计件工资薪酬分配率 = 10 800 ÷ 7 200 = 1.5

易庆泽应得计件工资薪酬 = 1 300 × 1.5 = 1 950（元）

张伟红应得计件工资薪酬 = 1 820 × 1.5 = 2 730（元）

吴杜非应得计件工资薪酬 = 1 680 × 1.5 = 2 520（元）

游丽芳应得计件工资薪酬 = 2 400 × 1.5 = 3 600（元）

3. 工资薪酬费用的归集

除按照计时工资薪酬和计件工资薪酬两种形式计算职工的应付工资薪酬外，还应计算每一职工应得的奖金和津贴。奖金和津贴要根据有关规定进行计算，一并计入应付职工薪酬，并据以编制工资结算表，见表2－9。

表2－9　工资结算表

编制单位：宏源公司　　20××年12月　　元

部门	姓名	基本工资薪酬	计时工资薪酬（计件工资薪酬）	综合奖金	津贴补贴	应发合计
行政部门	李成业	4 800		2 000	1 000	7 800
	丁成功	4 000		1 600	800	6 400
	杨钰	3 000		1 000	500	4 500
	林明	2 400		600		3 000
	…	…	…	…	…	…
小计		35 000		14 000	6 800	55 800
车间主任	高远达	3 200		1 200	1 000	5 400
第一车间	易庆泽		1 950	168	500	2 618
	张伟红		2 730	220	500	3 450
	吴杜非		2 520	200	500	3 220
	游丽芳		3 600	300	500	4 400
	…	…	…	…	…	…
小计		3 200	23 000	2 800	5 000	34 000
车间主任	罗文飞	3 500		1 200	1 000	5 700
第二车间	朱庆红		1 630	168	500	2 298
	范贤仁		2 350	230	500	3 080
	李丽		2 560	258	500	3 318
	何方成		2 890	290	500	3 680
	…	…	…	…	…	…
小计		3 500	25 800	3 080	6 000	38 380

续表

部门	姓名	基本工资薪酬	计时工资薪酬（计件工资薪酬）	综合奖金	津贴补贴	应发合计
供水车间	林同文		2 800	260	500	3 560
	高鑫		3 000	280	500	3 780
	…	…	…	…	…	…
小计		8 600	750	1 500	10 850	
供电车间	李会山		2 900	240	500	3 640
	…	…	…	…	…	…
小计		10 600	1 120	4 000	15 720	
总计		41 700	68 000	21 750	23 300	154 750

主管：张永健　　　　审核：王刚　　　　制表：万金龙

工资结算表应一式三份，一份交给企业人力资源管理部门，一份裁成工资条一并发给每个职工，一份在发工资时由职工个人签名后交给会计部门，由会计部门据以编制工资结算汇总表，见表2－10。工资结算汇总表是进行工资结算和分配的原始依据，表中含应付工资总额、代发款项、代扣款项和实发金额资料。

表2－10　工资结算汇总表

编制单位：宏源公司　　　　20××年12月　　　　金额单位：元

部门	应付工资总额	社保、住房公积金（43%）	职工福利费（10%）	工会经费（2%）	职工教育经费（1.5%）	合计
第一车间生产工人	28 600	12 298	2 860	572	429	16 159
第二车间生产工人	32 680	14 052	3 268	654	490	18 464
辅助生产成本——供水车间	10 850	4 666	1 085	217	163	6 130
辅助生产成本——供电车间	15 720	6 760	1 572	314	236	8 882
第一车间管理人员	5 400	2 322	540	108	81	3 051
第二车间管理人员	5 700	2 451	570	114	86	3 221
行政管理人员	55 800	23 994	5 580	1 116	837	31 527
小计	154 750	66 543	15 475	3 095	2 321	87 434

主管：张永健　　　　审核：王刚　　　　制表：万金龙

三、工资薪酬费用的分配与核算

企业成本核算员在每月终了时，应在会计部门根据计算出的职工工资，按车间、部门分别编制工资结算表的基础上，分别对受益对象分配工资薪酬费用。

分配工资薪酬费用，确定工资薪酬费用的分配对象时要遵守谁受益谁负担的原则。具体来说，为产品生产而发生人员工资应由基本生产部门的各产品负担；为基本生产部门的管理人员发生的工资应由各生产部门的制造费用承担；企业行政管理部门发生的工资则由管理费用承担。

在实际工作中，工资薪酬费用的分配一般是通过编制工资薪酬费用分配表进行的，编制的依据是工资结算表和“工资结算汇总表”。

例2－1－12 宏源公司基本生产车间第一车间生产甲、乙两种产品，20××年12月发生的生产工人的工资共计28 600元（表2－11），甲产品完工600件，乙产品完工100件。单件产品工时定额如下：甲产品2小时、乙产品2.3小时。试计算分配甲、乙产品各自应负担的工资薪酬费用。假定第二车间只生产丙产品（为了简化计算，假定生产工人工资薪酬只在完工产品之间进行分配）

甲产品定额工时 $=600\times2=1\ 200$（小时）

乙产品定额工时 $=100\times2.3=230$（小时）

生产工人工资薪酬分配率 $=28\ 600\div(1\ 200+230)=20$

甲产品应负担工资薪酬费用 $=1\ 200\times20=24\ 000$（元）

乙产品应负担工资薪酬费用 $=230\times20=4\ 600$（元）

表2－11 工资薪酬费用分配表

20××年12月

<table>
<tr><th colspan="2">应借科目</th><th rowspan="2">成本或费用项目</th><th colspan="5">分配计入</th><th rowspan="2">直接计入/元</th><th rowspan="2">合计/元</th></tr>
<tr><th>一级科目</th><th>明细科目</th><th>工时定额/小时</th><th>产品产量/件</th><th>定额工时（分配标准）/小时</th><th>分配率</th><th>分配金额/元</th></tr>
<tr><td rowspan="3">基本生产成本——第一车间</td><td>甲</td><td>直接人工费用</td><td>2.00</td><td>600</td><td>1 200</td><td></td><td>24 000</td><td></td><td>24 000</td></tr>
<tr><td>乙</td><td>直接人工费用</td><td>2.30</td><td>100</td><td>230</td><td></td><td>4 600</td><td></td><td>4 600</td></tr>
<tr><td>小计</td><td></td><td></td><td></td><td>1 430</td><td>20</td><td>28 600</td><td></td><td>28 600</td></tr>
<tr><td colspan="2">基本生产成本——第二车间</td><td>直接人工费用</td><td></td><td></td><td></td><td></td><td></td><td>32 680</td><td>32 680</td></tr>
<tr><td rowspan="3">辅助生产成本</td><td>供水</td><td>直接人工费用</td><td></td><td></td><td></td><td></td><td></td><td>10 850</td><td>10 850</td></tr>
<tr><td>供电</td><td>直接人工费用</td><td></td><td></td><td></td><td></td><td></td><td>15 720</td><td>15 720</td></tr>
<tr><td>小计</td><td></td><td></td><td></td><td></td><td></td><td></td><td>26 570</td><td>26 570</td></tr>
<tr><td rowspan="2">制造费用</td><td>第一车间</td><td>直接人工费用</td><td></td><td></td><td></td><td></td><td></td><td>5 400</td><td>5 400</td></tr>
<tr><td>第二车间</td><td>直接人工费用</td><td></td><td></td><td></td><td></td><td></td><td>5 700</td><td>5 700</td></tr>
<tr><td colspan="2">管理费用</td><td>工资薪酬</td><td></td><td></td><td></td><td></td><td></td><td>55 800</td><td>55 800</td></tr>
<tr><td colspan="2">合计</td><td></td><td></td><td></td><td></td><td></td><td>28 600</td><td>126 150</td><td>154 750</td></tr>
</table>

审核：王刚　　　　制单：万金龙

根据表2－11及表2－9，可以编制会计分录如下：

会计分录（5）借：基本生产成本——第一车间——甲产品　　4 000
　　　　　　　　　　　　　　——第一车间——乙产品　　4 600
　　　　　　　　　　　　　　——第二车间——丙产品　　32 680
　　　　　　　　辅助生产成本——供水车间　　10 850
　　　　　　　　　　　　　　——供电车间　　15 720
　　　　　　　　制造费用——第一车间　　5 400
　　　　　　　　　　　　——第二车间　　5 700
　　　　　　　　管理费用　　55 800
　　　　　　贷：应付职工工资薪酬——短期薪酬（工资）　　154 750

月末，工资薪酬费用应按工资薪酬的用途分别记入有关成本、费用账户：生产工人的工资薪酬应记入“基本生产成本”账户的“直接人工费用”成本项目的借方；车间管理人员的工资薪酬记入“制造费用”账户的借方；辅助生产部门工人的工资薪酬记入“辅助生产成本”账户的借方；行政管理部门人员的工资薪酬应记入“管理费用”账户的借方；销售部门人员的工资薪酬应记入“销售费用”账户的借方。已分配的工资薪酬总额应记入“应付职工工资薪酬——短期薪酬（工资）”账户的借方。

四、职工福利费分配的核算

工业企业除了按照按劳分配的原则支付每一职工的工资以外，还应该按照国家规定对职工进行福利补助。为此，企业还必须按照职工工资薪酬总额的一定比例计算职工福利费。

职工福利费用是用于企业内设医务室、职工浴室、理发室、幼儿园等集体福利机构人员的工资，医务经费，职工因公负伤赴外地就医费，职工生活困难补助，未实行医疗统筹企业的职工医疗费用，以及按照国家规定开支的其他职工福利支出。

企业除了按规定分配职工工资薪酬外，还要根据规定提取一定的工会经费、职工教育经费、各类社会保险等。根据表2－9（工资结算表）、表2－10（工资结算汇总表），结合表2－11（工资薪酬费用分配表）进行账户处理。

会计分录（6）借：基本生产成本——第一车间——甲　　13 560
　　　　　　　　　　　　　　——第一车间——乙　　2 599
　　　　　　　　　　　　　　——第二车间——丙　　18 464
　　　　　　　　辅助生产成本——供水车间　　6 130
　　　　　　　　　　　　　　——供电车间　　8 882
　　　　　　　　制造费用——第一车间　　3 051
　　　　　　　　　　　　——第二车间　　3 221
　　　　　　　　管理费用　　31 527
　　　　　　贷：应付职工薪酬——短期薪酬（职工福利）　　15 475
　　　　　　　　　　　　　　——短期薪酬（工会经费）　　3 095
　　　　　　　　　　　　　　——短期薪酬（职工教育经费）　　2 321
　　　　　　　　　　　　　　——短期薪酬（社会保险费）　　66 543

案例分析

要正确核算工资薪酬费用，小李首先可以根据车间的考勤记录和产量记录，再结合企业人力资源部门对有关人员的工作安排情况和编制的工资结算表以及国家有关规定，编制工资薪酬费用分配表，正确分配各种产品所耗用的工资薪酬费用。

任务三　外购动力费用的核算

一、外购动力费用的确认

外购动力费用主要指外购的电力、热力等，有的直接用于产品生产，有的间接用于产品生产，有的则用于经营管理。外购动力实际上也相当于外购的材料，只是没有实实在在的实物体存在，因此它在会计处理上既有与外购材料相同之处，又有与之不同之处。相同的是耗用的外购动力也可以计量，而且也是根据其不同用途计入有关的成本费用账户；不同的是购入时由于没有价值实体，因此无法设专门账户进行核算，也无收、发、存多环节的核算，而是在外购时，根据其具体用途直接借记各成本费用账户。

二、外购动力费用的归集

在实际工作中，外购动力付款期与成本、费用核算期并不一致，即外购动力付款日往往是下月初，而成本、费用核算一般在月末进行。为了贯彻权责发生制，在实际工作中一般用“应付账款”账户核算外购动力费用，即在付款时先作为暂付款处理，借记“应付账款”账户，贷记“银行存款”账户，月末按照外购动力的用途分配费用时，再借记有关成本费用账户，贷记“应付账款”账户，以冲销原来记入“应付账款”账户的暂付款。如果通过“应付账款”账户核算，每月只需要在月末分配一次外购动力费用，每月月末根据当月实际使用的耗用数量分配外购动力费用，大大简化了核算工作。

若每月支付外购动力费用的日期基本固定，且每月付款日至月末应付外购动力费用相差不多，也可不通过“应付账款”账户核算，可于付款时直接借记“成本费用”账户，贷记“银行存款”账户。

三、外购动力费用的分配

外购动力费用的分配，在有仪表的情况下，应根据仪表所示耗用数量及单位计算；在没有仪表的情况下，可按生产工时的比例、机器功率时数（机器功率×机器时数）的比例，或定额消耗量的比例分配。各车间、部门的动力用电和照明用电，一般按用电度数分配；车间中的动力用电，一般不能按产品分别安装电表，因此车间动力用电在各种产品之间一般按产品的生产工时比例、机器工时比例、定额耗电量比例或其他比例分配。

进行外购动力费用分配时，应按照外购动力费用的用途，将其记入相应的成本、费用账户。产品生产耗用的外购动力费用，应借记“基本生产成本”账户；辅助生产耗用的外购动力费用，应借记“辅助生产成本”账户；车间管理耗用的外购动力费用，应借记“制造费用”账户；厂部管理耗用的外购动力费用，应借记“管理费用”账户，贷记“应付账款”（或“银行存款”）账户。

例 2－1－13　宏源公司 20××年 12 月外购动力费用分配表见表 2－12。

表 2－12　外购动力费用分配表

20××年 12 月　　　　元

应借科目		成本或费用项目	分配量度	分配率	分配金额
基本生产成本	甲产品	燃料及动力费用	8 800		7 040
	乙产品	燃料及动力费用	7 700		6 160
	小计		16 500		13 200
辅助生产成本	供水车间	燃料及动力费用	2 500		2 000
	供电车间	燃料及动力费用	5 000		4 000
	小计		7 500		6 000
制造费用	第一车间	水电费	1 031		825
管理费用		水电费	687		550
合计			25 718	0.8	20 575

据此编制会计分录如下：

会计分录（7）借：基本生产成本——第一车间——甲产品　　7 040
　　　　　　　　　　　　　　　　　　　——乙产品　　6 160
　　　　　　　辅助生产成本——供水车间　　2 000
　　　　　　　　　　　　——供电车间　　4 000
　　　　　　　制造费用——第一车间　　825
　　　　　　　管理费用　　550
　　　　　贷：应付账款　　20 575

产品基本生产成本明细账是否单设“燃料及动力费用”成本项目应视情况而定。若外购动力费用、燃料费用占产品成本的比重较大，应单设“燃料及动力费用”成本项目；若外购动力费用、燃料费用占产品成本的比重较小，不需单设“燃料及动力费用”成本项目，燃料费用记入“直接材料费用”成本项目，外购动力费用记入“制造费用”成本项目。

案例分析

针对小李所在的电瓷生产企业，应明确外购动力费用有哪些，如电费、燃料费、水费等。对于这一部分费用在实务中的核算，支付时应该先通过“应付账款”核算，待月底再进行分配。

任务四　折旧费及其他费用的核算

折旧费的归集和分配

一、折旧费的归集和分配

工业企业的固定资产在长期的使用过程中，虽然保持着原有的实物形态，但其价值会随着固定资产的损耗而逐渐减少。固定资产由于损耗而减少的价值就是固定资产的折旧。固定资产折旧应该作为折旧费计入产品成本和经营管理费用。我国目前的折旧计算方法主要有年限平均法、工作量法、双倍余额递减法及年数总和法等。

折旧费用的归集通常采用“折旧计算表”的形式进行，而折旧费用的分配则通过编制“折旧费用分配表”进行。折旧费用一般应按固定资产使用的车间、部门分别记入“制造费用”和“管理费用”等账户。折旧总额应记入“累计折旧”账户的贷方。

例2－1－14 宏源公司20××年12月的固定资产折旧费有关资料及各有关部门分配的折旧费见表2－13。

表2－13 固定资产折旧费分配表

20××年12月 元

应借科目	使用部门	上月折旧额	本月折旧增加额	本月折旧减少额	本月折旧额
制造费用	第一车间	3 320	780	120	3 980
辅助生产成本	供水车间	1 250	200	100	1 350
	供电车间	2 500	1 000	500	3 000
管理费用	管理部门	1 200	200	110	1 290
合计		8 270	2 180	830	9 620

审核： 制表：

根据上表编制会计分录如下：

会计分录（8）借：制造费用——第一车间 3 980
辅助生产成本——供水车间 1 350
——供电车间 3 000
管理费用 1 290
贷：累计折旧 9 620

二、其他费用的归集和分配

广义的其他费用是指除了本模块中各任务所述的各成本费用以外的要素费用，具体包括邮电费、租赁费、印刷费、图书报刊资料费、办公用品费、试验检验费、排污费、差旅费、保险费、交通补助费、误餐补贴费、职工技术补助费以及利息和有关费用性税金等。这些费用有的是产品成本的组成部分，有的则不是。其中属于产品成本组成部分的，也未设立专门的成本项目。因此，在这些费用发生时，应根据有关的付款凭证，按照费用的用途进行归类，分别记入“制造费用”“销售费用”等科目的借方，贷记“银行存款”或“库存现金”等科目。

案例分析

小李可以根据折旧费用分配表确定应记入产品成本的折旧费用，对于其他费用，一定要根据相关的票据结合费用的用途，可以归集到产品成本的记入“制造费用”，不能记入产品成本的计入“经营管理费用”。

任务五　核算辅助生产费用

案例导入

宏源公司有两个基本生产车间，第一车间生产甲、乙两种产品，第二车间生产丙产品；辅助生产车间有供水车间、供电车间。辅助生产车间是为基本生产车间和其他部门服务的，其发生的费用如何确定、如何分配到各受益对象中去，需要根据企业的具体情况及管理要求确定。

一、辅助生产费用的归集

辅助生产是指企业辅助生产部门为保证产品生产的正常进行，面向生产及其他部门提供的产品生产及劳务。有的辅助生产部门只生产一种产品或提供一种劳务，如供电、供水和供气等；有的则生产多种产品或提供多种劳务，如从事工具、模具、修理用备件的制造及机器设备的修理等。企业能否正确核算辅助生产费用，直接影响企业产品成本的水平。因此，正确、及时地组织辅助生产费用的归集与分配，对于节约费用、降低成本有着重要的意义。

辅助生产费用的归集

辅助生产费用的核算程序有两种。两者的区别体现在辅助生产的制造费用的归集程序上。

（一）设置“制造费用——辅助生产车间”账户的核算程序

一般情况下，辅助生产车间的制造费用先通过“制造费用”科目进行单独归集，然后转入“辅助生产成本”科目，记入辅助生产产品或劳务的成本（图2－2）。在这种核算方式下，发生辅助生产费用时，专设成本项目的直接记入费用，应单独地直接记入“辅助生产成本”科目和所属有关明细账的借方。辅助生产发生的间接费用，应先记入“制造费用”总账科目和所属辅助生产车间明细账的借方进行归集，然后再从其贷方直接转入或分配转入“辅助生产成本”科目和所属有关明细账的借方。

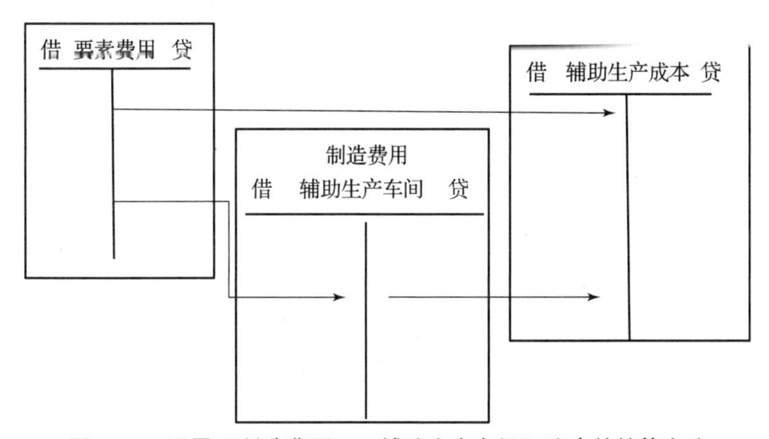

图2－2　设置“制造费用——辅助生产车间”账户的核算方法

（二）不设置“制造费用——辅助生产车间”账户的核算方法

在辅助生产车间规模很小、制造费用很少，而且辅助生产不对外提供商品产品，因此不需要按照规定的成本项目计算产品成本、编制产品生产成本报表的情况下，为了简化核算工作，辅助生产车间的制造费用也可以不通过“制造费用”科目单独归集，而直接记入“辅助生产成本”科目，计入辅助生产产品或劳务成本（图2－3）。在这些企业中，发生的辅助生产费用均单独地直接记入或分配记入“辅助生产成本”科目和所属有关明细账的借方（在明细账中记入“产品成本”项目与“制造费用”项目结合设立的有关项目）。

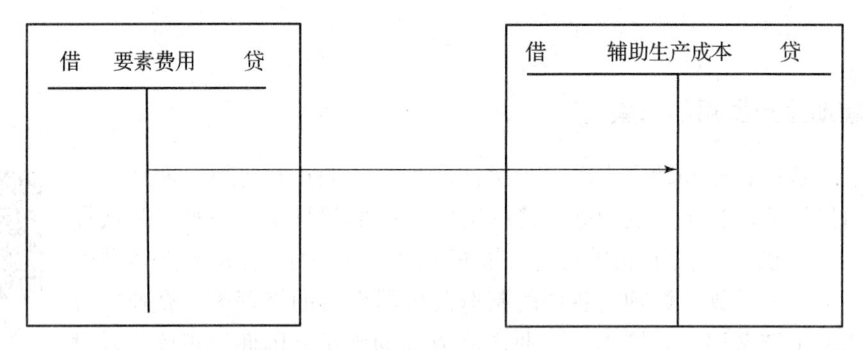

图2－3 不设置“制造费用——辅助生产车间”账户的核算方法

不论采用哪一种方法归集辅助生产费用，辅助生产完工的产品或劳务成本，均应从“辅助生产成本”科目和所属有关明细账的贷方转出。该科目的余额在借方。

以下供电、供水车间的辅助生产成本明细账中的各项数据是从本书前面各要素费用分配中归集的，以示辅助生产费用的归集过程（表2－14、表2－15）。

表2－14 辅助生产成本明细账（供电）

车间名称：供电车间　　　　总第　页　字第　页

20××年		凭证号数		摘要	原材料/元	燃料与动力/元	工资薪酬/元	折旧费用/元	合计/元
月	日	字	号						
12	×		1	分配原材料	1 500				1 500
	×		2	分配燃料与动力		5 240			6 740
	×		7	分配工资			15 720		22 460
	×		8	计提五险一金等			8 882		31 342
	×		9	分配电费		4 000			35 342
	×		10	计提折旧				3 000	38 342
	31		11	分配转出	1 500	9 240	24 602	3 000	平

表 2－15　辅助生产成本明细账（供水）

车间名称：供水车间　　　　　　　　　　　　　　　　　　　　总第　　页
　　　　　　　　　　　　　　　　　　　　　　　　　　　　　字第　　页

20××年		凭证号数		摘要	原材料/元	燃料与动力/元	工资薪酬/元	折旧费用/元	合计/元
月	日	字	号						
12	×		1	分配原材料	300				300
	×		2	分配燃料与动力		702			1 002
	×		7	分配工资			10 850		11 852
	×		8	计提五险一金等			6 130		17 982
	×		9	分配电费		2 000			19 982
	×		10	计提折旧				1 350	21 332
	31		11	分配转出	300	2 702	16 980	1 350	平

二、辅助生产费用的分配

辅助生产费用的分配是指将辅助生产成本各明细账上所归集的费用，采用一定的方法计算出产品或劳务的总成本和单位成本，并按受益对象耗用的数量计入相关成本或期间费用的过程。

如前所述，辅助生产部门提供的产品或劳务是面向基本生产部门和行政管理部门的，但在某些辅助生产部门之间也有相互提供产品或劳务的情况，如供水车间接受供电车间的服务，供电车间在接受供水车间的服务的同时还会接受其他辅助生产部门的服务。这样为了计算供电车间服务的成本，应需要确定供水车间的成本，因此，为了正确计算基本生产产品成本，在分配辅助生产费用时，还应在各辅助生产部门之间进行费用的相互分配。这是辅助生产费用分配的一个主要特性。

辅助生产费用的分配是一个较为复杂的过程，为了使分配的结果尽量客观，在分配时要根据企业各辅助生产部门生产产品或提供劳务的特点以及受益单位的情况，结合企业管理的条件和要求来选用适当的分配方法，主要的有直接分配法、交互分配法、计划成本分配法、代数分配法和顺序分配法等，下面分别加以说明。

（一）直接分配法

采用这种分配方法，不考虑各辅助生产车间之间相互提供劳务或产品的情况，而是将各种辅助生产费用直接分配给辅助生产以外的各受益单位。其分配程序如下。

直接分配法

1. 计算辅助生产车间的产品或劳务实际单位成本

根据各辅助生产车间实际发生的费用和向辅助生产车间以外的各受益对象提供的产品或劳务，计算出各辅助生产车间的实际单位成本。

2. 计算各受益单位应计费用

按照辅助生产车间的实际单位成本和各受益对象的耗用量，计算各受益对象应承担的费用。

计算公式如下：

$$\text{某辅助生产车间产品或劳务实际单位成本（费用分配率）}=\frac{\text{该辅助生产车间生产费用总额}}{\text{（该辅助生产车间本月提供产品或劳务数量}-\text{其他辅助生产车间耗用量）}}$$

某受益对象分配额 = 该受益对象的费用耗用量 × 耗用辅助生产产品或劳务的单位成本

例 2－1－15 宏源公司有供水和供电两个辅助生产车间，主要为本企业基本生产车间和行政管理等部门服务。20××年 12 月，供水车间本月发生费用为 21 332 元，供电车间本月发生费用为38 342元。各辅助生产车间供应的劳务数量见表 2－16，辅助生产成本分配表见表 2－17。

表 2－16 辅助生产车间供应劳务数量表

20××年 12 月

受益对象		耗水/立方米	耗电/度
基本生产车间——第一车间	甲产品	3 000	14 000
	乙产品	2 000	10 000
	一般耗用	2 000	4 000
	小计	7 000	28 000
辅助生产车间	供电	2 000	
	供水		8 000
行政管理部门		800	2 400
专设销售机构		200	1 600
合计		10 000	40 000

水费分配率 = 21 332 ÷（10 000 － 2 000）= 2.67（元/立方米）

电费分配率 = 38 342 ÷（40 000 － 8 000）= 1.20（元/度）

管理费用的分配采用倒挤法确认。

表 2－17 辅助生产费用分配表（直接分配法）

20××年 12 月

项目		供水车间	供电车间	合计
待分配生产费用		21 332 立方米	38 342 度	59 674 元
供应辅助生产车间以外部门的劳务数量		8 000 立方米	32 000 度	
分配率（保留两位小数）		2.67 元/立方米	1.20 元/度	
基本生产车间——第一车间——甲产品	耗用数量	3 000 立方米	14 000 度	
	分配金额	8 010 元	16 800 元	24 810 元

续表

项目		供水车间	供电车间	合计
基本生产车间——第一车间——乙产品	耗用数量	2 000 立方米	10 000 度	
	分配金额	5 340 元	12 000 元	17 340 元
基本生产车间—— 一般耗用——第一车间	耗用数量	2 000 立方米	4 000 度	
	分配金额	5 340 元	4 800 元	10 140 元
行政管理部门	耗用数量	800 立方米	2 400 度	
	分配金额	2 108 元	2 822 元	4 930 元
销售部门	耗用数量	200 立方米	1 600 度	
	分配金额	534 元	1 920 元	2 454 元
合计		21 332 元	38 342 元	59 674 元

根据上述辅助生产费用分配表编制会计分录如下：

会计分录（9）借：基本生产成本——第一车间——甲产品　　24 810
　　　　　　　　　　　　　　　　　　　——乙产品　　17 340
　　　　　　　　制造费用——第一车间　　10 140
　　　　　　　　管理费用　　4 930
　　　　　　　　销售费用　　2 454
　　　　　　　贷：辅助生产成本——供水车间　　21 332
　　　　　　　　　　　　　　——供电车间　　38 342

根据会计分录（9）登记辅助生产成本——供电车间、供水车间明细账，见表2－14、表2－15。

采用直接分配法，各辅助生产成本只是对外分配，计算工作简便，但当辅助生产车间之间提供的产品或劳务数量差异较大时，分配结果往往与实际相关较大。因此，这种分配方法只适用于辅助生产车间内部相互提供劳务不多且差异不大的情况。

（二）顺序分配法

采用这一分配方法，各种辅助生产之间的费用分配应按照辅助生产车间受益多少的顺序排列，受益少的排列在前，先将费用分配出去，受益多的排列在后，后将费用分配出去。例如，供电、供水和供气3个辅助生产车间中，供电车间耗用电和气都较少；供水车间耗用气虽然较少，但耗用电较多；供气车间耗用电和水都较多。这样，就可以按照供电、供水和供气的顺序排列，顺序分配电、水、气的费用。

顺序分配法

例2－1－16　仍按例2－1－14的资料，列示顺序分配法的辅助生产费用分配表，见表2－18。

电费分配率＝38 342÷40 000＝0.96

水费分配率＝(21 332＋7 680)÷(10 000－2 000)＝3.63

根据表2－18，编制会计分录如下：

表 2-18　辅助生产费用分配表（顺序分配法）

20××年12月

应借科目	辅助生产成本						基本生产成本		制造费用		管理费用		销售费用		分配金额合计
	供电			供水											
车间部门	劳务数量	待分配费用	分配率	劳务数量	待分配费用	分配率	耗用数量	分配金额	耗用数量	分配金额	耗用数量	分配金额	耗用数量	分配金额	
	40 000 度	38 342 元		10 000 立方米	21 332 元										
分配电费	40 000 度	38 342 元	0.96 元/度	8 000 度	7 680 元		24 000 度	23 040 元	4 000 度	3 840 元	2 400 度	2 246 元	1 600 度	1 536 元	38 342 元
	水费合计				29 012 元										
	分配水费			8 000 立方米	29 012 元	3.63 元/立方米	5 000 立方米	18 150 元	2 000 立方米	7 260 元	800 立方米	2 876 元	200 立方米	726 元	29 012 元
				分配金额合计				41 190 元		11 100 元		5 122 元		2 262 元	59 674 元

审核：　　　　　　　　　　制表：

（1）分配电费：

会计分录（10）借：	基本生产成本——第一车间	23 040	
	辅助生产成本——供水车间	7 680	
	制造费用——第一车间	3 840	
	管理费用	2 246	
	销售费用	1 536	
贷：	辅助生产成本——供电车间		38 342

（2）分配水费：

会计分录（11）借：	基本生产成本——第一车间	18 150	
	制造费用——第一车间	7 260	
	管理费用	2 876	
	销售费用	726	
贷：	辅助生产成本——供水车间		29 012

注：基本生产车间第一车间生产甲、乙两种产品，可以另行将分配的辅助生产费用继续在两种产品之间进行分配。

上列辅助生产费用分配表的下线呈梯形，因此这种分配方法也称梯形分配法。采用这种分配方法，各种辅助生产费用虽然也只分配一次，但既分配给辅助生产车间以外的受益单位，又分配给排列在后面的其他辅助生产车间、部门，因此分配结果的正确性和计算的工作量都有所增加。由于排列在前面的辅助生产车间、部门不负担排列在后面的辅助生产车间、部门的费用，因此分配结果的正确性仍然受到一定的影响。这种分配方法只适宜在各辅助生产车间、部门之间相互受益程序有明显顺序的企业中采用。

（三）交互分配法

交互分配法

采用这种方法分配辅助生产费用的程序如下。

1. 一次交互分配

应先根据各辅助生产车间、部门相互提供的劳务或产品的数量计算交互分配率（单位成本），然后在辅助生产车间之间进行一次交互分配。

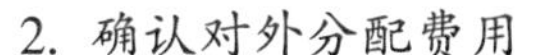

2. 确认对外分配费用

辅助生产费用——一次交互分配法

将各辅助生产车间的费用分配给其他辅助生产车间以外的部门，它的计算公式如下：

$$对外分配费用 = 交互分配前费用 + 交互分配后转入的费用 - 交互分配后转出的费用$$

3. 对外分配

确认对外分配的标准，根据交互分配后确认的对外分配费用计算新的分配率，并以此在辅助生产车间、部门以外的各受益单位之间分配各辅助生产车间的费用。

例 2－1－17　仍以例 2－1－14 的资料为例，列示交互分配法的辅助生产费用分配表，见表 2－19。

表2-19　辅助生产费用分配表（交互分配法）

20××年12月

项目			交互分配			对外分配		
辅助生产车间名称			供电	供水	合计	供电	供水	合计
待分配辅助生产费用			38 342 元	21 332 元	59 674 元	34 922 元	24 752 元	59 674 元
供应劳务数量			40 000 度	10 000 立方米		32 000 度	8 000 立方米	
费用分配率（单位成本）			0.96 元/度	2.13 元/立方米		1.09 元/度	3.09 元/立方米	
辅助生产成本	供电车间	耗用数量		2 000 立方米				
		分配金额		4 260 元	4 260 元			
	供水车间	耗用数量	8 000 度					
		分配金额	7 680 元		7 680 元			
	分配金额小计		7 680 元	4 260 元	11 940 元			
基本生产成本——第一车间——甲		耗用数量				14 000 度	3 000 立方米	
		分配金额				15 260 元	9 282 元	24 542 元
基本生产成本——第一车间——乙		耗用数量				10 000 度	2 000 立方米	
		分配金额				10 900 元	6 188 元	17 088 元
制造费用——第一车间		耗用数量				4 000 度	2 000 立方米	
		分配金额				4 360 元	2 800 元	7 160 元
管理费用		耗用数量				2 400 度	8 663.2 立方米	
		分配金额				2 658 元	5 863 元	8 251 元
销售费用		耗用数量				1 600 度	200 立方米	
		分配金额				1 744 元	618.8 元	2 363 元
分配金额合计						34 922 元	24 752 元	59 674 元

审核：　　　　　　　　　　制表：

（1）某辅助生产费用交互分配率 = 辅助生产车间费用总额 ÷ 劳务供应总量

供电车间交互分配率 = 38 342 ÷ 40 000 = 0.96（元/度）

供水车间交互分配率 = 21 332 ÷ 10 000 = 2.13（元/立方米）

供电车间分入的水费 = 2 000 × 2.13 = 4 260（元）

供电车间分出的电费 = 8 000 × 0.96 = 7 680（元）

供水车间分入的电费 = 8 000 × 0.96 = 7 680（元）

供水车间分出的水费 = 2 000 × 2.13 = 4 260（元）

（2）某辅助生产费用对外分配率 =（该辅助生产车间费用总额 + 交互分入的费用 - 交互

分出的费用）÷对外提供的劳务总量

供电车间对外费用分配率 =（38 342 + 4 260 − 7 680）÷ 32 000 = 1.09（元/度）

供水车间对外费用分配率 =（21 332 + 7 680 − 4 260）÷ 8 000 = 3.094（元/立方米）

某受益对象应分摊的辅助生产费用 = 该对象受益的劳务量 × 辅助生产费用对外分配率

根据表 2 − 19，编制会计分录如下：

交互分配分录：

会计分录（12）借：辅助生产成本——供电车间　　4 260

　　　　　　　　　　　　　　——供水车间　　7 680

　贷：辅助生产成本——供水车间　　4 260

　　　　　　　　　——供电车间　　7 680

一次交互分配法账务处理

对外分配分录：

会计分录（13）借：基本生产成本——第一车间——甲产品　　24 542

　　　　　　　　　　　　　　　　　　　　——乙产品　　17 088

　　　　　　　　制造费用——第一车间　　7 160

　　　　　　　　管理费用　　8 251

　　　　　　　　销售费用　　1 320

　贷：辅助生产成本——供电车间　　34 922

　　　　　　　　　——供水车间　　24 752

采用这种分配方法，由于辅助生产车间内部相互提供劳务全部进行了交互分配，因此提高了分配结果的正确性，但由于各种辅助生产费用都要计算两个费用分配率，进行两次分配，因此计算工作量又有所增加。由于交互分配的费用分配率（单位成本）是根据交互分配以前的待分配费用计算的，不是各辅助生产的实际单位成本，因此分配结果也不是很正确。在各月辅助生产费用水平相差不大的情况下，为了简化计算工作，也可用上月的辅助生产单位成本作为本月交互分配的费用分配率。

（四）代数分配法

采用这种分配方法分配辅助生产费用的程序如下。

1. 计算辅助生产劳务或产品的单位成本

先根据解联立方程的原理设立方程组，计算出辅助生产劳务或产品的单位成本。

2. 分配辅助生产费用

根据各受益对象（包括辅助生产车间内部和外部各单位）耗用的数量和单位成本分配辅助生产费用。

例 2 − 1 − 18　仍以例 2 − 1 − 14 的资料为例，列示代数分配法的辅助生产费用分配表，见表 2 − 20。

设 x = 供电车间单位成本，y = 供水车间单位成本。

设立方程组如下：

$$\begin{cases} 38\ 342 + 2\ 000y = 40\ 000x \\ 21\ 332 + 8\ 000x = 10\ 000y \end{cases}$$

解方程组，得 $x = 1.11$，$y = 3.02$。

根据上列计算结果，编制辅助生产费用分配表（表 2 − 20）。

表2－20　辅助生产费用分配表（代数分配法）

20××年12月

<table>
<tr><td colspan="3">辅助生产车间名称</td><td>供电</td><td>供水</td><td>合计</td></tr>
<tr><td colspan="3">待分配辅助生产费用</td><td>38 342 元</td><td>21 332 元</td><td>59 674 元</td></tr>
<tr><td colspan="3">供应劳务数量</td><td>40 000 度</td><td>10 000 立方米</td><td></td></tr>
<tr><td colspan="3">费用分配率（单位成本）</td><td>1.11 元/度</td><td>3.02 元/立方米</td><td></td></tr>
<tr><td rowspan="5">辅助生产成本</td><td rowspan="2">供电车间</td><td>耗用数量</td><td></td><td>2 000 立方米</td><td></td></tr>
<tr><td>分配金额</td><td></td><td>6 040 元</td><td>6 040 元</td></tr>
<tr><td rowspan="2">供水车间</td><td>耗用数量</td><td>8 000 度</td><td></td><td></td></tr>
<tr><td>分配金额</td><td>8 880 元</td><td></td><td>8 880 元</td></tr>
<tr><td colspan="2">分配金额小计</td><td>8 880 元</td><td>6 040 元</td><td>14 920 元</td></tr>
<tr><td colspan="2" rowspan="2">基本生产成本——第一车间——甲产品</td><td>耗用数量</td><td>14 000 度</td><td>3 000 立方米</td><td></td></tr>
<tr><td>分配金额</td><td>15 540 元</td><td>9 060 元</td><td>24 600 元</td></tr>
<tr><td colspan="2" rowspan="2">基本生产成本——第一车间——乙产品</td><td>耗用数量</td><td>10 000 度</td><td>2 000 立方米</td><td></td></tr>
<tr><td>分配金额</td><td>11 100 元</td><td>6 040 元</td><td>17 140 元</td></tr>
<tr><td colspan="2" rowspan="2">制造费用——第一车间</td><td>耗用数量</td><td>4 000 度</td><td>2 000 立方米</td><td></td></tr>
<tr><td>分配金额</td><td>4 440 元</td><td>6 040 元</td><td>10 480 元</td></tr>
<tr><td colspan="2" rowspan="2">管理费用</td><td>耗用数量</td><td>2 400 度</td><td>800 立方米</td><td></td></tr>
<tr><td>分配金额</td><td>11 526 元</td><td>5 628 元</td><td>17 154 元</td></tr>
<tr><td colspan="2" rowspan="2">销售费用</td><td>耗用数量</td><td>1 600 度</td><td>200 立方米</td><td></td></tr>
<tr><td>分配金额</td><td>1 776 元</td><td>604 元</td><td>2 380 元</td></tr>
<tr><td colspan="3">分配金额合计</td><td>44 383 元</td><td>30 207 元</td><td>74 590 元</td></tr>
</table>

审核：　　　　　　　　　　制表：

（注：上表中小数位差额倒挤在“管理费用”中）

根据辅助生产费用分配表编制会计分录如下：

会计分录（14）借：辅助生产成本——供电车间　　6 040
　　——供水车间　　8 880
　　基本生产成本——第一车间——甲　　24 600
　　——乙　　17 140
　　制造费用——第一车间　　10 480
　　管理费用　　17 154
　　销售费用　　2 380

贷：辅助生产成本——供电车间　　44 383

　　　　　　　　——供水车间　　30 207

采用代数分配法分配辅助生产费用，分配结果最正确。但在分配以前要解方程组，如果辅助生产车间、部门较多，未知数较多，则计算工作比较复杂，因此这种方法在计算工作已经实现电算化的企业中采用比较适宜。

（五）计划成本分配法

计划成本分配法

采用这种分配方法时，辅助生产车间为各受益单位（包括受益的其他辅助生产车间、部门在内）提供的劳务，都按劳务的计划单位成本进行分配；辅助生产车间实际发生的费用（包括辅助生产内部交互分配转入的费用在内）与按计划单位成本分配转出的费用之间的差额，即辅助生产劳务的成本差异，可以再分配给辅助生产车间以外各受益单位负担，但为了简化计算工作，一般全部计入管理费用。

例 2-1-19　仍以例 2-1-14 的资料为例，列示计划成本分配法的辅助生产费用分配表，见表 2-21。假定企业辅助生产劳务的计划单位成本为：供电车间每度电 0.65 元、供水车间每立方米水 2.70 元。

表 2-21　辅助生产费用分配表（计划成本分配法）

20××年 12 月

辅助生产车间名称			供电	供水	合计
待分配辅助生产费用			38 342 元	21 332 元	59 674 元
供应劳务数量			40 000 度	10 000 立方米	
计划单位成本			0.65 元/度	2.7 元/立方米	
辅助生产成本	供电车间	耗用数量		2 000 立方米	
		分配金额		5 400 元	5 400 元
	供水车间	耗用数量	8 000 度		
		分配金额	5 200 元		5 200 元
	分配金额小计		5 200 元	5 400 元	10 600 元
基本生产成本——第一车间——甲产品		耗用数量	14 000 度	3 000 立方米	
		分配金额	9 100 元	8 100 元	17 200 元
基本生产成本——第一车间——乙产品		耗用数量	10 000 度	2 000 立方米	
		分配金额	6 500 元	5 400 元	11 900 元
制造费用——第一车间		耗用数量	4 000 度	2 000 立方米	
		分配金额	2 600 元	5 400 元	8 000 元
管理费用		耗用数量	2 400 度	800 立方米	
		分配金额	13 902 元	2 160 元	16 062 元

续表

辅助生产车间名称		供电	供水	合计
销售费用	耗用数量	1 600 度	200 立方米	
	分配金额	1 040 元	540 元	1 580 元
按计划成本分配金额合计		26 000 元	27 000 元	53 000 元
辅助生产实际成本		43 742 元	26 532 元	70 274 元
辅助生产成本差异		17 742 元	468 元	17 274 元

审核：　　　　　　　　　　　　制表：

$$供电车间实际成本=38\ 342+5\ 400=43\ 742（元）$$

$$供水车间实际成本=21\ 322+5\ 200=26\ 532（元）$$

在上例中，由于分配转入的费用（5 400 元和 5 200 元）是按计划单位成本计算的，因此这种实际成本不是“纯粹”的实际成本。

根据辅助生产费用分配表编制会计分录如下：

会计分录（15）（1）借：辅助生产成本——供电车间　5 200
　　　　　　　　　　　　　　　　——供水车间　5 400
　　　　　　　　基本生产成本——第一车间——甲产品　17 200
　　　　　　　　　　　　　　　　　　　　——乙产品　11 900
　　　　　　　　制造费用——第一车间　8 000
　　　　　　　　管理费用　16 062
　　　　　　　　销售费用　1 580
　　　　　　　贷：辅助生产成本——供电车间　26 000
　　　　　　　　　　　　　　　——供水车间　27 000

（2）根据劳务成本差异调整当月管理费用：

会计分录（16）借：管理费用　17 274
　　　　　　　贷：辅助生产成本——供电车间　17 742
　　　　　　　　　　　　　　　——供水车间　468

如为节约，则编制相反的会计分录。

采用计划成本分配法，各种辅助生产费用也只分配一次，而且劳务的计划单位成本是早已确定的，不必单独计算费用分配率，因此简化了计算工作。

在将辅助生产费用进行归集和分配以后，应计入本月产品成本和经营管理费用的各种费用，都已分别归集在“基本生产成本”“制造费用”和“管理费用”等总账科目和所属明细账的借方；其中记入“基本生产成本”总账科目借方的费用，已在各产品成本明细账的本月发生额中按有关的成本项目反映。

案例分析

若小李所在的公司有辅助生产车间，应根据辅助生产车间的规模、对外提供产品或劳务的数量来判断是通过“辅助生产成本”账户还是“制造费用”账户进行核算。确定核算账户后需选择合理的方法进行分配。

任务六　核算制造费用

制造费用是指企业为生产产品或提供劳务而发生的，应计入产品或劳务成本，但又没有专设成本项目，无法直接计入产品或劳务成本的各项生产费用。制造费用在产品成本中占有一定比重，构成比较复杂，企业计入产品成本的费用中除直接材料、直接人工之外的费用，一般都包括在制造费用中。

制造费用的内容具体可划分为以下 3 类：

（1）间接材料费用：指企业内部各生产单位（分厂、车间）耗用的一般性消耗材料，如机物料消耗，低值易耗品摊销。

（2）间接人工费用：指企业内部各生产单位（分厂、车间）中除生产工人之外的管理人员、工程技术人员、车间辅助人员、清洁工、维修工、搬运工等的工资及按上述人员工资的一定比例提取的福利费。

（3）其他制造费用：指企业内部各生产单位（分厂、车间）发生的不属于材料和人工的各种与产品生产有关的费用，包括房屋、建筑物、机器设备的折旧费，取暖费，水电费，办公费，运输费，设计制图费，试验检验费，季节性停工损失和生产用固定资产运输期间的停工损失等。

小知识

制造费用明细项目一般包括：机物料消耗、工资及福利费、折旧费、修理费、租赁费、保险费、低值易耗品摊销、取暖费、劳动保护费、试验检验费、水电费、办公费、在产品盘亏、毁损和报废、运输费、设计制图费、季节性停工损失等。

一、制造费用的归集

制造费用的归集应通过“制造费用”科目进行。该科目应按不同的车间、部门设立明细账户，账内再按照费用项目设立专栏分别反映各车间、部门各项制造费用的发生情况，其登记依据是有关的付款凭证、转账凭证和前述的各种费用分配表。

制造费用发生时，应当为生产产品和提供劳务而发生的各项间接费用，包括工资薪酬和福利费、折旧费、修理费、动力费、办公费、水电费、低值易耗品摊销、机物料消耗、劳动保护费、季节性和修理期间的停工损失等编制制造费用分配表，记入“制造费用”账户的借方，并视具体情况，分别记入“原材料”“应付职工薪酬”“累计折旧”等账户的贷方。

根据本书中各要素分配内容登记制造费用明细账，见表 2－22。

表2－22 制造费用明细账

车间名称：基本生产车间——第一车间

总第　　页
字第　　页

20××年		凭证号数		摘要	借方/元	贷方/元	余额/元	（借）方分析/元				
月	日	字	号					原材料	周转材料	工资薪酬	动力	其他
12	×		1	分配原材料	2 375		2 375	2 375				
	×		3	领用专业工具	12 000		14 375		12 000			
	×		4	报废专业工具	12 000		26 375		12 000			
	×		5	分配工资薪酬	5 400		31 775			5 400		
	×		6	计提福利	3 051		34 826			3 051		
	×		7	分配电费	825		35 651				825	
	×		8	计提折旧	3 980		39 631					3 980
	×		9	分配辅助生产费用	10 140		49 771					10 140
	×		17	分配制造费用		49 771	平	2 375	24 000	8 451	825	14 120

二、制造费用的分配

为了正确计算产品的成本，必须合理分配制造费用。分配制造费用的方法较多，通常采用的有生产工时比例法、生产工人工资比例法、机器工时比例法以及年度计划分配率法等。分配方法一经确定，不得随意变更。

（一）生产工时比例法

制造费用的分配
（生产工时比例法）

生产工时比例法是按照各种产品所用生产工时的比例分配制造费用的一种方法。生产工时可以是各种产品实际耗用的生产工时（实际工时），也可以是定额工时。其计算公式如下：

$$制造费用分配率=\frac{制造费用总额}{各种产品生产工时总数}$$

某种产品应负担的制造费用＝该种产品的生产工时数×制造费用分配率

例2-1-20　宏源公司基本生产车间第一车间生产甲、乙两种产品。20××年12月已归集在“制造费用”账户借方的费用合计为49 771元。甲产品的生产工时为960小时，乙产品的生产工时为480小时，要求按照生产工时比例法分配制造费用（为了简化核算，本例只考虑第一车间的制造费用及完工产品的生产工时）。

制造费用分配表见表2-23。

表2-23　制造费用分配表

20××年12月

产品名称	分配标准（生产工时）/小时	分配率/（元·小时$^{-1}$）	分配金额/元
甲	1 250		31 112
乙	750		18 659
合计	2 000	24.89	49 771

审核：　　　　　　　　　　　　　　　　制表：

根据表2-23编制会计分录如下：

会计分录（17）借：基本生产成本——第一车间——甲产品　31 112

——乙产品　18 659

贷：制造费用——第一车间　49 771

制造费用账务处理

根据以上资料登记制造费用明细账（表2-22）

按生产工时比例法分配制造费用，能将劳动生产率与产品负担的制造费用结合起来，使分配结果比较合理。如劳动生产率提高，则单位产品生产工时减少，所负担的制造费用也就减少，因此，生产工时比例法是一种较好的分配方法，在实际工作中用得较多。

如果企业产品的定额工时比较准确，也可以用生产定额工时的比例分配。

（二）生产工人工资比例法

这种方法简称生产工资比例法，是按照计入各种产品成本的生产工人实际工资的比例分配制造费用的方法。由于工资费用分配表中有现成的生产工人工资的资料，因此采用这一分配方法，核算工作很简便。计算公式如下：

$$制造费用分配率=\frac{制造费用总额}{各种产品生产工人实际工资总额}$$

某种产品应负担的制造费用=该种产品生产工人实际工资×制造费用分配率

采用这一方法时，各种产品生产的机械化程度应该相差不多，否则机械化程度高的产品由于工资费用少，分配负担的制造费用也少，影响制度费用分配的合理性。这是因为制造费用包括不少与机械使用有关的费用，例如机器设备的折旧费、修理费、租赁费和保险费等。生产的机械化程度高，应该多负担这些费用，而不应该少负担这些费用。

（三）机器工时比例法

机器工时比例法是按照各种产品生产时所用机器设备工时数作为分配标准来分配制造费用的一种方法。其计算公式为：

$$制造费用分配率=\frac{制造费用总额}{各种产品所用机器工时总数}$$

某种产品应负担的制造费用=该种产品所用机器工时数×制造费用分配率

这种方法适用于产品生产的机械化程度较高的车间。因为在这种车间的制造费用中，与机器设备使用有关的费用比重较大，而这一部分费用与机器设备运转的时间有密切的联系。采用这种方法时，必须具备所用的各种机器工时的原始记录，这是机器工时资料收集的成本。

小知识

由于制造费用包括各种性质和用途的费用，为了提高分配结果的合理性，可以将制造费用加以适当的分类，例如将制造费用分为与机器设备有关的费用及与生产的组织和管理有关的费用两大类，分别选用机器工时比例法和生产工时比例法进行分配。当然这种分配方法的前提是：制造费用在产品成本中占的比重较大，且增加的核算工作量不多。

（四）年度计划分配率法

在这种方法下，不论各月实际发生的费用是多少，每月各种产品的制造费用都按年度计划确定的计划分配率分配。计算公式如下：

年度计划分配率法

$$制造费用分配率=\frac{年度制造费用计划总额}{年度各种产品计划产量的定额工时总数}$$

某月某种产品应负担的制造费用=该月该种产品实际产量的定额工时数×年度计划分配率

这一分配方法要以定额工时为分配标准，即分配率计算公式的分母要按定额工时计算，这是因为各种产品的产量不能直接相加。

例2-1-21 某企业第一车间全年制造费用计划为301 600元。全年各种产品计划产量为：甲产品2 000件、乙产品1 800件。单件产品的工时定额为：甲产品8小时、乙产品4小时。本月的实际产量为：甲产品120件、乙产品120件。本月实际发生的制造费用为22 530元。

甲产品年度计划产量的定额工时=2 000×8=16 000（小时）

乙产品年度计划产量的定额工时 = 1 800 × 4 = 7 200（小时）

年度计划分配率 = 301 600 ÷ (16 000 + 7200) = 13（元/小时）

甲产品该月实际产量的定额工时 = 120 × 8 = 960（小时）

乙产品该月实际产量的定额工时 = 120 × 4 = 480（小时）

该月甲产品应分配的制造费用 = 960 × 13 = 12 480（元）

该月乙产品应分配的制造费用 = 480 × 13 = 6 240（元）

计划费用分配率法

该车间该月的实际制造费用为 22 530 元（即制造费用明细账的余额），大于按该月实际产量和年度计划分配率分配转出的制造费用 18 720 元（即制造费用明细账的贷方发生额）。因此，采用这种分配方法时，制造费用明细账以及与之相联系的“制造费用”总账科目不仅可能有月末余额，而且既可能有贷方余额也可能有借方余额。借方余额表示超过计划的预付费用，属于资产；贷方余额表示按照计划应付而未付的费用，属于负债。年末无余额。

全年制造费用的实际发生额与计划分配额的差额，一般应在年末调整计入 12 月的产品成本。实际发生额大于计划发生额时，借记“基本生产成本”账户，贷记“制造费用”账户；实际发生额小于计划分配额时，则用红字冲减。

例 2－1－22　接上例，假定本年度实际发生制造费用 298 000 元，至年末累计已分配制造费用306 000元（其中甲产品已分配 196 000 元，乙产品已分配 110 000 元），试对“制造费用”账户的差额进行调整。

年末，“制造费用”账户贷方余额为 8 000 元，应按已分配比例调整冲回。

甲产品应调减制造费用 = 8 000 × 196 000 ÷ 306 000 = 5 124.18（元）

乙产品应调减制造费用 = 8 000 × 111 000 ÷ 306 000 = 2 875.82（元）

调整会计分录如下：

会计分录（18）借：基本生产成本——甲产品　　5 124.18

　　　　　　　　　　　　　——乙产品　　2 875.82

　　　　　　　贷：制造费用　　8 000

采用这种分配方法，不管各月实际发生的制造费用为多少，每月各种产品中的制造费用都按年度计划分配率分配。但在年度内如果发现全年的制造费用实际数和产量实际数与计划数可能发生较大的差额，应及时调整年度计划分配率。

这种分配方法的核算工作简便，特别适用于季节性生产企业，因为在这种企业中，每月发生的制造费用相差不多，但生产淡季和生产旺季的产量却相差悬殊，如果按照实际费用分配，各月单位产品成本中的制造费用将随之或高或低，而这并不是生产部门本身引起的，因此不便于成本分析工作的进行。采用年度计划分配率法则可较好地避免这个问题。但采用这种分配方法，必须有较高的计划管理工作水平，否则，年度制造费用的计划数脱离实际成本太大，就会影响成本计算的准确性。

通过上述制造费用的归集和分配，除了采用年度计划分配率法的企业以外，“制造费用”总账科目和所属明细账月末都应没有期末余额。

至此，如果企业不单独核算废品损失和停工损失，则企业生产费用在各种产品之间横向的分配和归集已经结束，就可以进行下一步工作，即产品成本在完工产品和在产品之间的划分。但在要求单独反映和控制废品损失及停工损失的情况下，在进行成本核算时，其核算程序还应该包括对废品损失和停工损失的核算，这概括地称为生产损失核算。

案例分析

应注意制造费用与期间费用的划分，防止乱挤成本。对于已确定的制造费用，还需要根据企业的实际情况判断哪种分配方法。

任务七　核算损失性费用

一、损失性费用的含义

本任务中的损失性费用主要是指生产损失。生产损失是指企业在生产过程中由于原材料质量不符合要求、生产工人违规操作、机器设备故障等原因而发生的各种损失。生产损失都是与产品生产直接有关的损失，因此生产损失应由产品制造成本承担，是产品制造成本的组成部分。生产损失主要包括废品损失和停工损失，本任务主要阐述工业企业中废品损失和停工损失的核算。

二、废品损失的核算

废品损失的归集和分配

（一）废品损失的含义

生产中的废品是指由于不符合规定的技术标准、不能按照原定用途使用，或者需要加工修理才能使用的在产品、半成品或产成品。不论在生产过程中发现的废品，不是在入库后发现的废品，都应包括在内。

废品按是否可修复分为可修复废品和不可修复废品两种。可修复废品是指经过修理可以使用，而且所花费的修复费用在经济上合算的废品；不可修复废品则是指技术上不能修复，或者所花费的修复费用在经济上不合算的废品。

废品损失是指在产品生产过程中发现的和入库后发现的不可修复废品的生产成本，以及可修复废品的修复费用，扣除回收的废品残料价值和应收赔款以后的损失。

小知识

在实际工作中应注意：(1) 经过质量检验部门鉴定不需要返修、可以降价出售的不合格品的成本与合格品的成本相同，其降价损失应在计算销售损益时体现，不应作为废品损失处理；(2) 产成品入库后，由于保管不善等原因而损坏变质的损失，属于管理上的问题，应作为管理费用处理，也不作为废品损失处理；(3) 实行包退、包修、包换（“三包”）的企业，在产品出售以后因发现废品所发生的一切损失也应计入管理费用，不包括在废品损失内。

质量检验部门发现废品时，应该填制废品通知单，列明废品的种类、数量、生产废品的原因和过失人等。成本会计人员应该会同检验人员对废品通知单所列废品生产的原因和过失人等项目加强审核。只有通过审核的废品通知单，才能作为废品损失核算的根据。废品通知单的基本格式见表2-24。

表 2－24　废品通知单

年　　月　　日

<table>
<tr><td>报废原因</td><td colspan="10"></td></tr>
<tr><td>申报部门</td><td colspan="2"></td><td>日期</td><td colspan="7"></td></tr>
<tr><td rowspan="2">产品规格名称</td><td rowspan="2">单位</td><td rowspan="2">数量</td><td colspan="2">原因</td><td colspan="2">原值</td><td colspan="2">残值</td><td rowspan="2">损失金额</td></tr>
<tr><td>工废</td><td>料废</td><td>单价</td><td>金额</td><td>单价</td><td>金额</td></tr>
<tr><td></td><td></td><td></td><td></td><td></td><td></td><td></td><td></td><td></td><td></td></tr>
<tr><td></td><td></td><td></td><td></td><td></td><td></td><td></td><td></td><td></td><td></td></tr>
<tr><td></td><td></td><td></td><td></td><td></td><td></td><td></td><td></td><td></td><td></td></tr>
<tr><td></td><td></td><td></td><td></td><td></td><td></td><td></td><td></td><td></td><td></td></tr>
<tr><td>合计</td><td></td><td></td><td></td><td></td><td></td><td></td><td></td><td></td><td></td></tr>
<tr><td>备注</td><td></td><td></td><td></td><td></td><td></td><td></td><td></td><td></td><td></td></tr>
</table>

经理：　　　　　　　　　　　　质检部：　　　　　　填表：

注：本表一式四联，申报部门、财务部门、质检部门、仓库各执一联

废品损失的归集与分配，应根据废品损失通知单和废品损失计算表等有关凭证，通过“废品损失”账户进行。该账户借方登记不可修复废品的生产成本和可修复废品的修复费用；贷方反映废品材料回收的价值、有关赔偿的数额以及应由本月产品成本负担的废品净损失。“废品损失”一般按车间设立明细账并按产品品种分设专户，期末该账户无余额。

由于可修复废品与不可修复废品的组成内容不同，其废品损失的归集计算方法也不一样。下面分别介绍。

（二）不可修复废品损失的核算

不可修复废品损失，是指不可修复废品的生产成本扣除废品材料残值和应收赔款后的净损失。不可修复废品损失可按废品所耗实际费用计算，也可废品所耗定额费用计算。

1. 按废品所耗实际费用计算和分配实际废品损失

采用这一方法，由于废品报废以前发生的各项费用是与合格产品一起计算的，因此要将废品报废以前与合格品计算在一起的各项费用，采用适当的分配方法，在合格品与废品之间进行分配，计算出废品的实际成本，从“基本生产成本”账户的贷方转入“废品损失”账户的借方。相关的计算公式如下：

$$\text{废品负担的直接材料费用分配率}=\frac{\text{某产品直接材料费用总额}}{\text{合格品数量}+\text{废品数量(或约当产量)}}$$

$$\text{废品负担的直接材料费用}=\text{废品数量(或约当产量)}\times\text{直接材料费用分配率}$$

$$\text{废品负担的直接人工费用分配率}=\frac{\text{某产品直接人工费用总额}}{\text{合格品数量(或工时)}+\text{废品数量(或工时)}}$$

$$\text{废品负担的直接人工费用}=\text{废品数量(或工时)}\times\text{直接人工费用分配率}$$

$$\text{废品负担的制造费用分配率}=\frac{\text{某产品费用总额}}{\text{合格品数量(或工时)}+\text{废品数量(或工时)}}$$

$$\text{废品负担的制造费用}=\text{废品数量(或工时)}\times\text{制造费用分配率}$$

如果该产品于月末尚有部分未完工，则上述公式中的分母还应包括产品数量或约当产量（或工时）。约当产量是指将在产品折合成相当于完工产品的数量，具体的折合方法将在下一章详细阐述。

例2-1-23 某工业企业生产车间本月完工甲产品400件，入库时，经检验合格品为380件，不可修复废品为20件。本月生产共耗用工时6 000小时，其中废品生产耗用工时300小时。本月生产费用为：直接材料费用40 000元、直接人工费用12 000元、制造费用18 000元；废品残值估价800元，已交仓库验收入库，应由过失人赔偿200元。原材料系一次投入，假定该工业企业的直接材料费用按产量比例分配，其他费用按工时比例分配。

根据以上资料编制废品损失计算表，见表2-25。

表2-25 废品损失计算表

产品名称：甲产品　　　　20××年5月　　　　元

项目	直接材料费用	直接人工费用	制造费用	合计
生产费用总额	40 000	12 000	18 000	70 000
分配标准	400	6 000	6 000	
分配率	100	2	3	
废品成本	2 000	600	900	3 500
减：残值	800			800
赔款		200		200
废品损失	1 200	400	900	2 500

审核：　　　　制表：

根据上表编制会计分录如下：

（1）将不可修复废品20件的已耗成本从“基本生产成本”账户转出：

会计分录（19）借：废品损失——甲产品　　3 500

　　贷：基本生产成本——甲产品　　3 500

（2）根据有关凭证，结转回收废品残料价值：

会计分录（20）借：原材料　　800

　　贷：废品损失——甲产品　　800

（3）应由过失人赔偿200元：

会计分录（21）借：其他应收款　　200

　　贷：废品损失——甲产品　　200

（4）将废品净损失转入合格品成本：

会计分录（22）借：基本生产成本——甲产品　　2 500

　　贷：废品损失——甲产品　　2 500

按废品所耗实际费用计算和分配废品损失，计算结果符合实际，但核算工作量较大。如果废品是在完工以后被发现的，这时单位废品负担的各项生产费用应与单位合格产品完全相同，因此，可按合格品和废品的数量比例分配各项生产费用，计算分配的实际成本。

2. 按废品所耗定额费用计算废品损失

按废品所耗定额费用计算不可修复废品损失是将不可修复废品按照工时定额和各种费用定额计算废品成本，实际成本与定额成本的差额全部由合格品负担。

例 2－1－24　某工业企业在生产乙产品的过程中，产生不可修复废品 30 件，按所耗定额费用计算废品的生产成本。其原材料费用定额为 180 元，已完成的定额工时共计 300 小时，每小时的费用定额为：直接人工费用 2.50 元、制造费用 5.70 元。回收废品残料计价 800 元。

根据上述资料编制不可修复废品损失计算表，见表 2－26。

表 2－26　不可修复废品损失计算表

（按所耗定额费用计算）

产品名称：乙产品　　　　20××年 12 月　　　　废品数量：30 件

元

项目	直接材料费用	定额工时	直接人工费用	制造费用	合计
每件或每小时费用定额	180		2.50	5.70	
废品定额成本	5 400	300	750	1 710	7 860
减：残值价值	800				800
废品报废损失	4 600		750	1 710	7 060

审核：　　　　制表：

在上列不可修复废品损失计算表中，废品的定额原材料费用应根据原材料费用定额乘以废品数量计算；定额直接人工费用和定额制造费用，应根据各该费用定额乘以定额工时计算。编制会计分录与按实际费用计算废品生产成本的方法相同，不再列示。

采用这一方法，计算工作比较简便，而且可以不受废品实际费用水平高低的影响，便于进行成本的分析和考核。但采用此法计算废品生产成本时必须具备准确的消耗定额和费用定额资料。

（三）可修复废品损失的核算

可修复废品损失指的是在废品修复过程中发生的各种修复费用，包括为修复废品所耗用的直接材料、直接人工、制造费用等。因此，修复后的产品成本应该由修复前发生的生产费用与修复过程中发生的各项修复费用构成。如果有废品回收残值或应收赔款，也从废品损失中扣除。

可修复废品损失在废品修复时计算。其计算公式如下：

可修复废品损失＝修复废品材料费用＋修复废品人工费用＋修复废品制造费用

上述公式中的材料费用、人工费用和制造费用数额从前述的各种费用分配表中取得。具体会计处理如下：

（1）根据各种费用分配表结转修复费用时：

会计分录（23）借：废品损失——X 产品

贷：原材料（应付职工薪酬、制造费用等）

（2）回收残值或应收赔款时：

会计分录（24）借：原材料（或其他应收款）
　　　　　　　　贷：废品损失——X产品

（3）废品损失记入生产成本时：

会计分录（25）借：基本生产成本——X产品
　　　　　　　　贷：废品损失——X产品

在不单独核算废品损失的生产企业，不设“废品损失”账户，在产品成本项目中也不设“废品损失”项目，只是在回收残值或应收赔偿时冲减“基本生产成本”账户，并从其产品成本明细账的有关成本项目中扣除。

三、停工损失的核算

停工损失的归集和分配

停工损失是指企业生产车间或车间内某个班组在停工期间发生的各项费用。它主要包括停工期间所耗用的原材料费用、人工费用、燃料和动力费用以及制造费用等。由过失单位或保险公司负担的赔款冲减停工损失。计算停工损失的时间界限应由企业有关部门规定。为了简化核算工作，停工不满一个工作日的，一般不计算停工损失。

发生停工的原因有很多，应分别根据不同情况进行处理：由自然灾害引起的停工损失，应按照规定转作营业外支出；其他停工损失，如原材料供应不足、机器设备发生故障，以及计划减产等原因引起的停工损失，应记入产品成本。企业发生停工时，由车间填制停工单，并在考勤记录中登记，在停工单中，应详细列明停工的范围、起止时间、原因、过失单位或个人等内容。停工单经有关部门审核后，作为停工损失核算的原始凭证。

为了单独核算停工损失，应专设“停工损失”账户，并在成本项目中增设“停工损失”科目。该账户借方归集本月发生的停工损失，贷方分配结转的停工损失，月末一般无余额。该账户应按车间分别设置明细账，账内分设专栏或专行进行明细分类核算。

停工损失由于产生的原因不同，其分配结转的方法不同。对于应向过失人或保险公司索赔的，转入“其他应收款”账户；属于自然灾害等原因引起的非正常停工损失记入“营业外支出”账户；对于其他原因造成的损失，如季节性、固定资产修理期间的停工损失则应记入产品成本，记入“基本生产成本”账户。如果停工的车间生产多种产品，则应当采用适当的分配方法（一般采用分配制造费用的方法）分配记入各产品成本。分配完成，该账户无余额。

在不单独核算停工损失的企业，不单设“停工损失”账户和“停工损失”成本项目。停工期间发生的属于停工损失的各种费用，直接记入“制造费用”和“营业外支出”等账户。这种核算方法很简便，但对于停工损失的分析和控制会产生一定的不利影响。

项目小结

重点：直接材料费用的归集和分配、直接人工费用的归集和分配、辅助生产费用的归集和分配、制造费用的归集和分配。

难点：定额的计算、原材料费用的归集和分配、辅助生产费用的归集和分配、制造费用的归集和分配。

练 习 题

一、单项选择题

1. 下列各项中，属于成本项目的是（　　）。

A. 外购动力　B. 利息支出　C. 外购燃料　D. 直接材料

2. 下列各项中，应记入制造费用的是（　　）。

A. 构成产品实体的原材料费用　B. 产品生产工人工资

C. 车间管理人员工资　D. 工艺用燃料费用

3. 下列各项中，应记入管理费用的是（　　）。

A. 企业行政管理部门用固定资产的折旧费用　B. 车间厂房的折旧费用

C. 车间生产用设备的折旧费用　D. 车间辅助生产人员的工资

4. 下列各项费用中应记入管理费用的是（　　）。

A. 企业专设销售机构人员的工资　B. 产品的广告费用

C. 企业的印花税　D. 车间的办公费用

5. 下列各项中，应记入管理费用的是（　　）。

A. 银行借款的利息支出　B. 银行存款的利息收入

C. 企业的技术转让费用　D. 车间管理人员的工资

6. 下列各项中，属于直接生产费用的是（　　）。

A. 生产车间厂房的折旧费　B. 产品生产用设备的折旧费

C. 企业行政管理部门用固定资产的折旧费　D. 生产车间管理人员的工资

7. 下列各项中，属于直接生产费用的是（　　）。

A. 产品生产工人的薪酬费用　B. 车间辅助生产人员的薪酬费用

C. 车间管理人员的薪酬费用　D. 生产费用中的办公费用

8. 下列各项中属于间接生产费用的是（　　）。

A. 构成产品主要实体的原料及主要材料费用　B. 有助于产品形成的辅助材料费用

C. 工艺用燃料费用　D. 生产车间一般消耗性材料费用

9. 下列各项中，属于间接生产费用的是（　　）。

A. 生产车间厂房的折旧费

B. 产品生产工人的薪酬费用

C. 产品生产用固定资产的折旧费

D. 企业行政管理部门用固定资产的折旧费

10. 正确处理跨期费用的摊提工作，是为了正确地划分（　　）。

A. 各月份的费用界限　B. 生产费用与期间费用的界限

C. 各种产品之间的费用界限　D. 完工产品与在产品的费用界限

11. 设置产品成本的目的是（　　）。

A. 反映费用支出所属的劳动要素

B. 反映各个时期各种费用的构成和水平

C. 给编制材料采购和劳动工资计划提供资料

D. 反映生产费用的具体用途，提供产品成本构成情况的资料

12. 在下列辅助生产费用的分配方法中，计算工作最为简便的是（　　）。

A. 直接分配法　　B. 顺序分配法

C. 交互分配法　　D. 代数分配法

13. 在下列辅助生产费用的分配方法中，分配结果最为准确的是（　　）。

A. 直接分配法　　B. 代数分配法

C. 交互分配法　　D. 计划成本分配法

14. 下列方法中，属于辅助生产费用的分配方法是（　　）。

A. 计划成本分配法　　B. 年度计划分配率法

C. 约当产量比例法　　D. 定额比例法

15. 辅助生产费用的直接分配法，是将辅助生产费用（　　）。

A. 直接记入基本生产成本的方法

B. 直接记入辅助生产成本的方法

C. 直接分配给辅助生产车间以外各受益单位的方法

D. 直接分配给所有受益单位的方法

16. 使用辅助生产费用的交互分配法时，进行一次交互分配是在（　　）。

A. 在各受益单位之间进行分配

B. 在辅助生产车间之间进行分配

C. 在辅助生产车间以外受益单位之间进行分配

D. 在各受益的基本车间之间进行分配

17. 在交互分配法下，辅助生产费用交互分配后的实际费用，再在（　　）。

A. 辅助生产车间以外的受益单位之间进行分配

B. 各受益单位之间进行分配

C. 各辅助生产车间之间进行分配

D. 各受益的基本车间之间进行分配

18. 在不设“直接燃料和动力”成本项目的情况下，直接用于产品生产的动力费用在发生时，应记入的会计科目是（　　）。

A. “制造费用”　　B. “管理费用”

C. “销售费用”　　D. “基本生产成本”

19. 基本生产车间耗用的机物料费用，应记入的会计科目是（　　）。

A. “基本生产成本”　　B. “管理费用”

C. “辅助生产成本”　　D. “制造费用”

20. 基本生产车间计提的固定资产折旧费，应借记（　　）。

A. “基本生产成本”科目　　B. “管理费用”科目

C. “制造费用”科目　　D. “销售费用”科目

21. 基本生产车间管理人员的薪酬费用，应记入的科目是（　　）。

A. “基本生产成本”　　B. “制造费用”

C. “销售费用”　　D. “管理费用”

22. 基本生产车间耗用的消耗性材料费用，应记入的科目是（　　）。

A. “制造费用”　　B. “基本生产成本”

C. “管理费用”　　D. “财务费用”

23. 季节性生产的车间分配制造费用适用的方法是（　　）。

A. 生产工时比例法　　B. 生产工人工资比例法

C. 机器工时比例法　　D. 年度计划分配率

24. 制造费用分配以后，“制造费用”科目月末一般应无余额，只有在采用（　　）时，“制造费用”科目月末才可能有余额。

A. 年度计划分配率法　　B. 机器工时比例法

C. 生产工时比例法　　D. 生产工人工资比例法

25. 实行“三包”的企业，在产品出售以后，由于发现废品而发生的一切损失，应作为（　　）处理。

A. 制造费用　　B. 管理费用　　C. 废品损失　　D. 销售费用

26. 停工损失不包括（　　）期间发生的损失。

A. 季节性停工　　B. 大修理停工

C. 自然灾害停工　　D. 计划减产停工

二、多项选择题

1. 下列各项中，属于费用要素的有（　　）。

A. 直接材料费用　　B. 固定资产折旧费

C. 利息支出　　D. 直接燃料和动力费用

2. 下列各项中，属于费用要素的有（　　）。

A. 外购材料费用　　B. 外购动力费用

C. 直接人工费用　　D. 制造费用

3. 进行辅助生产费用分配时，可能借记的会计科目有（　　）。

A. “基本生产成本”　　B. “辅助生产成本”

C. “制造费用”　　D. “管理费用”

4. 辅助生产费用的分配方法中，对各受益单位均分配费用的方法有（　　）。

A. 顺序分配法　　B. 直接分配法

C. 交互分配法　　D. 代数分配法

5. 有的企业辅助生产车间不设“制造费用”科日进行核算，是因为（　　）。

A. 辅助生产车间规模较小，发生制造费用较少

B. 辅助生产车间不对外销售产品

C. 为了简化核算工作

D. 没有必要

6. 下列方法中，属于辅助生产费用分配方法的有（　　）。

A. 定额比例法　　B. 交互分配法

C. 代数分配法　　D. 顺序分配法

7. 辅助生产费用进行两次或两次以上分配的方法有（　　）。

A. 计划成本分配法　　B. 交互分配法

C. 代数分配法　　D. 顺序分配法

8. 辅助生产费用的直接分配法（　　）。

A. 适用于辅助生产车间之间不相互提供劳务的情况

B. 适用于辅助生产车间相互提供产品或劳务不多的情况

C. 计算工作简便

D. 计算结果比较准确

9. 按计划成本分配法分配辅助生产费用的优点有（　　）。

A. 分配结果最正确

B. 简化和加速了分配的计算工作

C. 便于考核和分析各受益单位的经济责任

D. 能够反映辅助生产车间产品或劳务实际成本脱离计划成本的差异

10. 基本生产车间领用的材料费用，按照其用途进行分配，可能记入的会计科目有（　　）。

A. “基本生产成本”　　B. “制造费用”

C. “管理费用”　　D. “销售费用”

11. 记入产品成本的各种职工薪酬费用，按其用途分配，应记入的会计科目有（　　）。

A. “销售费用”　　B. “基本生产成本”

C. “制造费用”　　D. “管理费用”

12. 生产经营过程中发生的职工工资薪酬费用，按照其用途进行分配，可能记入的会计科目有（　　）。

A. “基本生产成本”　　B. “制造费用”

C. “销售费用”　　D. “管理费用”

13. 用于企业生产经营的固定资产的折旧费，按照其用途进行分配，可能记入的会计科目有（　　）。

A. “基本生产成本”　　B. “制造费用”

C. “销售费用”　　D. “管理费用”

14. 用于企业生产经营的低值易耗品摊销，按照其用途进行分配，可能记入的会计科目有（　　）。

A. “基本生产成本”　　B. “制造费用”

C. “销售费用”　　D. “管理费用”

15. 制造费用的内容比较复杂，按照管理要求分别设立若干项目进行计划和核算，制造费用的项目可以按照费用的（　　）设立。

A. 经济用途　　B. 经济内容

C. 计入成本方法　　D. 与产品产量的关系

16. 制造费用的分配方法有（　　）。

A. 生产工时比例法　　B. 机器工时比例法

C. 计划成本分配法　　D. 年度计划分配率法

17. 制造费用明细表是按费用项目反映企业一定时期内的制造费用，表中的栏目指标有（　　）。

A. 本年计划　　B. 上年实际

C. 本年实际　　D. 上年累计

18. 废品损失应该包括（　　）。

A. 不可修复废品的报废损失　　B. 可修复废品的修复费用

C. 不合格品的降价损失　　D. 产品保管不善引起的损坏变质损失

19. 不可修复废品的成本可以按（　　）计算。

A. 废品所耗实际费用　　B. 废品所耗定额费用

C. 废品售价　　D. 废品残值

20. “废品损失”科目借方对应科目可能有（　　）。

A. “基本生产成本”　　B. “制造费用”

C. “应付职工薪酬”　　D. “原材料费用”

21. “废品损失”科目贷方反映的项目有（　　）。

A. 废品残料回收的价值　　B. 各种应收的赔款

C. 同种合格品应负担的废品净损失　　D. 降价出售不合格产品损失

22. “废品损失”科目贷方对应科目可能有（　　）。

A. “其他应收款”　　B. “基本生产成本”

C. “制造费用”　　D. “营业外支出”

23. “停工损失”科目贷方对应科目可能有（　　）。

A. “营业外支出”　　B. “制造费用”

C. “其他应收款”　　D. “基本生产成本”

三、判断题（正确的画“√”，错误的画“×”）

1. 燃料费用和职工工资薪酬费用是产品成本项目。（　　）

2. 按经济内容分类，便于分析各种费用的支出是否节约、合理。（　　）

3. 采用顺序分配法分配辅助生产费用时，应将辅助生产车间之间相互提供劳务受益多的车间排在前面，先将费用分配出去，将受益少的车间排在后面，后将费用分配出去。（　　）

4. 采用交互分配法分配辅助生产费用时，对外分配的辅助生产费用应为交互分配前的费用加上交互分配时分配转入的费用。（　　）

5. 采用计划成本分配法分配辅助生产费用时，计算的辅助生产车间实际发生的费用是完全的实际费用。（　　）

6. 直接分配法是将辅助生产费用直接分配给所有受益单位的一种辅助生产费用分配方法。（　　）

7. 若辅助生产车间未设制造费用明细账，则对于直接或间接用辅助生产的各项费用，均记入“辅助生产成本”科目。（　　）

8. 基本生产车间直接用于产品生产，但没有专设成本项目的各项费用，应先记入“制造费用”科目。（　　）

9. 基本生产车间间接用于产品的各项费用应先记入“制造费用”科目。（　　）

10. 基本生产车间用于生产的低值易耗品，其摊销额应记入制造费用。（　　）

11. 制造费用大部分间接用于产品生产的费用，也有一部分直接用于生产产品，但管理上不要求单独核算，也不专设成本项目的费用。（　　）

12. 分配制造费用采用的所有分配方法，分配结果都是“制造费用”科目期末没有余

额。 (　　)

13. 不单独核算废品损失的企业可修复废品损失，应直接记入相关的成本项目。(　　)

14. 企业无论在什么环节发现的废品，都应并入废品损失内核算。 (　　)

15. “废品损失”账户期末一般没有余额。 (　　)

四、计算和案例题

1. 某企业生产A、B、C三种产品，共同耗用原材料24 000元。生产甲产品500件，单件产品原材料耗量定额为8千克；生产乙产品600件，单件产品原材料耗量定额为5千克；生产丙产品1 000件，单件产品原材料耗量定额为3千克。按原材料定额耗量比例在甲、乙、丙三种产品之间分配原材料费用。

2. 某企业生产甲、乙两种产品，共同领用A、B、C三种材料，共计48 000元。本月投产甲产品200件、乙产品400件。甲产品原材料消耗定额：A材料4千克、B材料5千克，C材料2千克；乙产品原材料消耗定额：A材料4千克、B材料2千克、C材料4千克。A材料的单价为5元，B材料的单价为10元，C材料的单价为5元。

要求：按原材料定额费用比例在甲、乙两种产品间分配原材料费用。

3. 某企业12月耗电20 000度，每度电费为0.6元。该企业基本生产车间耗电13 000度，其中生产耗电10 000度，车间照明耗电3 000度，企业行政管理部门耗电7 000度。该企业基本生产车间本月共生产甲、乙两种产品，甲产品的定额工时为36 000小时，乙产品的定额工时24 000小时。

要求：按所耗电度数分配电力费用（甲、乙产品按定额工时比例分配）并编制有关会计分录。

4. 某企业本月生产车间领用低值易耗品一批，其成本为2 400元，本月行政管理部门报废前期领用的领用低值易耗品一批，领用时的成本为5 000元，回收残料100元。

要求：采用五五摊销法编制低值易耗品领用、摊销、报废的会计分录。

5. 某企业设有供水车间和运输队两个辅助生产部门，辅助生产部门的制造费用不通过制造费用明细账核算。供水车间本月发生费用43 800元，供水38 000立方米，其中为运输队供水1 500立方米，为基本生产车间供水36 000立方米（基本生产车间一般耗用），为行政管理部门供水500立方米。运输队本月发生费用64 000元，提供运输劳务64 500千米，其中为供水车间提供500千米，为基本生产车间提供60 000千米，为行政管理部门提供4 000千米。要求：(1) 采用直接分配法分配辅助生产费用，并根据分配结果编制有关会计分录。(2) 采用顺序分配法分配辅助生产费用，并根据分配结果编制有关会计分录。

6. 某企业设有供水车间和供电车间两个辅助生产部门，辅助生产部门的制造费用通过“制造费用”科目进行明细核算。本月各辅助生产车间发生的费用和提供的产品数量或劳务见表2-27。

表2-27　辅助生产费用及产品或劳务数量表

项目		供水车间	供电车间
待分配费用/元	“辅助生产成本”科目	8 400	95 000
	“制造费用”科目	1 500	25 000
	小计	9 900	120 000

续表

项目		供水车间	供电车间
产品或劳务数量		9 000 立方米	150 000 度
耗用产品数量	供水车间		30 000 度
	供电车间	2 000 立方米	
	基本生产——甲产品		100 000 度
	基本生产车间	5 000 立方米	10 000 度
	行政管理部门	2 000 立方米	10 000 度

要求：（1）采用交互分配法分配辅助生产费用，并根据分配结果编制有关会计分录。“基本生产成本”明细账设有“直接燃料和动力”成本项目，“辅助生产成本”明细账未设“直接燃料和动力”成本项目。（2）采用代数分配法分配辅助生产费用，并根据分配结果编制有关会计分录。

7. 某企业设有供水车间和运输车间两个辅助生产部门，辅助生产部门的制造费用通过“制造费用”科目进行明细核算。本月两个辅助生产部门的费用和提供的产品或劳务数量见表 2－28。

表 2－28　辅助生产费用及产品或劳务数量表

项目		供水车间	运输车间
待分配费用/元	“辅助生产成本”科目	8 000	15 000
	“制造费用”科目	2 000	5 000
	小计	10 000	20 000
产品或劳务数量		10 000 立方米	16 000 千米
计划单位成本		1.1	1.2
耗用产品数量	供水车间		2 000 千米
	运输车间	1 000 立方米	
	基本生产车间	8 000 立方米	10 000 千米
	行政管理部门	1 000 立方米	4 000 千米

要求：采用计划成本分配法分配辅助生产费用（列示计算过程）。（1）计算各受益单位按计划成本分配费用的数额。（2）计算辅助生产（供水、运输）实际成本数额。（3）计算辅助生产成本差异。（4）编制按计划成本分配辅助生产成本及其差异的会计分录（“辅助生产成本”“制造费用”科目列示明细科目）。

8. 某企业基本生产车间全年制造费用计划为 234 000 元，全年各种产品的计划产量为：甲产品 19 000 件、乙产品 6 000 件、丙产品 8 000 件。单件产品工时定额为：甲产品 5 小时、乙产品 7 小时、丙产品 7.25 小时。本月实际产量为：甲产品 1 800 件、乙产品 700 件、丙产品500件。本月实际发生的制造费用为20 600元。要求：按年度计划分配率分配费用（列示计算过程）。(1) 计算各种产品年度计划产量的定额工时。(2) 计算年度计划分配率。(3) 计算各种产品本月实际产量的定额工时。(4) 计算各种产品本月应分配的制造费用。(5) 编制制造费用分配的会计分录（“基本生产成本”科目列示明细科目）。

9. 某企业基本生产车间本月生产乙产品300件，完工验收入库时发现废品5件。合格品生产工时为7 900小时，废品工时为100小时。乙产品生产成本明细账所记合格和废品的全部生产费用为：直接材料费用120 000元、直接燃料和动力费用24 000元、直接人工费用128 000元、制造费用80 000元。原材料在生产开始时一次投入。废品残料入库，作价100元。

要求：根据以上资料，编制不可修复废品损失计算表，并编制有关废品损失的会计分录。

10. 某企业基本生产车间本月在甲产品的生产过程中发现不可修复废品10件，按所耗定额费用计算不可修复废品的生产成本。单件原材料费用定额为50元，已完成的定额工时共计100小时，每小时的费用定额为：直接燃料和动力费用2元、直接人工费用20元、制造费用10元。不可修复废品的残料作价80元，作为辅助材料入库，应由过失人赔款200元。废品净损失由当月同种产品成本负担。要求：(1) 计算甲产品不可修复废品成本及净损失。(2) 编制结转不可修复废品成本（定额成本）、废品残值、应收赔款和废品净损失的会计分录。

分配生产费用

【知识目标】

1. 理解在产品的含义及内容。

2. 理解在产品数量的确认方法及其与产品成本计算的关系。

3. 掌握生产费用在完工产品与月末在产品之间分配的方法。

【技能目标】

1. 能根据各种原始凭证，设计、填制各种费用汇总表。

2. 能正确确认在产品的数量。

3. 能设计、填制各种产品成本计算单。

4. 能熟练运用约当产量比例法、在产品按定额成本计价法、定额比例法分配完工产品及月末在产品成本，并进行核算。

【素质目标】

1. 能够运用办公软件设计、正确编制各种方法下完工产品成本计算表。

2. 能够运用办公软件设计、正确编制各种产品成本计算单。

【思政目标】

1. 树立正确的价值理念，明确完工产品成本对企业产品定价的重要性。

2. 坚持原则，按章办事。

【知识结构】

本项目的知识结构如图2－4所示。

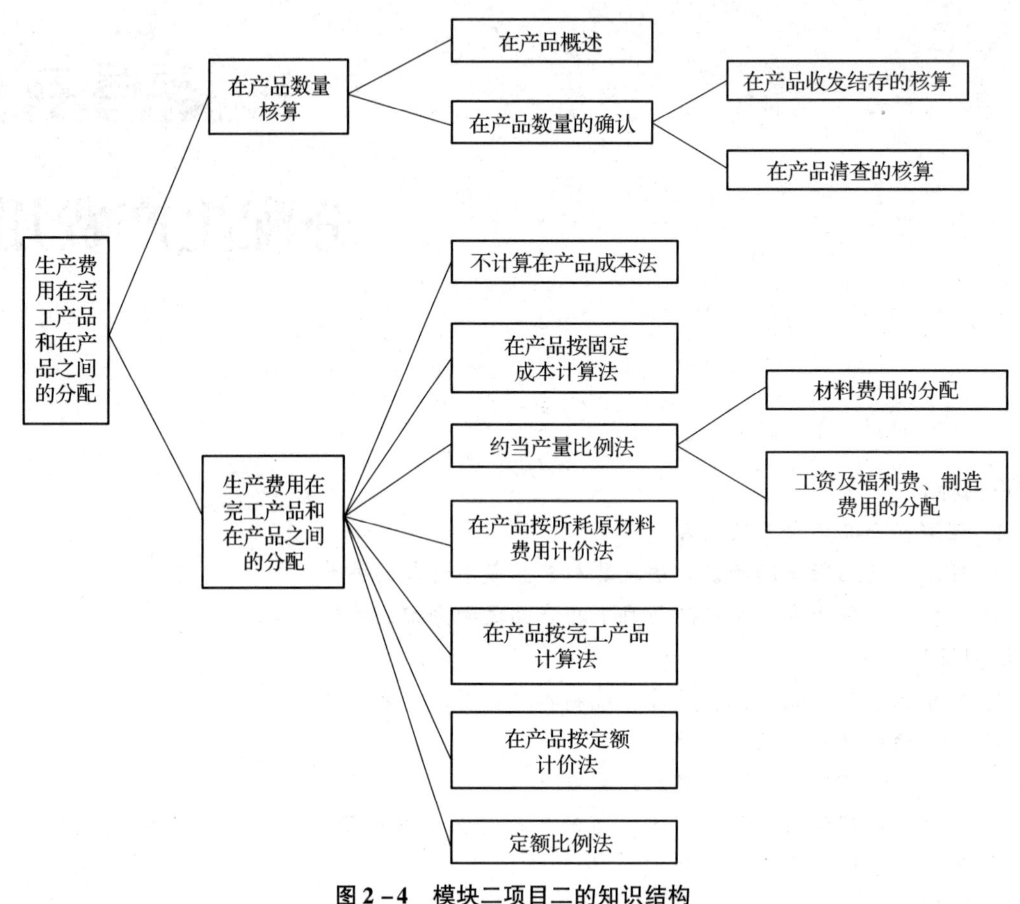

图2－4　模块二项目二的知识结构

案例导入

宏源公司新上任的成本会计小李月末跟随车间管理人员查看产品生产情况，发现不同的产品生产工序有些一样，有些不一样，所耗人力物力及生产完工程度也不一样；有的产品体积小，积压成仓，而有的产品仓库中所剩产品寥寥无几。小李看到的这种情况，对他进行成本核算有影响吗？

前一项目介绍了各项要素费用的归集和分配任务，确认了应记入各种产品的费用已记入了各自的“基本生产成本”明细账户。一般情况下，企业生产的产品在月末有两种存在形式：完工产品、在产品。本项目要求将所归集的生产费用在完工产品与在产品之间分配。

任务一　确认在产品

一、在产品概述

在产品是指没有完成企业全部生产过程，不能作为商品销售的产品。

在产品有狭义和广义之分。广义的在产品是就整个企业而言的，它是指产品生产从投料开始，到最终制成产成品交付验收入库前的一切产品，包括：

（1）正在加工中的在制品（含正在返修的废品）；

（2）已经完成一个或几个生产步骤，但还需继续加工的半成品；

（3）尚未验收入库的产成品；

（4）等待返修的废品。

狭义的在产品是就某一生产单位（如分厂或车间）或某一生产步骤来说的，它仅指本生产单位或本生产步骤尚未加工或装配完成的产品。对于不准备在本企业继续加工，等待对外销售的自制半成品，应作为商品产品，不应列为在产品。

二、在产品数量的确定

在产品数量的确定应与其他物资数量的确定一样，一方面要做好在产品收发结存的日常核算工作，另一方面要做好在产品的清查工作。这不仅对于正确计算产品成本，加强生产资金的管理，保护企业财产的案例完整有着重要意义，而且对于掌握生产进度，加强生产管理也有着重要意义。

（一）在产品收发结存的核算

为了进行在产品收发结存的日常核算，应分别以车间按产品品种和在产品的名称（如零、部件的名称）设立“在产品收发结存账”，以便反映各种在产品的收入、发出和结存的数量。在实际工作中，这种账簿也被称为在产品台账。根据生产的特点和管理的要求，有时还应进一步按照加工工序组织在产品数量的核算。在产品台账的基本格式见表 2－29。

表 2－29　在产品台账

20××年 7 月

车间：××车间　　　　产品名称：甲在产品　　　　计量单位：件

月	日	摘要	收入		转出			结存		备注
			凭证号	数量	凭证号	合格品	废品	完工	未完工	
7	1		7 101	200					200	
7	8		7 110	80	7 201	120		30	130	
7	9				7 202	20	5	10	125	
		……	……	……	……	……	……	……	……	
		合计								

在产品台账一般由车间核算人员登记，也可由各班组核算员登记，由车间核算员汇总。

（二）在产品清查的核算

为了核实在产品实际结存数量，保证在产品的安全完整，做到账实相符，必须认真做好在产品的清查工作。

在产品清查一般于月末结账前进行，并采用实地盘点法。根据盘点的结果，应填制在产品盘点表，并与在产品的台账核对。如有不符，还应填制在产品盘盈盘亏报告表，并说明发生盈亏的原因及处理意见等。对于报废和毁损的在产品还要登记残值。成本核算人员应在认真审核并报经有关部门和领导审批后，对清查的结果进行相应的账务处理。具体处理程序和方法如下。

1. 盘盈的会计处理

1）发生盘盈时

会计分录（26）借：基本生产成本——X 产品

贷：待处理财产损溢——待处理流动资产损溢

2）批准后予以转销时

会计分录（27）借：待处理财产损溢——待处理流动资产损溢

贷：管理费用

2. 盘亏及毁损的会计处理

1）发生盘亏及毁损时

会计分录（28）借：待处理财产损溢——待处理流动资产损溢

贷：基本生产成本——X 产品

2）批准后转销时，应区别不同情况来处理

会计分录（29）借：原材料（毁损在产品收回的残值）

其他应收款（应收过失人或保险公司赔偿的损失）

营业外支出（非常损失的净损失）

管理费用（无法收回的损失）

贷：待处理财产损溢——待处理流动资产损溢

需说明的是，在产品盘亏、毁损要计算应负担的增值税，其增值税额也记入待处理财产损溢，即借记“待处理财产损溢”账户，贷记“应交税费——应交增值税（进项税额转出）”账户。

小知识

在实际工作中，在产品数量的两种确定方式往往同时运用，即在做好在产品收发日常核算工作的同时，也要做好在产品的定期盘点工作，以便随时掌握在产品的动态，按期确定在产品的数量，并保证在产品数量的准确性。

案例分析

在本案例中，小李可以根据车间的生产情况记录确定在产品的完成情况，进而判断在产品占整个产成品的比例，据以确定合理的分配完工产品与在产品的生产费用方法。

任务二　计算完工产品与月末在产品成本

企业在生产过程中发生的应记入本月各种产品成本的生产费用，经过在各种产品之间进行归集和分配后，都已经集中在“基本生产成本”账户及其所属各种产品成本明细账中。为了计算当月产品成本，还需要加上期初在产品成本，然后将其在本期完工产品与在产品之间进行分配，计算出本月产成品成本。

月初、月末在产品费用、本月生产费用和本月完工产品费用四者之间的关系，可用下列公式表示：

月初在产品费用＋本月生产费用＝本月完工产品费用＋月末在产品费用

在公式前两项已知的情况下，在完工产品和月末在产品之间分配费用的方法通常有两类：一类是先确定月末在产品费用，再计算完工产品费用；另一类是将前两项之和在后两项之间按照一定的分配比例进行分配，同时计算出本月完工产品费用和月末在产品费用。

将上述公式进行移项，可得出：

本月完工产品费用＝月初在产品费用＋本月生产费用－月末在产品费用

在完工产品和月末在产品之间分配费用时，企业应该根据在产品数量的多少、各月在产品数量变化的大小、各项费用比重的大小，以及定额管理基础的好坏等具体条件，采用适当的分配方法。

通常采用的分配方法有：不计算在产品成本法、在产品按固定成本计价法、约当产量比例法、在产品按所耗原材料费用计价法、在产品按完工产品计算法、在产品按定额成本计价法和定额比例法。

一、不计算在产品成本法

采用这种分配方法时，虽然有月末在产品，但不计算成本。如果各月末在产品数量很少，是否计算在产品成本对完工产品成本的影响较小，管理上又不要求计算在产品成本，为了简化成本核算工作，可以不计算在产品成本，即某种产品本月归集的生产费用全部由完工产品成本负担。这种方法适用于月末在产品数量较少、价值较低的产品。

月末完工产品费用＝本月生产费用

在这种方法下，“基本生产成本”账户月末无余额。

二、在产品按固定成本计价法

采用这种方法分配时，各月末在产品的成本固定不变。这种方法适用于各月末在产品数量较小，或者在产品数量虽大，但数量稳定，各月之间变化不大的产品。为了简化核算工作，同时又反映在产品占用的资金，各月在产品按固定年初数计算。这种方法适用于炼钢、化工企业或其他以固定容器装置生产产品的企业。采用这种方法时，某种产品本月发生的生产费用就是本月完工产品的成本。年终，根据实际盘点的在产品数量，重新调整计算确定在产品成本，以免在产品成本与实际出入过大，影响成本计算的正确性。

月末完工产品费用＝本月生产费用

在这种方法下，“基本生产成本”账户月末有余额且固定不变。

三、约当产量比例法

所谓约当产量，是指在产品按其完工程度或投料程度折合成完工产品的产量。这种方法是按完工产品数量和期末在产品的约当产量比例来分配生产费用。采用这种分配方法时，将期初结存在产品成本与本期发生的生产费用之和，按完工产品数量与月末在产品数量折合成的完工产品数量（即约当产量）的比例进行分配，以计算完工产品成本和月末在产品成本。分配费用时按成本项目进行。

约当产量比例法（1）

这种方法适用于月末在产品数量较大，各月末在产品数量变化也较大，产品成本中原材料费用和人工及制造费用的比例相差不大的产品。采用约当产量比例法计算月末在产品成本和本月完工产品成本时，通常可以按图2－5所示步骤进行。

约当产量比例法（2）

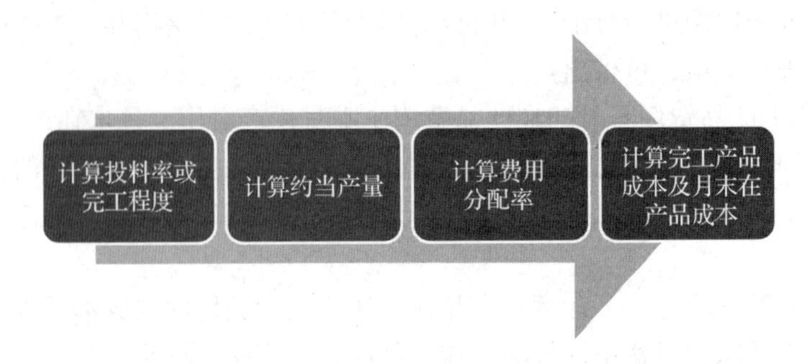

图2－5　约当产量比例法的步骤

（一）计算、确认投料程度或完工程度

在生产过程中，在产品的直接材料费用与直接人工费用的发生情况是不一致的。原材料在生产开始时一次投入的情况下，在产品的投料程度为100%，即一件在产品与一件完工产品消耗物材料费用相等。而直接人工费用和制造费用总是陆续发生的，因此，应根据成本项目分别确定在产品的完工程度（或投料程度）。

1. 投料程度的确定

在产品的投料程度是指在产品已投入的直接材料费用占完工产品应投入的直接材料费用的比重。由于各种产品的生产工艺过程不同，直接材料费用的投入情况比较复杂。原材料的投入方式主要有3种：在生产开始时一次投入、在生产过程中陆续投入和在生产过程中分阶段投入。由于投料方式不同，在产品的投料程度也不一样。

（1）若原材料在生产开始时一次投入，月末在产品的投料程度为100%。

在这种方式下，月末在产品的约当产量等于月末在产品数量。直接按完工产品和在产品数量比例分配直接材料费用即可。

（2）若原材料在生产过程中陆续投入，材料的投料程度与生产工时的投入进度基本一致，分配材料费用的在产品约当产量按在产品的完工程度折算。其公式如下：

$$某工序在产品投料率=\frac{该工序单位产品材料累计定额投入量}{单位产品定额消耗量}$$

该公式又可分为以下两种情况：

第一，原材料于每道工序开始时一次投入，则

$$某工序在产品投料率=\frac{前面各工序累计材料消耗定额+本工序材料消耗定额}{单位产品定额消耗量}$$

第二，原材料于每道工序开始以后逐步投入，则各工序结存的在产品在本工序的平均投料程度按50%计算。

例2－2－1　宏源公司基本生产车间第一车间生产的甲产品需经过3道工序制造完成。原材料于每道工序投入（每道工序开始时一次投入、每道工序开始后逐步投入）。月末在产品数量及原材料消耗定额资料见表2－30。

表 2－30　月末在产品数量及原材料消耗定额资料

工序	月末在产品数量/件	单位产品原材料消耗定额/千克
1	80	50
2	100	60
3	120	90
合计		200

要求：计算各工序在产品的投料程度。

原材料于每道工序开始时一次投入，其投料程度计算情况见表 2－31。

表 2－31　原材料投料程度计算表 1

工序	月末在产品数量/件	单位产品原材料消耗定额/千克	投料程度
1	80	50	50÷200×100%＝25%
2	100	60	(50＋60)÷200×100%＝55%
3	120	90	(50＋60＋90)÷200×100%＝100%
合计		200	

原材料于每道工序开始以后逐步投入，月末在产品直接材料投料程度计算情况见表 2－32。

表 2－32　原材料投料程度计算表 2

工序	月末在产品数量/件	单位产品原材料消耗定额/千克	投料程度
1	80	50	50×50%÷200×100%＝12.5%
2	100	60	(50＋60×50%)÷200×100%＝40%
3	120	90	(50＋60＋90×50%)÷200×100%＝77.5%
合计		200	

2. 加工程度的确定

如果各工序在产品数量和单位产品在各工序的加工量相差不多，前后工序可互相抵补，直接人工费用、制造费用项目一般可以按同一加工程度计算，其完工程度可按照 50% 确定；如果各工序在产品加工程度相差悬殊，在产品完工程度应按各工序分别测算。计算公式如下：

$$\text{某工序在产品完工程度}=\frac{\text{前面各工序累计工时定额}+\text{本工序工时定额}\times 50\%}{\text{产品工时定额}}$$

其中，各工序结存的在产品在本工序的平均加工程度按 50% 计算。

例2－2－2 宏源公司基本生产车间第一车间生产的甲产品需经过3道工序加工制成，其工时定额为80小时。试测算各工序在产品完工程度。

各工序在产品的完工程度计算结果见表2－33。

表2－33 各工序在产品完工程度计算表

工序	月末在产品数量/件	工时定额/小时	完工程度
1	80	20	20×50%÷80×100%＝12.5%
2	100	30	（20＋30×50%）÷80×100%＝43.75%
3	120	30	（20＋30＋30×50%）÷80×100%＝81.25%
合计		80	

（二）计算约当产量

在产品约当产量是在产品折合为完工产品的数量，即在产品所耗材料、工时大约相当于多少完工产品所耗材料、工时。其计算公式如下：

月末在产品约当产量＝月末在产品数量×完工程度（或投料程度）

当分配直接材料费用时采用投料程度；当分配直接人工费用、制造费用时采用完工程度。仍以前例为例计算约当产量，见表2－34、表2－35。

表2－34 按原材料投料程度计算的约当产量

工序	月末在产品数量/件	单位产品原材料消耗定额/千克	投料程度	在产品约当产量/件
1	80	50	50÷200×100%＝25%	20
2	100	60	（50＋60）÷200×100%＝55%	55
3	120	90	（50＋60＋90）÷200×100%＝100%	120
合计		200		195

表2－35 按完工程度计算的约当产量

工序	月末在产品数量/件	工时定额/小时	完工程度	在产品约当产量/件
1	80	20	20×50%÷80×100%＝12.5%	10
2	100	30	（20＋30×50%）÷80×100%＝43.75%	43.75
3	120	30	（20＋30＋30×50%）÷80×100%＝81.25%	97.5
合计		80		151.25

（三）计算费用分配率

$$各成本项目费用分配率=\frac{月初在产品费用+本月生产费用}{完工产品数量+月末在产品约当产量}$$

（四）计算月末在产品成本与完工产品成本

$$月末在产品成本=月末在产品数量\times费用分配率$$

$$完工产品成本=完工产品数量\times费用分配率$$

或

$$月末在产品成本=月初在产品费用+本月生产费用-完工产品成本$$

当费用分配率不能整除时，月末产品成本也可以通过倒挤法计算。

上述计算应按直接材料费用、直接人工费用和制造费用等成本项目分别进行。

现举例说明采用约当产量比例法分配生产费用的计算过程。

例2-2-3　某工业企业生产A产品需要经过两道工序加工完成，本月完工产品产量为600件，月末在产品为400件，其中第一道工序200件，第二道工序200件，第一道工序工时定额为30小时，第二道工序工时定额为50小时，原材料在生产开始时一次投入。本月末累计直接材料费用为80 000元，直接人工费用为35 750元，制造费用为39 000元。

根据上述资料，计算A产品完工产品总成本、单位成本、月末在产品总成本。

1）直接材料费用的分配

由于材料在生产开始时一次投入，所以材料的投料程度为100%。

月末在产品的约当产量=400×100%=400（件）

直接材料的费用分配率=80 000÷(600+400)=80（元/件）

月末在产品应分摊的材料费用=400×80=32 000（元）

完工产品应分摊的材料费用=600×80=48 000（元）

2）直接人工费用和制造费用的分配

由于各道工序单位在产品工时定额不同，要正确分配直接人工费用和制造费用，就先要计算每道工序在产品完工程度，继而求出在产品约当产量，最后分配直接人工费用和制造费用，见表2-36。

表2-36　各工序在产品按完工程度计算的约当产量

工序	月末在产品数量/件	工时定额/小时	完工程度	在产品约当产量/件
1	200	30	30×50%÷80×100%=18.75%	37.5
2	200	50	(30+50×50%)÷80×100%=68.75%	137.5
合计		80		175

直接人工费用分配率=35 750÷(600+175)=46.13（元/件）

制造费用分配率=39 000÷(600+175)=50.32（元/件）

完工产品应分摊的人工费用=600×46.13=27 678（元）

月末在产品应分摊的人工费用=35 750-27 678=8 072（元）

完工产品应分摊的制造费用 = 600 × 50.32 = 30 192（元）

月末在产品应分摊的人工费用 = 39 000—30 192 = 8 808（元）

具体计算程序过程见表2 - 37。

表2 - 37　成本计算单

产品名称：A　　　　20××年12月30日

项目	成本项目			合计/元
	直接材料费用	直接人工费用	制造费用	
月初在产品成本/元				
本月生产费用/元				
生产费用合计/元	80 000	35 750	39 000	154 750
约当产量/件	400	175	175	
完工产品数量/件	600	600	600	
约当产量合计/件	1 000	775	775	
费用分配率/（元·件$^{-1}$）	80.00	46.13	50.32	
完工产品成本/元	48 000	27 678	30 192	105 870
月末在产品成本/元	32 000	8 072	8 808	48 880
单位成本/元	80.00	46.13	50.32	176.45

备注：保留两位小数　　　　审核：　　　　制表：

根据表2 - 37，编制完工产品入库的会计分录。

会计分录（30）借：库存商品——A产品　　　105 870

　　　　　　　贷：基本生产成本——A产品　　　105 870

四、在产品按所耗原材料费用计价法

在产品按所耗原材料费用计价法

采用这种分配方法时，月末在产品成本只按所耗的原材料费用计算确认，人工费用和制造费用则全部由完工产品成本承担。

它适用于各月末在产品数量较大，各月在产品数量变化也较大以及原材料费用在产品成本中所占比重也较大的产品。由于产品成本中原材料费用比重大，工资及制造费用比重就较小，对于未完工的在产品来说，其工资、制造费用比重就更小，这样月初、月末在产品工资及制造费用的差额也就很小，因此，为了简化计算工作，在产品可以不计算工资及制造费用。这时，这种产品的全部生产费用，减去按所耗原材料费用计算的在产品成本，就是该种完工产品的成本。酿酒、造纸和纺织等工业的产品，原材料费用比重较大，可以采用这种方法。

$$原材料费用分配率 = \frac{原材料费用总额}{完工产品数量 + 月末在产品数量}$$

月末在产品成本 = 月末在产品数量 × 原材料费用分配率

完工产品成本 = 月初在产品成本 + 本月生产费用 - 月末在产品成本

例 2－2－4　某企业生产甲产品，其 20××年 12 月的费用资料见表 2－38。甲产品本月完工 1 200 件，月末在产品为 200 件。生产费用在完工产品与在产品之间的分配采用按所耗原材料费用计价法，该种产品的原材料费用于生产开始时一次投入，直接材料费用按完工产品数量和在产品数量的比例分配。

表 2－38　甲产品生产费用资料表

20××年 12 月

项目	直接材料费用/元	直接人工费用/元	制造费用/元	合计/元
月初在产品成本	1 000			1 000
本月发生生产费用	7 400	400	600	8 400
本月生产费用合计	8 400	400	600	9 400

原材料费用分配率＝8 400÷（1 200＋200）＝6（元/件）
完工产品直接材料费用＝1 200×6＝7 200（元）
在产品直接材料费用＝200×6＝1 200（元）
甲产品成本计算单见表 2－39。

表 2－39　甲产品成本计算单

产品名称：甲　　20××年 12 月 30 日

项目	成本项目			合计
	直接材料费用	直接人工费用	制造费用	
月初在产品成本/元	1 000			1 000
本月生产费用/元	7 400	400	600	8 400
生产费用合计/元	8 400	400	600	9 400
约当产量/件	200			
完工产品数量/件	1 200			
约当产量合计/件	1 400			
费用分配率/（元·件$^{-1}$）	6			
完工产品成本/元	7 200	400	600	8 200
月末在产品成本/元	1 200			1 200

备注：保留两位小数　　审核：　　制表：

根据以上资料，编制会计分录如下：

会计分录（31）借：库存商品——甲　　8 200
　　　　　　　　贷：基本生产成本——甲　　8 200

五、在产品按完工产品计算法

采用这种分配方法时，在产品视同完工产品分配生产费用。它适用于在产品已接近完工，只是尚未包装或尚未验收入库的产品。因为这种情况下的在产品已基本加工完毕或已加工完毕，在产品成本也就已经接近或等于完工产品成本。为了简化产品成本计算工作，可以把在产品视同完工产品，按两者的数量比例分配各项费用。

六、在产品按定额成本计价法

在产品按定额成本计价法

采用这种分配方法时，月末在产品成本根据月末在产品数量和事先制定的单位定额成本计算，然后从本月该种产品的全部生产费用中扣除，以求得完工产品成本。每月生产费用脱离定额的差异（节约或超支）都计入当月完工产品成本。其计算公式为：

在产品直接材料定额成本 = 在产品数量 × 材料消耗定额 × 材料计划单价

在产品直接人工定额成本 = 在产品数量 × 工时定额 × 计划小时工资率

在产品制造费用定额成本 = 在产品数量 × 工时定额 × 计划小时制造费用率

完工产品成本 = 月初在产品费用 + 本月生产费用 – 月末在产品定额成本

这种方法适用于定额管理基础较好，各项消耗定额或费用定额比较准确、稳定，而且各月末在产品数量变动不大的产品。如果产品成本中原材料费用所占比重较大，或者原材料费用与直接人工费用之和所占比重较大，为了进一步简化成本计算工作，月末在产品成本也可以只按定额原材料费用，或者按定额原材料费用与定额直接人工费用之和计算。

例2－2－5 某工业企业生产的甲产品所耗原材料在生产开始时一次投入，产品的材料费用定额为60元。月末在产品为180件，定额工时共计1 300小时，每小时费用定额为：直接人工费用2元、制造费用3元。月初在产品和本月生产费用累计为：原材料费用56 400元、直接人工费用7 200元、制造费用8 400元，合计72 000元。使用在产品按定额成本计价法，编制甲产品成本计算单，见表2－40。

表2－40 甲产品成本计算单

产品名称：甲　　　　20××年12月30日　　　　元

项目	成本项目			合计
	直接材料费用	直接人工费用	制造费用	
生产费用累计	56 400	7 200	8 400	72 000
完工产品成本	45 600	4 600	4 500	54 700
月末在产品成本（定额成本）	10 800	2 600	3 900	17 300

备注：保留两位小数　　　　审核：　　　　制表：

七、定额比例法

定额比例法

定额比例法是产品的生产费用按照完工产品和月末在产品的定额消耗量或定额费用的比例，分配计算完工产品成本和月末在产品成本的方法。其中，直接材料费用按照原材料定额消耗量或原材料定额费用比例分配；直接人工费用、制造费用等各项加工费用，按定额工时的比例分配，也可以按定额费用比例分配。

这种方法适用于定额管理基础较好，各项消耗定额或费用定额比较准确、稳定，各月末在产品数量大或变化大的产品。在这种方法下，每月实际生产费用脱离定额差异，就在当月完工产品成本和月末在产品成本之间按比例分配，因此成本计算的准确性比在产品按定额成本计价法高。

采用定额比例法对产品成本进行分配，既可以按定额消耗量比例，也可以按定额费用比例。

（一）按定额消耗量比例分配

$$消耗量分配率=\frac{月初在产品实际消耗量+本月实际消耗量}{完工产品定额消耗量+月末在产品定额消耗量}$$

完工产品实际消耗量＝完工产品定额消耗量×消耗量分配率

完工产品直接材料成本＝完工产品实际消耗量×原材料单价

月末在产品实际消耗量＝月末在产品定额消耗量×消耗量分配率

月末在产品直接材料成本＝月末在产品实际消耗量×原材料单价

（二）按定额费用比例分配

直接人工费用（制造费用）分配率＝

$$\frac{月初在产品实际直接人工费用(制造费用)+本月投入实际人工费用(制造费用)}{完工产品定额工时+月末在产品定额工时}$$

完工产品实际人工费用＝完工产品定额工时×直接人工费用分配率

月末在产品实际人工费用＝月末在产品定额工时×直接人工费用分配率

完工产品实际制造费用＝完工产品定额工时×制造费用分配率

月末在产品实际制造费用＝月末在产品定额工时×制造费用分配率

$$直接材料费用分配率=\frac{(月初在产品直接材料费用+本月实际发生直接材料费用)}{(完工产品定额材料费用+月末在产品定额材料费用)}$$

完工产品实际直接材料费用＝完工产品定额直接材料费用×直接材料费用分配率

月末在产品实际直接材料费用＝月末在产品定额直接材料费用×直接材料费用分配率

例2－2－6　某工业企业生产的甲产品本月完工700件，原材料费用定额为6元，工时定额为2小时；月末在产品为120件，原材料费用定额为5元，工时定额为2小时。生产费用资料见表2－41。

表2－41　生产费用情况表

20××年12月30日　　元

项目	原材料	直接人工费用	制造费用	合计
月初在产品费用	1 200	600	800	2 600
本月投入生产费用	3 800	1 800	2 200	7 800
本月生产费用合计	5 000	2 400	3 000	10 400

根据资料，计算过程见表2－42。

完工产品材料费用定额＝700×6＝4 200（元）

在产品材料费用定额＝120×5＝600（元）

材料费用分配率＝5 000/(4 200＋600)＝1.041 666 666 67（元/件）

完工产品应分摊的实际原材料费用＝4 200×1.041 666 667＝4 375（元）

月末在产品应分摊的实际原材料费用＝5 000－4 375＝625（元）

完工产品工时定额＝700×2＝1 400（小时）

月末在产品工时定额＝120×2＝240（小时）

直接人工费用分配率＝2 400÷(1 400＋240)＝1.463 414 634（元/件）

完工产品应分摊的实际人工费用＝1 400×1.463 414 634＝2 049（元）

月末在产品应分摊的实际人工费用＝2 400－2 49＝351（元）

制造费用分配率＝3 000÷(1 400＋240)＝1.829 268 293(元/件)

完工产品应分摊的实际制造费用＝1 400×1.829 268 293＝2 561（元）

月末在产品应分摊的实际制造费用＝3 000－2 561＝439（元）

表2－42　甲产品成本计算单（定额比例法）

产品名称：甲　　　　20××年12月30日

项目	成本项目			合计
	直接材料费用	直接人工费用	制造费用	
月初在产品成本/元	1 200	600	800	2 600
本月生产费用/元	3 800	1 800	2 200	7 800
生产费用合计/元	5 000	2 400	3 000	10 400
分配率/（元·件$^{-1}$）	1.04	1.46	1.83	
完工产品定额费用（工时）/元	4 200	1 400	1 400	
月末在产品定额费用（工时）/元	600	240	240	
定额费用（工时）合计/元	4 800	1 640	1 640	
完工产品成本/元	4 376	2 050	2 561	8 986
月末在产品成本/元	624	350	439	1 414

备注：保留两位小数　　　　审核：　　　　制表：

根据甲产品成本计算单编制会计分录如下：

会计分录（32）借：库存商品——甲产品　　　　8 985

　　　　　　　　贷：基本生产成本——甲产品　　　　8 985

定额比例法与在产品按定额成本计价法的区别在于：前者产品实际成本脱离定额成本的差异，按完工产品与月末在产品定额的比例，在两者之间进行分摊；后者实际成本脱离定额成本差异完全由完工产品承担。因此，采用定额比例法计算完工产品成本和月末在产品成本，相对在产品按定额成本计价法来说比较准确。

案例分析

小李应该熟悉各种产品的生产工序、各月库存的在产品和产成品情况，根据本厂生产产品的实际情况及管理条件，如果管理经验充足，各种消耗定额基础较好，可以选择在产品按定额成本计价法计算或定额比例法计算完工产品成本。一旦选定了分摊生产费用的方法后，没有特殊的情况不能随意变更。

项目小结

重点：各种费用的归集、费用分配标准的确定、费用分配率的计算、费用分配表的编制、账务处理。

难点：约当产量比例法、定额比例法。

练 习 题

一、单项选择题

1. 完工产品与在产品之间分配费用，采用不计算在产品成本法，适用的产品是（　　）。

A. 各月在产品数量很小　　B. 各月在产品数量很大

C. 各月末在产品数量变动较大　　D. 各月末在产品数量变化很小

2. 完工产品与在产品之间分配费用，采用在产品按固定成本计价法，适用的产品是（　　）。

A. 各月末在产品数量很小

B. 各月末在产品数量虽大，但各月之间在产品数量变动不大

C. 各月成本水平相差不大

D. 各月末在产品数量较大

3. 完工产品与在产品之间分配费用，采用在产品按所耗原材料费用计价法，适用的产品是（　　）。

A. 各月末在产品数量较大　　B. 各月末在产品数量变动较大

C. 直接材料费用在产品成本中比重较大　　D. 以上 3 个条件同时具备

4. 某种产品月末在产品数量较大，各月末在产品数量变化也较大，直接材料费用占产品成本比重较大，为了简化费用分配工作，月末在产品与完工产品之间分配费用，可采用（　　）。

A. 约当产量比例法　　B. 在产品按定额成本计价法

C. 在产品按完工产品成本计算法　　D. 在产品按所耗原材料费用计价法

5. 某种产品月末在产品数量较大，各月末在产品数量变动也较大，产品成本中直接材料费用和各项费用所占比重相差不多，应采用（　　）。

A. 在产品按完工产品成本计算法　　B. 约当产量比例法

C. 在产品按固定成本计价法　　D. 在产品按所耗原材料费用计价法

6. 某种产品在产品数量虽大，但各月之间在产品数量变动不大，月初、月末在产品成本的差额对完工产品成本的影响不大，为了简化核算工作，可采用（　　）。

A. 不计算在产品成本法　　B. 在产品按所耗原材料费用计价法

C. 在产品按固定成本计价法　　D. 定额比例法

7. 某种产品定额管理基础比较好，各项消耗定额、费用定额比较准确、稳定，各月末在产品数量变动不大，其完工产品与在产品的费用分配应采用（　　）。

A. 在产品按定额成本计价法　　B. 定额比例法
C. 在产品按所耗原材料费用计价法　　D. 在产品按固定成本计价法

8. 某种产品定额管理基础比较好，各项消耗定额、费用定额比较准确、稳定，各月末在产品数量变动较大，其完工产品与在产品的费用分配应采用（　　）。
A. 定额比例法　　B. 在产品按定额成本计价法
C. 在产品按所耗原材料费用计价法　　D. 在产品按固定成本计价法

9. 按完工产品和月末在产品数量比例，分配计算完工产品和月末在产品的直接材料费用，必须具备的条件是（　　）。
A. 产品成本中直接材料费用比重较大　　B. 原材料随生产进度陆续投入
C. 原材料在生产开始时一次投入　　D. 原材料消耗定额比较准确、稳定

10. 按完工产品和月末在产品数量比例，分配计算完工产品和月末在产品成本，必须具备的条件是（　　）。
A. 在产品已接近完工
B. 原材料在生产开始后分工序一次投入
C. 在产品成本中直接材料费用比重较大
D. 各项消耗定额比较准确、稳定

11. 不计算在产品成本法所必须具备的条件是（　　）。
A. 各月末在产品数量比较稳定　　B. 各月末在产品数量很少
C. 各月末在产品数量较大　　D. 定额管理基础较好

12. 在产品完工率为（　　）与完工产品工时定额的比率。
A. 所在工序工时定额
B. 所在工序工时定额的50%
C. 所在工序累计工时定额
D. 前面各工序累计工时定额与所在工序工时定额的50%的合计数

13. 在原材料在每道工序开始时一次投入的情况下，分配直接材料费用的在产品完工率等于直接材料的（　　）与该产品完工的原材料消耗定额的比率。
A. 所在工序消耗定额　　B. 所在工序累计消耗定额
C. 所在工序累计消耗定额的50%　　D. 所在工序消耗定额的50%

二、多项选择题

1. 完工产品与在产品之间分配费用的方法有（　　）。
A. 约当产量比例法　　B. 直接分配法
C. 在产品按定额成本计价法　　D. 定额比例法

2. 选择完工产品与在产品之间费用分配方法时，应考虑的条件包括（　　）。
A. 在产品数量的多少　　B. 各月在产品数量变化的大小
C. 各项费用比重的大小　　D. 定额管理基础的好坏

3. 在完工产品与在产品之间分配费用，采用在产品按固定成本计价法，适用于（　　）的产品。
A. 各月末在产品数量较小
B. 各月末在产品数量较大

C. 各月末在产品数量虽大，但各月变动不大

D. 各月成本水平相差不大

4. 本月发生的加工费用不计入月末在产品成本的方法有（　　）。

A. 定额比例法　　B. 不计算在产品成本法

C. 在产品按所耗原材料费用计价法　　D. 在产品按完工产品计算法

5. 采用在产品按所耗原材料费用计价法，分配完工产品和月末在产品费用，应具备的条件有（　　）。

A. 直接材料费用在产品成本中所占比重较大　　B. 各月在产品数量比较稳定

C. 各月末在产品数量较大　　D. 各月末在产品数量变动较大

6. 采用在产品按定额成本计价法分配完工产品和月末在产品费用，应具备的条件有（　　）。

A. 在产品数量较小

B. 各项消耗定额或费用定额准确、稳定

C. 各月末在产品数量变动较小

D. 各月末在产品数量变动较大

7. 采用定额比例法分配完工产品和在产品费用，应具备的条件有（　　）。

A. 在产品数量很小

B. 各项消耗定额或费用定额准确、稳定

C. 各月末在产品数量变动不大

D. 各月末在产品数量变动较大

8. 某企业只生产一种产品，2019 年 4 月 1 日期初在产品成本为 3.5 万元。4 月发生如下费用：生产领用材料 6 万元、生产工人工资薪酬 2 万元、制造费用 1 万元、管理费用 1.5 万元、广告费 0.8 万元、月末在产品成本 3 万元。该企业 4 月完工产品的生产成本为（　　）万元。

A. 8.3　　B. 9　　C. 9.5　　D. 11.8

9. 工业企业的完工产品应该包括（　　）。

A. 产成品　　B. 自制材料

C. 工具和模具　　D. 劳务与作业

10. 在产品按完工产品计算法适用的情况有（　　）。

A. 月末在产品已经接近完工　　B. 月末在产品已经完工，但尚未包装

C. 月末在产品已经完工，但尚未验收入库　　D. 各月在产品数量变动较大

11. 某产品本月完工 50 件，月末在产品为 60 件，在产品平均完工程度为 50%，累计发生产品费用 100 000 元，采用约当产量比例法计算在产品成本时，本月完工产品的成本是（　　）元。

A. 37 500　　B. 45 455　　C. 62 500　　D. 54 545

三、判断题（正确的画“√”，错误的画“×”）

1. 采用在产品按完工产品计算法时，在产品就是完工产品，全部生产费用之和就是完工产品成本。（　　）

2. 采用在产品按定额成本计价法时，定额成本与实际成本的差异由完工产品与在产品

共同负担。（　）

3. 采用在产品按定额成本计价法时，月末在产品的定额成本与实际成本的差异全部由完工产品成本负担。（　）

4. 在约当产量比例法下，从精细化分配费用的角度来看，应针对不同成本项目的具体情况来确定约当产量，进而分配费用。（　）

5. 根据月初在产品费用、本月生产费用和月末在产品费用的资料，完工产品费用 = 月初在产品费用 + 本月生产费用 - 月末在产品费用。（　）

6. 直接分配法、约当产量比例法、定额比例法等都是在完工产品与月末在产品之间分配费用的方法。（　）

7. 一般来说，采用约当产量比例法分配原材料费用的完工率与分配加工费用的完工率是相同的。（　）

四、计算和案例题

1. 某产品分两道工序制成。其工时定额为：第一道工序48小时、第二道工序52小时。每道工序按本道工序工时定额的50%计算。在产品数量为：第一道工序3 400件、第二道工序3 000件。要求：计算在产品各工序的完工程度和约当产量。在产品完工程度和约当产量计算表见表2-43。

表2-43　在产品完工程度和约当产量计算表

产品名称：丙　　　　年　　月

工序	月末在产品数量/件	工时定额/小时	在产品完工程度/%	月末在产品约当产量/件
一	3 400			
二	3 000			
合计				

2. 某企业生产B产品需要三道工序，各工序依次逐步加工直到最后一步骤，不分步计算产品成本。本月三道工序制造费用总和为72 000元，完工产品为68件，各工序在产品数量和定额工时见表2-44。要求：计算在产品各工序的完工程度和约当产量。

表2-44　在产品完工程度和约当产量计算表

工序	定额工时/小时	本工序完工程度/%	在产品完工程度/%	在产品数量/件	在产品约当产量/件
一	40	60		50	
二	20	40		20	
三	40	50		30	
合计	100			100	

3. 某产品经三道工序完成，其材料在每道工序开始时分别一次投入，其各工序材料消耗定额和10月末在产品数量见表2-45。

表 2－45　各工序材料消耗定额和 10 月末在产品数量

工序	本工序材料消耗定额/千克	10 月末在产品数量/件
一	180	200
二	108	150
三	72	230
合计	360	580

该产品 10 月初在产品原材料费用为 1 730 元，10 月原材料费用为 2 320 元，10 月完工产品为 900 件。要求：(1) 计算各工序按原材料消耗程度表示的投料程度；(2) 计算 10 月末在产品约当产量。在产品投料程度和约当产量计算表见表 2－46。

表 2－46　在产品投料程度和约当产量计算表

工序	月末在产品数量/件	本工序材料消耗定额/千克	在产品投料程度/%	月末在产品约当产量/件
一	200			
二	150			
三	230			
合计	580			

4. 某企业甲产品各项消耗定额比较准确、稳定，各月末在产品数量变化不大，月末在产品按定额成本计算。该产品月初和本月发生的生产费用合计：原材料 96 040 元、工资薪酬及福利费 30 500 元、制造费用 24 000 元。原材料在生产开始时一次投入，单位产品原材料费用定额为 140 元。完工产品产量为 840 件，月末在产品为 200 件，定额工时共计 1 300 小时。每小时费用定额：工资薪酬 4 元、制造费用 6 元。要求：采用在产品按定额成本计价法，计算月末在产品成本和完工产品成本，并登记甲产品成本明细账，见表 2－47。

表 2－47　甲产品成本明细账　　　　甲产品　840 件

项目	成本项目			合计
	原材料费用	工资薪酬及福利费	制造费用	
生产费用合计/元				
月末在产品成本/元				
完工产品成本/元				

5. 某工业加工厂第一生产车间生产A零件，需要甲、乙两种原材料，2019年12月生产过程中领用甲材料30 000元、乙材料45 000元；需要支付给第一车间工人的工资共22 000元，需要支付车间管理人员的工资9 000元；生产A零件的设备在当月计提的折旧费为6 000元，假定A零件本月无其他耗费，均在12月完工并验收入库，并且无月初在产品成本和月末在产品成本。要求：编制相关会计分录，结转完工产品成本。

模块三

产品成本计算方法

内容提要

本模块主要阐述了产品成本计算的3种基本方法——品种法、分步法、分批法；产品成本计算的辅助方法——分类法、定额法；其他行业——商品流通企业、旅游餐饮企业、物流运输企业、房地产企业的成本核算方法。

产品成本核算的基本方法可以独立使用，辅助方法必须与基本方法结合方可使用。

生产类型和管理要求对产品成本计算方法的影响表现在4个方面：一是影响成本计算对象的确定；二是影响生产费用归集程序；三是影响成本计算期；四是影响生产费用在完工产品与期末在产品之间分配的方法。

计算产品成本的基本方法

【知识目标】

1. 理解基本方法和辅助方法的含义、特点、适用范围等。
2. 掌握各种方法的计算程序、相应的费用归集和分配方法，以及账务处理技能。
3. 能正确运用各种方法进行成本计算。

【技能目标】

1. 能根据企业的实际情况灵活运用产品成本计算方法。
2. 能利用提供的产品成本资料，运用所学方法计算出完工产品总成本和单位成本。
3. 能进行会计处理，登记有关明细账。

【素质目标】

1. 能够运用办公软件编制各基本计算方法下的成本计算表。
2. 能够根据成本计算了解各成本数据之间的关联关系。

【思政目标】

1. 树立正确的价值理念，明确完工产品成本对企业产品定价、市场占有率的重要性。
2. 坚持原则，按章办事。

【知识结构】

本项目的知识结构如图3-1所示。

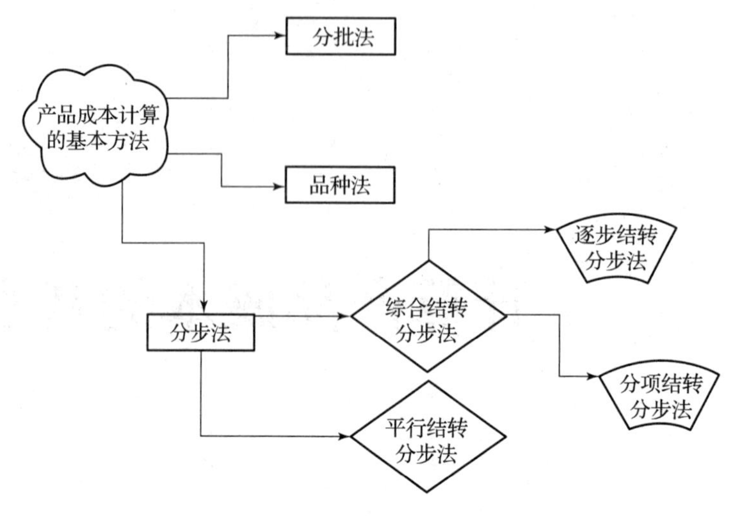

图3－1　模块三项目一的知识结构

案例导入

远盛公司一车间大量大批生产甲、乙两种产品。两种产品均为单步骤生产。20××年10月，生产甲和乙产品各耗用材料3 000元和9 000元，共同耗用A材料12 000元（按耗用直接材料比例分配），一车间生产工人的薪酬为7 200元（按工时比例分配），车间管理人员的薪酬为3 000元，车间设备折旧费为4 200元。辅助生产车间供电车间为一车间生产供电2 700元（按工时比例分配），为车间照明供电600元。月末，150个甲产品全部完工，乙产品完工60个，未完工30个（假设材料一次性投入，完工程度为50%）。甲、乙产品的工时分别为2 000小时和6 000小时。请思考，如何运用前面所学知识计算甲、乙产品的本月完工产品成本？

任务一　确定成本计算方法

一、企业的生产类型

不同的企业，按生产工艺过程和生产组织的特点不同可以分为不同的类型。

（一）按生产工艺过程的特点分类

工业企业的生产按生产工艺过程的特点，可分为单步骤生产和多步骤生产两种。多步骤生产按其产品的加工方式，又可分为连续加工式生产和装配式生产。

（1）单步骤生产又称为简单生产，是指生产工艺过程不能中断，不可能或不需要划分为几个生产步骤的生产，其特点是生产地点一般比较集中，产品品种比较单一，产品生产周期较短，通常没有在产品、自制半成品或其他中间产品，只能由一个企业独立完成，例如发电、采掘、供水等企业的生产。

（2）多步骤生产也叫复杂生产，是指技术上可以间断、由若干步骤组成的生产。如果这些步骤按顺序进行，不能并存，不能颠倒，要到最后一个步骤完成才能生产出产成品，这种生产就叫连续加工式生产，如纺织、冶金、造纸等企业的生产。如果这些步骤不存在时间上的继起性，可以同时进行，每个步骤生产出不同的零配件，然后再经过组装成为产成品，这种生产就叫装配式生产，如机械、电器、船舶等企业的生产。

（二）按生产组织的特点分类

工业企业的生产按生产组织的特点分类，可分为大量生产、成批生产和单件生产。

（1）大量生产，是指连续不断重复地生产同一品种和规格产品的生产。这种生产一般品种比较少，生产比较稳定，如发电、采煤、冶金、纺织、造纸等企业的生产。大量生产的特点是：产品品种少、产品产量大、生产比较稳定、专业化程度较高。大量生产可能是简单生产，也可能是复杂生产。

（2）成批生产，是指工业企业（车间、工段、班组、工作地）在一定时期重复轮换制造多种产品的一种生产类型。例如，机床、机车、电动机和纺织机的制造属于成批生产。根据其批量的大小、每个工作地完成的零件工序数目以及各种零件重复生产的程度，成批生产可分为大批生产、中批生产和小批生产。大批生产的产品批量较大，往往几个月内重复生产，性质上接近大量生产，因此将二者划分为大量大批生产。小批生产的产品批量较小，一批产品一般可同时完工，性质上接近单件生产，因此将二者划为单件小批生产。这种生产组织是现代企业生产的主要形式。

（3）单件生产，是根据订单，按每一件产品来组织生产。这种生产方式并不多见。主要适用于一些大型而复杂的产品，如重型机械、船舶、专用设备等。其主要特点是：企业生产的产品品种多，每种产品生产一件或几件后不再重复生产，即使重复生产，也是个别的、不定期的。例如船舶和重型机械生产就属于这种生产类型。这种类型的生产要按照购买单位的要求来安排，往往产品性能和规格比较特殊，产量不多，它同大量生产或成批生产完全不同，大多使用通吊机器设备和工艺装备，设备利用率低。单件生产的工作也要担负很多道工序，专业化程度不高。单件生产劳动生产率低，产品生产周期长，成本高，但其长处是容易适应社会对产品的多品种需求。

将上述生产工艺过程的特点和生产组织的特点相结合，可形成不同的生产类型。

单步骤生产和多步骤连续加工式生产，一般是大量大批生产，可分别称为大量大批单步骤生产和大量大批多步骤连续加工式生产。多步骤平行加工式生产，可以是大量生产，也可以是成批生产，还可以是单件生产，前一种可称为大量大批多步骤平行加工式生产，后两种可统称为单件小批多步骤平行加工式生产。以上 4 种生产类型是就整个企业而言的，主要是基本生产车间的特点及类型。

不同的企业，成本管理的要求也不完全一样。例如，有的企业只要求计算产成品的成本，而有的企业不仅要求计算产成品的成本，还要求计算各个步骤半成品的成本。有的企业要求按月计算成本，而有的企业可能只要求在一批产品完工后才计算成本等。成本管理要求的不同也是影响选择成本计算方法的一个因素。

二、产品成本计算方法的确定

（一）成本计算对象

从生产工艺过程的特点看，单步骤生产由于工艺过程不能间断，必须以产品为成本计算对象，按产品品种分别计算成本；多步骤连续加工式生产，需要以步骤为成本计算对象，既按步骤又按品种计算各步骤半成品成本和产品成本；多步骤平行加工式生产，不需要按步骤计算半成品成本，而以产品品种为成本计算对象。

从产品生产组织的特点看，在大量生产的情况下，只能按产品品种为成本计算对象计算产品成本；大批生产，不能按产品批别计算成本，而只能按产品品种为成本计算对象计算产品成本；如果大批生产的零件、部件按产品批别投产，也可按批别或件别为成本计算对象计算产品成本；小批、单件生产，由于产品批量小，一批产品一般可以同时完工，可按产品批别为成本计算对象计算产品成本。

（二）成本计算期

在大量大批生产中，由于生产连续不断地进行，每月都有完工产品，因此产品成本要定期在每月末进行，与生产周期不一致。在小批单件生产中，产品成本只能在某批、某件产品完工以后计算，因此成本计算是不定期进行的，而与生产周期一致。

（三）生产费用在完工产品与在产品之间分配

在单步骤生产中，生产费用不必在完工产品与在产品之间进行分配。在多步骤生产中，是否需要在完工产品与在产品之间分配费用，在很大程度上取决于生产组织的特点。在大量大批生产中，由于生产不间断进行，而且经常有在产品，因此在计算成本时，就需要采用适当的方法，将生产费用在完工产品与在产品之间进行分配。在小批单件生产中，如果成本计算期与生产周期一致，在每批、每件产品完工前，产品成本明细账中所登记的生产费用就是月末在产品的成本；完工后，所登记的费用就是完工产品的成本，因此不存在完工产品与在产品之间分配费用的问题。上述三方面是相互联系、相互影响的，其中生产类型对成本计算对象的影响是主要的。不同的成本计算对象决定了不同的成本计算期和生产费用在完工产品与在产品之间的分配。因此，成本计算对象的确定，是正确计算产品成本的前提，也是区别各种成本计算方法的主要标志。具体来说包括以下3种：以产品品种为成本计算对象、以产品批别为成本计算对象、以产品生产步骤为成本计算对象。

（四）管理要求对产品成本计算方法的影响

管理要求对成本计算方法的影响主要有：

（1）单步骤生产或管理上不要求分步骤计算成本的多步骤生产，以品种或批别为成本计算对象，采用品种法或分批法。

（2）管理上要求分步骤计算成本的多步骤生产，以生产步骤为成本计算对象，采用分步法。

（3）在产品品种、规格繁多的企业中，管理上要求尽快提供成本资料，简化成本计算工作，可采用分类法计算产品成本。

（4）在定额管理基础较好的企业中，为了加强定额管理工作，可采用定额法。

三、产品成本计算的主要方法

产品成本计算的主要方法有基本方法和辅助方法两大类。

产品成本计算方法

（一）产品成本计算的基本方法

为了适应各类型生产的特点和不同的管理要求，在产品成本计算工作中存在3种不同的成本计算对象，从而有3种不同的成本计算方法。

（1）以产品品种为成本计算对象的产品成本计算方法，称为品种法。

（2）以产品批别为成本计算对象的产品成本计算方法，称为分批法。

（3）以产品生产步骤为成本计算对象的产品成本计算方法，称为分步法。

受企业生产类型的特点和管理要求的影响，产品成本计算对象包括分品种、分批和分步骤 3 种，所以上述以不同成本计算对象为主要标志的 3 种成本计算方法是产品成本计算的基本方法，属计算产品实际成本必不可少的方法。品种法是成本计算方法中最基本的一种方法。

（二）产品成本计算的辅助方法

在产品品种、规格繁多的工业企业中，为了简化成本计算工作，还应用一种简便的成本计算方法——分类法。在定额管理基础较好的工业企业中，还应用一种将符合定额的生产费用和脱离定额差异分别核算，保证成本计划、定额完成的一种产品成本计算方法——定额法。产品成本计算的辅助方法一般应与基本方法结合起来使用，而不能单独使用。

任务二　基本方法——品种法

一、品种法的含义

产品成本计算的品种法是指以产品品种为成本计算对象，用以归集生产费用，计算产品成本的方法。品种法是企业产品成本计算的最基本的方法。

二、品种法的适用范围

品种法主要适用于大量大批单步骤生产，如发电、采掘等企业的生产。在大量大批多步骤生产下，如果企业或车间的规模较小，而且管理上又不要求按照生产步骤计算成本，也可以采用品种法计算产品成本，如小型水泥厂、制砖厂等。企业的辅助生产车间，如供水车间、供电车间、机修车间等，也可以采用品种法计算其产品（劳务）的成本。

品种法的适用范围

三、品种法的特点

（一）以产品品种为成本计算对象，设置产品成本明细账和成本计算单，归集生产费用

采用品种法计算成本时，如果企业或车间只生产一种产品，成本计算对象就是该种产品的产成品。生产成本明细账（产品成本计算单）就按该种产品设置，所有生产费用都可以直接记入该种产品的生产成本明细账，包括制造费用在内的各种费用都不需要在各成本核算对象之间分配。如果生产多种产品，则应该按照产品的品种分别设置生产成本明细账，间接费用应当另行归集，然后采用适当的分配方法在各成本计算对象之间分配，再记入各品种产品的生产成本明细账。

根据品种法成本计算对象的差别，可以将品种法划分为单一品种的品种法和多品种的品种法。

产品品种单一的大量大批单步骤生产企业，由于只生产一种产品，只有一个成本计算对象，生产过程中发生的应记入产品成本的费用都是直接记入费用，不存在在各成本计算对象之间分配的问题。如果企业生产周期较短，期末没有在产品或者在产品很少，也不存在在本期完工产品和期末在产品之间分配的问题。供水、供电、采掘等企业（或生产单位）采用的这种单一品种的品种法，在实际工作中也称为简单法。简单法的命名只体现了费用归集和分配方面的特点，没有体现成本计算对象是成本计算方法命名依据的特点。因此，本书将单一品种的品种法和多品种的品种法统称为品种法，在举例中也不加以区分。

（二）成本计算定期按月进行

采用品种法计算成本的企业采用大量大批生产组织形式，不可能在产品全部完工以后才计算成本，成本计算是定期按月进行的，与会计报告期一致，与产品生产周期不一致。

（三）月末一般需要将生产费用在完工产品与在产品之间进行分配

生产企业的成本计算一般应当按月进行。在月末计算产品成本时，如果没有在产品或者在产品很少，则不需要计算月末在产品成本。在这种情况下，按产品品种设置的生产成本明细账中按成本项目汇集的生产费用就是该产品的实际成本，用它除以该产品的实际总产量就可以得到该产品的本月实际平均单位成本。如果月末有在产品，而且数量比较多，还需要将归集于生产成本明细账的生产费用，采用一定的方法，在本月完工产品与月末在产品之间进行分配，以便计算出本月完工产品的实际总成本和单位成本。

四、品种法的计算程序

（一）按产品品种设置有关成本明细账，并在明细账中按成本项目设置专栏

企业应在“生产成本”总分类账户下设置“基本生产成本”和“辅助生产成本”二级账户，同时按照企业确定的成本计算对象设置生产成本明细账，按照辅助生产单位或其提供的产品品种，设置辅助生产成本明细账；在“制造费用”总分类账户下，按生产单位设置制造费用明细账。

（二）归集和分配本月发生的各项费用

企业应根据发生各项费用的原始凭证和其他有关凭证归集和分配材料费用、人工费用和其他各项费用。按成本计算对象归集和分配生产费用时，根据编制的会计分录，凡能直接记入有关成本明细账的应当直接记入；不能直接记入的，应当按照受益原则分配，再根据有关费用分配表分别记入有关产品生产成本明细账。各生产单位发生的制造费用，先通过制造费用明细账归集，记入有关制造费用明细账。直接记入当期损益的管理费用、销售费用、财务费用，应分别记入有关期间费用明细账。

（三）分配辅助生产费用

根据辅助生产成本明细账归集的本月辅助生产费用总额，按照企业确定的辅助生产费用分配方法，分别编制各辅助生产单位的“辅助生产费用分配表”分配辅助生产费用。根据分配结果，编制会计分录，分别记入有关产品生产成本明细账、制造费用明细账和期间费用明细账。

（四）分配基本生产单位制造费用

根据各基本生产单位制造费用明细账归集的本月制造费用，按照企业确定的制造费用分配方法，分别编制各基本生产单位的“基本费用分配表”，分配制造费用。根据分配结果，编制会计分录，分别记入有关产品生产成本明细账。

（五）计算本月完工产品实际总成本和单位成本

根据产品生产成本明细账归集的本月生产费用合计数，在本月完工产品和月末在产品之间分配生产费用，计算出本月完工产品的实际总成本和月末在产品成本。各品种完工产品实际总成本分别除以其实际总产量，可以计算出该产品本月实际单位成本。

（六）结转本月完工产品成本

根据产品成本计算结果，编制本月完工产品成本汇总表，编制结转本月完工产品成本的会计分录，并分别记入有关产品生产成本明细账和库存商品明细账。

品种法计算程序如图 3－2 所示。

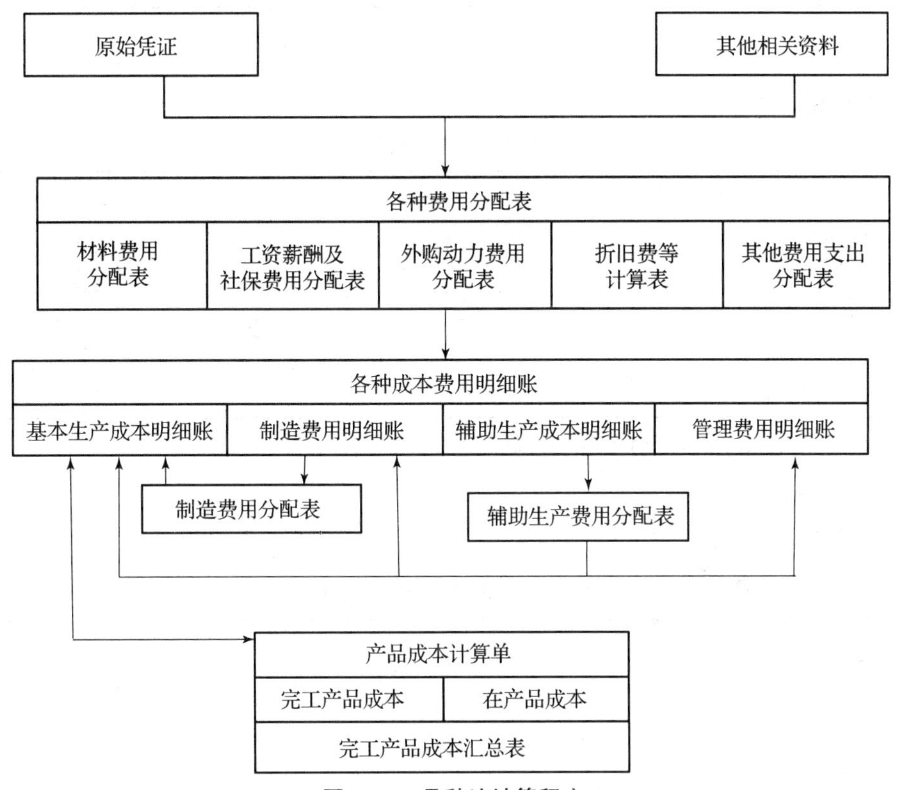

图 3－2　品种法计算程序

案例分析

品种法是计算产品成本的最基本方法，它的计算程序体现着产品成本计算的一般程序。下面通过一个综合实例说明其应用方法。

五、品种法应用案例

例 3－1－1　远成公司是一个单步骤中小型的工业生产型企业，设有一个基本生产车间，大量大批生产甲、乙两种产品。该公司还设有供水、机修两个辅助生产车间，为全厂提供劳务，辅助生产车间提供的劳务按直接分配法分配，辅助生产车间不单独核算制造费用。产品成本需要在完工产品和月末在产品之间分配，分配方法采用约当产量比例法，月末在产品的完工程度均为 50%，原材料在生产开始时一次投入，甲、乙产品共同耗用的材料按直接材料消耗比例分配。该企业 20××年 4 月有关产品产量及成本资料如下。

品种法的计算

1. 月初在产品成本

月初在产品成本见表3－1。

表3－1　月初在产品成本　　元

产品品种	直接材料费用	直接工资薪酬	制造费用	合计
甲产品	50 000	9 000	5 000	64 000
乙产品	64 000	10 800	6 000	80 800

2. 产量资料

产量资料见表3－2。

表3－2　产量资料　　件

项目	甲产品	乙产品
期初在产品	100	80
本月投产	800	320
本月完工	700	350
月末在产品	200	50

注：甲、乙产品月末在产品完工程度均为50%。

3. 本月生产工时资料

本月生产工时资料见表3－3。

表3－3　本月生产工时资料　　小时

产品名称	生产工时	备注
甲产品	37 000	
乙产品	33 000	
合计	70 000	

4. 辅助生产车间劳务供应量

辅助生产车间劳务供应量见表3－4。

表3－4　辅助生产车间劳务供应量

受益部门	辅助生产车间		备注
	机修车间（修理工时）/小时	供水车间/吨	
基本生产车间	1 800	14 500	
企业管理部门	200	300	
机修车间		200	
供水车间	50		
合计	2 050	15 000	

5. 本月生产费用

本月生产费用见表3－5。

表3－5　本月生产费用

元

项目	基本生产车间				辅助生产车间				合计
	甲产品	乙产品	共同耗用	车间耗用	机修车间		供水车间		
					生产耗用	车间耗用	生产耗用	车间耗用	
原材料费用	280 000	179 200	196 800	24 000	8 000	1 000	3 000	500	692 500
工资			140 000	8 200	12 000	1 600	4 800	1 100	167 700
社保费用			50 400	2 952	4 320	576	1 728	396	60 372
折旧费				55 000		8 600		1 400	65 000
外购动力费用				48 000		10 300		6 700	65 000
办公费用				26 948		989		1 146	29 083
合计	280 000	179 200.00	387 200.00	165 100.00	24 320.00	23 065.00	9 528.00	11 242.00	1 079 655.00

根据上述有关资料，甲、乙两种产品的成本计算过程如下（计算结果精确到元）：

（1）以甲、乙产品为成本计算对象分别开设基本生产成本明细账（表3－18、表3－19）。

（2）根据审核无误的领料凭证，按用途编制原材料费用分配表，见表3－6。

表3－6　原材料费用分配表

20××年7月31日

<table>
<tr><th colspan="3">应借账户</th><th rowspan="2">成本或费用项目</th><th colspan="3">间接记入费用</th><th rowspan="2">直接记入费用/元</th><th rowspan="2">合计/元</th></tr>
<tr><th>总账账户</th><th>二级账户</th><th>明细账户</th><th>分配标准/件</th><th>分配率/(元·件⁻¹)</th><th>分配额/元</th></tr>
<tr><td rowspan="4">生产成本</td><td rowspan="2">基本生产成本</td><td>甲产品</td><td>直接材料费用</td><td>280 000</td><td>0.428 57</td><td>120 000</td><td>280 000</td><td>400 000</td></tr>
<tr><td>乙产品</td><td>直接材料费用</td><td>179 200</td><td>0.428 57</td><td>76 800</td><td>179 200</td><td>256 000</td></tr>
<tr><td rowspan="2">辅助生产成本</td><td>机修车间</td><td>直接材料费用</td><td></td><td></td><td></td><td>9 000</td><td>9 000</td></tr>
<tr><td>供水车间</td><td>直接材料费用</td><td></td><td></td><td></td><td>3 500</td><td>3 500</td></tr>
<tr><td>制造费用</td><td colspan="2">基本生产车间</td><td>物料消耗</td><td></td><td></td><td></td><td>24 000</td><td>24 000</td></tr>
<tr><td colspan="3">合计</td><td></td><td></td><td></td><td>196 800</td><td>495 700</td><td>692 500</td></tr>
</table>

注：原材料费用分配率 $=\frac{196\ 800}{280\ 000+179\ 200}=0.428\ 57$（元/件）

根据表3－6编制会计分录如下：

会计分录（33）借：基本生产成本——甲产品　400 000

——乙产品　256 000

辅助生产成本——机修车间　9 000

——供水车间　3 500

制造费用——基本生产车间　24 000

贷：原材料　692 500

（3）根据本月工资结算汇总表与社会保险费用的提取比例（假定为36%），编制工资及社保费用分配表，见表3－7。

根据表3－7编制会计分录如下：

会计分录（34）借：基本生产成本——甲产品　74 000

——乙产品　66 000

辅助生产成本——机修车间　13 600

——供水车间　5 900

表3-7 工资及社保费用分配表

20××年7月31日

应借账户			成本或费用项目	应付工资			计提比例/%	应付社保费用/元
总账账户	二级账户	明细账户		工时/小时	分配率/(元·小时$^{-1}$)	分配额/元		
生产成本	基本生产成本	甲产品	直接人工费用	37 000	2	74 000	36	26 640
		乙产品	直接人工费用	33 000	2	66 000	36	23 760
	辅助生产成本	机修车间	直接人工费用			13 600	36	4 896
		供水车间	直接人工费用			5 900	36	2 124
制造费用	基本生产车间		工资及社保费用			8 200	36	2 952
合计						167 700	36	60 372

注：工资费用分配率 $=\frac{140\ 000}{37\ 000+33\ 000}=2$（元/小时）

制造费用——基本生产车间　　8 200

贷：应付职工薪酬　　167 700

会计分录（35）借：基本生产成本——甲产品　　26 640

——乙产品　　23 760

辅助生产成本——修理车间　　4 896

——供水车间　　2 124

制造费用——基本生产车间　　2 952

贷：应付职工薪酬　　60 372

（4）编制固定资产折旧费分配表，分配固定资产折旧费用，见表3-8。

表3-8 固定资产折旧费分配表

20××年7月31日

应借账户			成本或费用项目	累计折旧		
总账账户	二级账户	明细账户		固定资产类别	折旧率/%	折旧额/元
生产成本	辅助生产成本	机修车间	制造费用			8 600
		供水车间	制造费用			1 400
制造费用	基本生产车间		折旧费			55 000
合计						65 000

根据表3－8编制会计分录如下：

会计分录（36）借：辅助生产成本——机修车间　　8 600
　　　　　　　　　　　　　　——供水车间　　1 400
　　　　　　　　制造费用——基本生产车间　　55 000
　　　　　　　贷：累计折旧费　　65 000

（5）编制外购动力费用分配表，见表3－9。

表3－9　外购动力费用分配表

20××年7月31日

应借账户			成本或费用项目	应付账款		
总账账户	二级账户	明细账户		仪表记录/度	分配率/(元·度$^{-1}$)	电费/元
生产成本	辅助生产成本	机修车间	制造费用			10 300
		供水车间	制造费用			6 700
制造费用	基本生产车间		动力费			48 000
合计						65 000

根据表3－9编制会计分录如下：

会计分录（37）借：辅助生产成本——机修车间　　10 300
　　　　　　　　　　　　　　——供水车间　　6 700
　　　　　　　　制造费用——基本生产车间　　48 000
　　　　　　　贷：应付账款——某电力公司　　65 000

（6）根据有关资料编制其他费用分配表，见表3－10。

表3－10　其他费用分配表

20××年7月31日　　元

应借账户			成本或费用项目	现金	银行存款
总账账户	二级账户	明细账户			
生产成本	辅助生产成本	机修车间	制造费用		989
		供水车间	制造费用		1 146
制造费用	基本生产车间		其他费用		26 948
合计					29 083

注：假定费用以银行存款支付。

根据表3－10编制会计分录如下：

会计分录（38）借：辅助生产成本——机修车间　　989
　　　　　　　　　　　　　　——供水车间　　1 049
　　　　　　　　制造费用——基本生产车间　　26 948

贷：银行存款　　29 083

（7）分配机修车间和供水车间归集的辅助生产费用，编制辅助生产费用分配表，见表3－11。

表3－11　辅助生产费用分配表（直接分配法）

20××年7月31日

<table>
<tr><td colspan="4">项目</td><td>机修车间</td><td>供水车间</td><td>金额合计</td></tr>
<tr><td colspan="4">归集的辅助生产费用</td><td>47 385 元</td><td>20 770 元</td><td>68 155 元</td></tr>
<tr><td colspan="4">提供给辅助生产车间以外的劳务量</td><td>1 950 小时</td><td>15 500 吨</td><td></td></tr>
<tr><td colspan="4">辅助生产费用分配率</td><td>24.3 元/小时</td><td>1.34 元/吨</td><td></td></tr>
<tr><td rowspan="4">应借账户</td><td rowspan="2">制造费用</td><td rowspan="2">基本生产车间</td><td>接受劳务量</td><td>1 800 小时</td><td>15 000 吨</td><td></td></tr>
<tr><td>应负担费用</td><td>43 740 元</td><td>20 100 元</td><td>63 840 元</td></tr>
<tr><td rowspan="2">管理费用</td><td rowspan="2"></td><td>接受劳务量</td><td>150 小时</td><td>500 吨</td><td></td></tr>
<tr><td>应负担费用</td><td>3 645 元</td><td>670 元</td><td>4 315 元</td></tr>
<tr><td colspan="4">分配费用额合计</td><td>47 385 元</td><td>20 770 元</td><td>68 155 元</td></tr>
</table>

在成本会计实务中，需要将发生并分配的辅助生产费用在辅助生产成本明细账中进行登记，计算出本月发生的全部辅助生产费用，再按一定的方法进行分配，本章将辅助生产费用明细账的登记放在分配之后一并反映。

根据表3－11编制会计分录如下：

会计分录（39）借：制造费用——基本生产车间　　63 840

管理费用　　4 315

贷：辅助生产成本——机修车间　　47 385

——供水车间　　20 770

（8）根据上述有关资料，登记辅助生产成本明细账（表3－12、表3－13），为便于对照，以表的编号作为记账凭证号数（登记制造费用明细账、基本生产成本明细账时相同）。

表3－12　辅助生产成本明细账

辅助生产车间：机修车间　　产品或劳务：修理劳务　　总第　页　字第×页

20××年		凭证		摘要	成本项目/元			合计/元
月	日	字	号		直接材料费用	直接人工费用	制造费用	
7	31		8	分配材料费用	8 000		1 000	9 000
			9	分配工资		12 000	1 600	13 600
			9	分配社保费		4 320	576	4 896
			10	分配折旧费用			8 600	8 600
			11	分配动力费用			10 300	10 300

续表

20××年		凭证		摘要	成本项目/元			合计/元
月	日	字	号		直接材料费用	直接人工费用	制造费用	
			13	分配其他费用			989	989
				本月生产费用合计	8 000	16 320	23 065	47 385
			14	分配机修费用	8 000	16 320	23 065	47 385

表3－13　辅助生产成本明细账

辅助生产车间：供水车间　　　　产品或劳务：水　　　　总第　页
字第×页

20××年		凭证		摘要	成本项目/元			合计/元
月	日	字	号		直接材料费用	直接人工费用	制造费用	
7	31		8	分配材料费用	3 000		500	3 500
			9	分配工资		4 800	1 100	5 900
			9	分配社保费用		1 728	396	2 124
			10	分配折旧费			1 400	1 400
			11	分配动力费用			6 700	6 700
			13	分配其他费用			1 146	1 146
				本月生产费用合计	3 000	6 528	11 242	20 770
			14	分配机修费用	3 000	6 528	11 242	20 770

（9）根据有关会计分录（记账凭证）登记基本生产车间制造费用明细账，见表3－14。

表3－14　制造费用明细账

车间名称：基本生产车间　　　　总第　页
字第×页

20××年		凭证		摘要	借方/元	贷方/元	借或贷	余额/元	（借）方项目/元						
月	日	字	号						物料消耗	工资	福利费	折旧费	水电费	修理费	其他费用
7	31		8	材料费用	24 000		借	24 000	24 000						

续表

20××年		凭证		摘要	借方/元	贷方/元	借或贷	余额/元	（借）方项目/元						
月	日	字	号						物料消耗	工资	福利费	折旧费	水电费	修理费	其他费用
			9	人工费用	11 152		借	35 152		8 200	2 952				
			10	折旧费	55 000		借	90 152				55 000			
			11	动力费用	48 000		借	138 152					48 000		
			12	其他费用	26 948		借	165 100							26 948
			14	机修费用	43 740		借	208 840						43 740	
			14	水费	20 100		借	228 940					20 100		
			18	分配		228 940	平	0	24 000	8 200	2 952	55 000	68 100	43 740	26 948

说明：表 3－14 中所示的制造费用分配业务应当在编制制造费用分配表并编制记账凭证后方能进行登记。

（10）编制制造费用分配表，分配本月制造费用，见表 3－15。

表 3－15　制造费用分配表

20××年 7 月 31 日

应借账户			成本项目	分配标准（工时）/小时	分配率/（元·小时$^{-1}$）	分配金额/元
总账账户	二级账户	明细账户				
生产成本	基本生产成本	甲产品	制造费用	37 000		121 012.2
		乙产品	制造费用	33 000		107 927.8
合计				70 000	3.270 6	228 940

注：制造费用分配率 $=\frac{228\ 940}{37\ 000+33\ 000}=3.270\ 6$（元/小时）

根据表 3－15 编制会计分录如下：

会计分录（40）借：基本生产成本——甲产品　　121 012.2

　　　　　　　　　　　　　　——乙产品　　107 927.8

　　　　　　　贷：制造费用——基本生产车间　　228 940

（11）根据基本生产成本明细账记录，计算甲、乙完工产品的总成本与单位成本。编制产品成本计算单，见表3－16、表3－17。

表3－16　产品成本计算单

产品名称：甲　　20××年7月31日　　本月完工：700件　月末在产品：200件

摘要	直接材料费用/元	直接人工费用/元	制造费用/元	合计/元
月初在产品成本	50 000.00	5 000.00	9 000.00	64 000.00
本月生产费用	400 000.00	100 640.00	121 012.20	621 652.20
生产费用合计	450 000.00	105 640.00	130 012.20	685 652.20
月末在产品成本	100 000.00	13 205.00	16 251.52	129 456.52
完工产品总成本	350 000.00	92 435.00	113 760.68	556 195.68
单位成本	500.00	132.05	162.52	794.57

在表3－16中，月末在产品成本计算过程如下：

$$月末在产品直接材料成本=\frac{450\ 000}{700+200}\times 200=100\ 000\text{（元）}$$

$$月末在产品直接人工成本=\frac{100\ 640}{700+200\times 50\%}\times 100=13\ 205\text{（元）}$$

$$月末在产品制造费用=\frac{130\ 012.20}{700+200\times 50\%}\times 100=16\ 251.52\text{（元）}$$

根据表3－17，结转完工甲产品成本，编制会计分录如下：

会计分录（41）借：库存商品——甲产品　　556 195.68

　　贷：基本生产成本——甲产品　　556 195.68

表3－17　产品成本计算单

产品名称：乙　　20××年7月31日　　本月完工：340件　月末在产品：60件

摘要	直接材料费用/元	直接人工费用/元	制造费用/元	合计/元
月初在产品成本	64 000	6 000	10 800	64 000.00
本月生产费用	256 000	89 760	107 927.8	453 687.80
生产费用合计	320 000.00	95 760.00	118 727.80	534 487.80
月末在产品成本	40 000.00	6 384.00	7 915.19	54 299.19
完工产品总成本	280 000.00	89 376.00	110 812.61	480 188.61
单位成本	400.00	119.70	316.61	836.31

在表3－17中，月末在产品成本计算如下：

$$月末在产品直接材料成本=\frac{320\ 000}{350+50}\times 60=48\ 000\text{（元）}$$

$$月末在产品直接人工成本=\frac{95\ 760}{350+50\times 50\%}\times 25=6\ 384\text{（元）}$$

$$月末在产品制造费用=\frac{118\ 727.8}{350+50\times 50\%}\times 25=7\ 915.19\text{（元）}$$

根据表3-17，结转完工乙产品成本，编制会计分录如下：

会计分录（42）借：库存商品——乙产品　　480 188.61

　　贷：基本生产成本——乙产品　　480 188.61

（12）根据有关记账凭证登记基本生产成本明细账，见表3-18、表3-19。

表3-18　基本生产成本明细账

产品名称：甲　　生产车间：基本生产车间　　投产时间：　　总第　页　字第×页

20××年		凭证		摘要	产量/件	成本项目/元			合计/元
月	日	字	号			直接材料费用	直接人工费用	制造费用	
7	1			月初在产品成本	100	50 000	5 000	9 000	64 000
	31		8	分配材料费用	800	400 000			400 000
			9	分配人工费用			74 000		74 000
			9	分配社保费用			26 640		26 640
			18	分配制造费用				121 012.20	121 012.20
				本月生产费用合计	900	450 000	105 640.	130 012.20	685 652.20
			19	结转完工产品成本	700	350 000	92 435	113 760.68	556 195.68
				月末在产品成本	200	100 000.	13 205.	16 251.52	129 456.52

表3-19　基本生产成本明细账

产品名称：乙　　生产车间：基本生产车间　　投产时间：　　总第　页　字第×页

20××年		凭证		摘要	产量/件	成本项目/元			合计/元
月	日	字	号			直接材料费用	直接人工费用	制造费用	
7	1			月初在产品成本	80	64 000	6 000	10 800	80 800
	31		8	分配材料费用	320	256 000			256 000
			9	分配人工费用			66 000		66 000
			9	分配福利费用			23 760		23 760
			18	分配制造费用				107 927.8	107 927.8

续表

20××年		凭证		摘要	产量/件	成本项目/元			合计/元
月	日	字	号			直接材料费用	直接人工费用	制造费用	
				本月生产费用合计	400	320 000	95 760	118 727.8	534 487.8
			19	结转完工产品成本	350	280 000	89 376	110 812.61	480 188.61
				月末在产品成本	50	40 000	6 384	7 915.19	54 299.19

任务三　基本方法——分批法

一、分批法的含义

分批法是指以产品批别作为成本核算对象来归集和分配生产费用、计算产品成本的一种方法。

二、分批法的适用范围

分批法主要适用于单件小批的单步骤生产或管理上不要求分步骤计算产品成本的多步骤生产，如重型机械、船舶、精密仪器、专用设备、专用工具、模具等的生产。在这种类型的企业中，产品的品种和每件产品的批量往往根据订货单位的订单确定，所以产品成本计算的分批法也被称为订单法。

三、分批法的特点

（一）以产品批别作为成本计算对象

在单件小批生产类型的企业中，生产一般是根据购货单位的订单来组织的，因此按批按件计算产品成本，也就是按订单计算产品成本。但是，订单和分批并不是同一个概念。如果一份订单有几种产品，或虽只有一种产品但是数量较多且要求分批交货，就必须按品种划分为批别，或者划分为较少数量的批别组织生产并计算成本。如果同一会计期间的几张订单中有相同的产品，也可以将其合并为一批组织生产并计算成本。在这种情况下，分批法的成本计算对象就不是购货单位的订单，而是企业生产计划部门下达的“生产任务通知单”。财会部门应按“生产任务通知单”的生产批号开设生产成本明细账归集费用并计算成本。因此，分批法的成本计算对象是产品批别或工作令号。

（二）成本计算期与生产周期一致

在分批法下，要按月汇集各批产品的实际生产费用，但只有该批产品全部完工，才能计算其实际成本。因此，分批法的成本计算期与会计报告期不一致，而与该批产品的生产周期一致。

（三）一般不需要在完工产品和在产品之间分配生产费用

从成本计算期与生产周期一致这一点来看，分批法不存在生产费用在本月完工产品和月末在产品之间分配的问题。按产品批别归集的生产费用，如果到月末该批产品都已完工，这些生产费用就是本月完工产品的实际总成本；如果该批产品全部未完工，这些生产费用就是月末在产品成本。

但是，也有可能出现另外一种情况，就是批内产品跨月陆续完工并交付购货单位。在这种情况下，需要采用一定的方法来计算本月完工产品成本。如果批内产品少量完工，可以采用计划单位成本、定额单位成本或近期实际单位成本作为本月完工产品单位成本，乘上本月完工产品产量，计算出本月完工产品总成本并予以结转，待该批产品全部完工以后再计算该批产品的实际总成本和单位成本，但是已经结转的完工产品成本没有必要进行调整。如果批内产品跨月陆续完工的情况比较多，或者本月完工产品的数量占该批产品数量的比重较大，则应考虑采用适当方法（如约当产量比例法、定额比例法）在本月完工产品和月末在产品之间分配生产费用，以正确计算本月完工产品成本和月末在产品成本。在这种情况下，该批产品全部完工以后，仍应如上所述，计算该批产品的实际总成本和单位成本。

四、分批法的计算程序

（一）按产品批别设置生产成本明细账（产品成本计算单）

分批法的计算

分批法以产品批别作为成本计算对象，因此，应当按产品批别设置生产成本明细账，用以归集和分配生产费用，计算各批产品的实际总成本和单位成本。

（二）按产品批别归集和分配本月发生的各种费用

企业当月发生的生产费用，能够按照批次划分的直接记入费用，包括直接材料费用、直接人工费用等，要在费用原始凭证上注明产品批号，以便据以直接记入各批产品生产成本明细账；对于多批产品共同发生的直接材料和直接人工等费用，则应在费用原始凭证上注明费用的用途，以便按费用项目归集，按照企业确定的费用分配方法，在各批产品（各受益对象）之间进行分配以后，再记入各批产品生产成本明细账。

（三）分配辅助生产费用

在设有辅助生产单位的企业，月末应将汇集的辅助生产费用分配给各受益对象，包括直接分配给产品的生产成本和基本生产单位的制造费用等。

（四）分配基本生产单位制造费用

基本生产单位制造费用应由该生产单位的各批产品成本负担，月末应将汇集的基本生产单位的制造费用分配给各受益对象。

（五）计算完工产品成本

采用分批法一般不需要在本月完工产品和月末在产品之间分配生产费用。某批产品全部完工，则该批别产品生产成本明细账归集的生产费用合计数就是该批产品的实际总成本。如果某批产品少量跨月陆续完工，可以用完工产品实际数量乘以近期实际单位成本或计划单位成本、定额单位成本，作为完工产品实际总成本。为了正确分析和考核该批产品成本计划的执行情况，在该批产品全部完工时还应计算该批产品的实际总成本和单位成本。

（六）结转完工产品成本

期末，根据成本计算结果结转本期完工产品的实际总成本。

上述分批法计算程序中，除了产品生产成本明细账的设置和完工产品成本的计算与品种法有所区别外，其他与品种法是完全一样的。

分批法计算程序如图3－3所示。

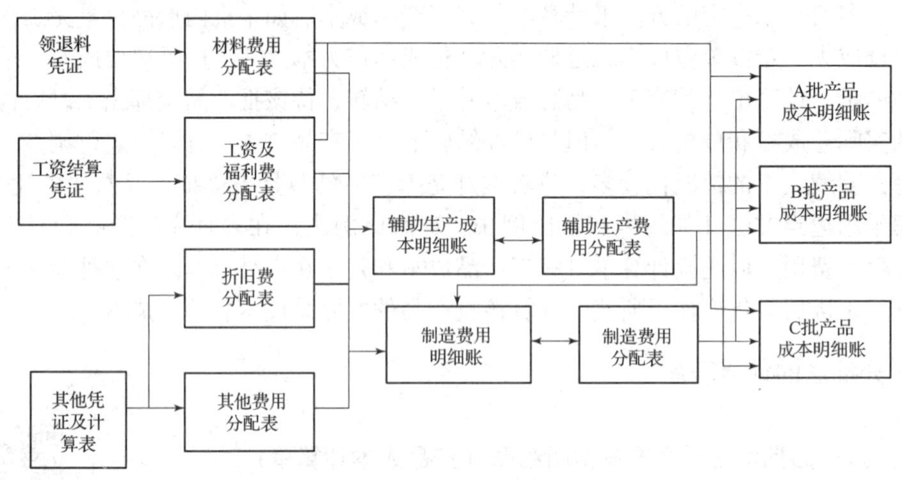

图3－3　分批法计算程序

五、一般分批法举例

一般分批法对费用的归集

例3－1－2　大华机械制造有限责任公司根据购买单位的要求，小批生产A、B、C三种产品，采用分批法计算成本。该公司20××年7月的生产情况和生产费用支出情况如下。

（1）本月生产的产品批号及完工情况见表3－20。

表3－20　产品生产情况　　件

产品批号	产品名称	投产情况	本月完工数量	月末在产品数量
710	A	7月5日投产24件	16	8
711	B	7月10日投产20件		20
612	C	6月20日投产32件	8	24

（2）月初在产品成本见表3－21。

表3－21　在产品资料　　元

产品批号	产品名称	成本项目			合计
		直接材料费用	直接人工费用	制造费用	
612	C	5 920	2 640	2 880	11 440

（3）本月各批号产品发生的生产费用资料见表3－22。

表3－22　产品生产费用资料　　元

批号	产品名称	原材料费用	直接人工费用	制造费用	合计
710	A	9 024	5 520	6 200	20 744
711	B	7 960	6 280	5 380	19 620
612	C	4 400	4 280	5 000	13 680

（4）完工产品与在产品之间的费用分配方法：

710批号A产品本月完工数量较大，采用约当产量比例法确认期末在产品成本。该批产品所需原材料在生产开始时一次投入，在产品完工程度为50%。

711批号B产品本月全部未完工，本月生产费用全部是在产品成本。

612批号C产品本月完工数量少，为了简化计算，完工产品按计划成本结转。每台产品单位计划成本：原材料费用320元、直接人工费用210元、制造费用245元。

根据上述资料，开设当月投资各批别的基本生产成本明细账，并根据提供的资料登记各批产品的基本生产成本明细账（费用分配表的编制从略），基本生产成本明细账见表3－23、表3－24、表3－25所示。

①计算710批号A产品完工产品与在产品成本，开设并登记710批号产品的基本生产成本明细账。

本月完工A产品16件，分配生产费用如下：

完工产品应负担的原材料费用 $=\dfrac{9\ 024}{24}\times 16=6\ 016$（元）

月末在产品应负担的原材料费用 $=9\ 024-6\ 016=3\ 008$（元）

完工产品应负担的直接人工费用 $=\dfrac{5\ 520}{16+8\times 50\%}\times 16=4\ 416$（元）

月末在产品应负担的直接人工费用 $=5\ 520-4\ 416=1\ 104$（元）

完工产品应负担的制造费用 $=\dfrac{6\ 200}{16+8\times 50\%}\times 16=4\ 960$（元）

月末在产品应负担的制造费用 $=6\ 200-4\ 960=1\ 240$（元）

表3－23　基本生产成本明细账

产品批号：710　　　　投产日期：7月

产品名称：A　　批量：24件　　完工：16件　　完工日期：7月

20××年		凭证号数	摘要	成本项目/元			合计/元
月	日			直接材料费用	直接人工费用	制造费用	
7	31	略	分配材料费用	9 024			9 024
	31		分配人工费用		5 520		5 520
	31		分配制造费用			6 200	6 200
	31		本月生产费用	9 024	5 520	6 200	20 744

续表

20××年		凭证号数	摘要	成本项目/元			合计/元
月	日			直接材料费用	直接人工费用	制造费用	
	31		完工产品成本	6 018	4 416	4 960	15 392
	31		完工产品单位成本	376	276	310	962
	31		在产品成本	3 008	1 104	1 240	5 352

②开设并登记711批号B产品的基本生产成本明细账。

表3－24　基本生产成本明细账

产品批号：711　　投产日期：7月

产品名称：B　　批量：20件　　完工日期：

20××年		凭证号数	摘要	成本项目/元			合计/元
月	日			直接材料费用	直接人工费用	制造费用	
7	31	略	分配材料费用	7 960			7 960
	31		分配人工费用		6 280		6 280
	31		分配制造费用			5 380	5 380

③计算612批号的完工C产品成本，并登记612批号C产品的基本生产成本明细账。

C产品本月完工8件，按计划单位成本计算完工产品成本如下：

完工产品原材料费用＝320×8＝2 560（元）

完工产品直接人工费用＝210×8＝1 680（元）

完工产品制造费用＝245×8＝1 960（元）

完工C产品总成本＝2 560＋1 680＋1 960＝6 200（元）

在产品成本＝全部生产费用合计－完工产品成本。

表3－25　基本生产成本明细账

产品批号：612　　投产日期：6月

产品名称：C　　批量：32件　　完工：8件　　完工日期：7月

20××年		凭证号数	摘要	成本项目/元			合计/元
月	日			直接材料费用	直接人工费用	制造费用	
7	1		月初在产品	5 920	2 640	2 880	11 440
7	31	略	分配材料费用	4 400			4 400

续表

20××年		凭证号数	摘要	成本项目/元			合计/元
月	日			直接材料费用	直接人工费用	制造费用	
	31		分配人工费用		4 280		4 280
	31		分配制造费用			5 000	5 000
	31		本月生产费用合计	10 320	6 920	7 880	25 120
	31		完工产品成本	2 560	1 680	1 960	6 200
	31		单位计划成本	320	210	245	775
	31		在产品成本	7 760	5 240	5 920	18 920

根据表3－23、表3－25中确定的完工产品成本，编制会计分录如下：

会计分录（43）借：库存商品——A产品　　15 392

——C产品　　6 200

贷：基本生产成本——710　　15 392

——612　　6 200

六、简化分批法

（一）简化分批法的含义

有的单件小批生产企业，同一月份内投产的产品批数非常多，如果采用前述方法分批计算各批产品成本，各种间接记入成本的费用在各批产品之间的分配和登记工作极为繁重。在这种情况下，可以将间接记入费用在各批产品之间的分配和在完工产品与在产品之间的分配结合起来，采用简化分批法。这种方法将生产费用在各成本计算对象之间的横向分配和生产费用在完工产品与期末在产品之间的纵向分配合进行，大大简化了成本计算工作。

采用简化分批法，只有在各批产品完工时才分配结转间接记入费用，对于未完工的各批次产品不分配间接记入费用，不计算各批产品的在产品成本，而是将其累计起来，在生产成本二级账（基本生产成本）中以总额反映。因此，这种方法也称为不分批计算在产品成本的分批法。

（二）简化分批法的特点

1. 必须设置生产成本二级账

采用简化分批法，仍应按照产品批别设置产品生产成本明细账，同时，必须按生产单位设置基本生产成本二级账。

产品生产成本明细账按月登记各批产品的直接记入费用和生产工时。各月发生的间接记入费用不按月在各批产品之间进行分配，而是按成本项目登记在基本生产成本二级账中。只有在有完工产品的那个月份，才将基本生产成本二级账中累计起来的费用，按照本月完工产品工时占全部累计工时的比例，向本月完工产品分配；未完工产品的间接记入费用，保留在基本生产成本二级账中。本月完工产品从基本生产成本二级账分配转入的间接记入费用，加上产品生产成本明细账原登记的直接记入费用，即本月完工产品总成本。

2. 不分批次计算月末在产品成本

将本月完工产品应负担的间接记入费用转入各完工产品生产成本明细账以后，基本生产成本二级账反映全部批次月末在产品成本。各批次未完工产品的生产成本明细账只反映累计直接记入费用和累计工时，不反映各批次月末在产品成本。月末，基本生产成本二级账与产品生产成本明细账只能核对直接记入费用，不能核对全部余额。

3. 通过计算累计费用分配率来分配间接记入费用

简化分批法将间接记入费用在各批次产品之间的分配和在本月完工产品与月末在产品（全部批次）之间的分配一次完成，大大简化了成本计算工作。间接记入费用的分配，是利用计算出的累计间接记入费用分配率进行的。其计算公式如下：

$$\text{全部产品累计间接记入费用分配率} = \frac{\text{全部产品累计间接记入费用}}{\text{全部产品累计工时}}$$

某批次完工产品应负担的间接记入费用 =

该批完工产品的累计工时 × 全部产品累计间接记入费用分配率

（三）简化分批法举例

例3-1-3 黄河有限责任公司分批生产多种产品，产品批次和月末未完工产品批次都较多，为了简化成本计算工作，采用简化分批法计算产品成本。20××年9月，该企业的产品批号及完工情况见表3-26。

表3-26 产品生产情况 件

产品批号	产品名称	投产情况	本月完工数量	月末在产品数量
411	A	4月3日投产32	32	
512	B	5月8日投产16	8	8
513	C	5月21日投产20		20
614	C	6月10日投产12		12
615	D	6月25日投产15		15

上表中批号为512的B产品，其原材料在生产开始时一次投入，完工产品所耗工时为5 920小时，在产品的工时为2 520小时。

根据上述资料，开设并登记基本生产成本二级账及各批次基本生产成本明细账。

（1）该企业基本生产成本二级账累计资料见表3-27。

表 3－27　基本生产成本二级账（全部各批别产品总成本）

20××年		凭证号数	摘要	生产工时/小时	成本项目/元			合计/元
月	日				直接材料费用	直接人工费用	制造费用	
5	31	略	期初在产品	13 700	60 614	20 292	25 966	106 872
6	30		本月发生	10 340	31 328	13 364	17 306	61 998
	30		累计数	24 040	91 942	33 656	43 272	168 870
	30		累计间接记入费用分配率			1.4	1.8	
	30		本月完工转出	17 520	44 712	24 528	31 536	100 776
	30		期末在产品	6 520	47 230	9 128	11 736	69 094

基本生产成本二级账中的数据说明如下：

①8 月末在产品的生产工时和各项费用是截至 8 月末各批产品的累计生产工时和发生的累计生产费用。

②9 月发生的直接材料费用和生产工时，是根据 9 月各批次产品的原材料费用分配表、生产工时记录登记（与各该批次产品的基本生产成本明细账平行登记）；9 月发生的直接人工费用和制造费用等间接记入费用，根据各该费用分配表登记。

③完工产品的直接材料费用和生产工时，根据各批次产品基本生产成本明细账中完工产品的直接材料费用和生产工时汇总登记，即

$$完工产品直接材料费用=35\ 460+9\ 252=44\ 712（元）$$

$$完工产品工时=11\ 600+5\ 920=17\ 520（工时）$$

④全部产品累计间接记入费用分配率：

$$全部产品累计直接人工分配率=\frac{33\ 656}{24\ 040}=1.4（元/件）$$

$$全部产品累计制造费用分配率=\frac{43\ 272}{24\ 040}=1.8（元/件）$$

完工产品应负担的各项间接记入费用，可以根据完工批次产品的基本生产成本明细账中所列生产工时分别乘以各该累计间接记入费用分配率计算，即

$$完工产品直接人工费用=17\ 520\times1.4=24\ 528（元）$$

$$完工产品制造费用=17\ 520\times1.8=31\ 536（元）$$

⑤月末在产品的直接材料费用和生产工时，根据基本生产成本二级账中累计的直接材料费用和生产工时分别减去本月完工产品的直接材料费用和生产工时计算登记；也可以根据各批次产品的基本生产成本明细账中的月末在产品的直接材料费用和生产工时汇总后登记。

⑥月末在产品的各项间接费用，可以根据基本生产成本二级账中在产品生产工时分别乘以各该费用累计分配率计算登记，即

$$月末在产品直接人工费用=6\ 520\times1.4=9\ 128（元）$$

$$月末在产品制造费用=6\ 520\times1.8=11\ 736（元）$$

也可以根据基本生产成本二级账中各该成本项目的累计数分别减去完工产品负担的相应费用

后计算登记。

（2）各批次产品的基本生产成本明细账的登记。

在各批次产品的基本生产成本明细账中，平时只登记直接材料费用和发生的生产工时，因此，在没有完工产品的月份，各账户的直接材料累计数即各该批次月末在产品的全部直接材料成本，工时累计数即各该批次产品所消耗的全部生产工时。各批次产品的基本生产成本明细账的累计直接材料成本与累计生产工时相加之和，应该等于基本生产成本二级账中所反映的全部批次的在产品直接材料费用累计数与生产工时累计数。

当月有完工产品（包括全批完工和批内部分完工）批次的基本生产成本明细账，除了要登记当月发生的直接材料费用和生产工时外，还要加计材料费用累计数，并根据基本生产成本二级账相关数据计算的累计间接记入费用分配率确认完工产品应负担的人工费用和制造费用，计算完工产品的总成本与单位成本。

批号为411的A产品，本月末全部完工，其累计的直接材料费用和生产工时就是完工产品的直接材料费用和生产工时，将生产工时分别乘以各项人工费用累计分配率和制造费用累计分配率，即完工产品的人工费用和制造费用。

根据间接费用累计分配率，计算A产品应负担的人工费用和制造费用如下：

411批次A产品应负担的直接人工费用 = 11 600 × 1.4 = 16 240（元）

411批次A产品应负担的制造费用 = 11 600 × 1.8 = 20 880（元）

批号为411的A产品的基本生产成本明细账见表3－28。

表3－28　基本生产成本明细账

产品批号：411　　产品名称：A　　投产日期：4月3日

订货单位：××工厂　　产品批量：32件　　完工：32件　　完工日期：6月

20××年		凭证号数	摘要	生产工时/小时	成本项目/元			合计/元
月	日				直接材料费用	直接人工费用	制造费用	
4	30	略	本月发生	4 400	27 400			
5	31		本月发生	4 000	5 660			
6	30		本月发生	3 200	2 400			
	30		累计数	11 600	35 460			
	30		累计间接记入费用分配率			1.4	1.8	
	30		本月完工转出	11 600	35 460	16 240	20 880	72 580
	30		完工产品单位成本		1 108.125	507.5	652.5	2 268.125

批号为512的B产品，本月部分完工，应当按照一定的方法确定完工产品应负担的材料费用，根据完工产品所耗工时和间接记入费用累计分配率计算应负担的人工费用和制造费用，计算结果如下：

$$完工产品应负担的直接材料费用 = \frac{18\ 504}{16} \times 8 = 9\ 252（元）$$

在产品应负担的直接材料费用 = 18 504 - 9 252 = 9 252（元）

512 批次 B 产品应负担的直接人工费用 = 5 920 × 1.4 = 8 288（元）

512 批次 B 产品应负担的制造费用 = 5 920 × 1.8 = 10 656（元）

批号为 512 的 B 产品的基本生产成本明细账见表 3 - 29。

表 3 - 29　基本生产成本明细账

产品批号：512　　产品名称：B　　投产日期：5 月 8 日

订货单位：三合公司　　产品批量：16 件　　本月完工：8 件　　完工日期：

20××年		凭证号数	摘要	生产工时/小时	成本项目/元			合计/元
月	日				直接材料费用	直接人工费用	制造费用	
5	31	略	本月发生	4 800	18 504			
6	30		本月发生	3 640				
	30		累计数	8 440	18 504			
	30		累计间接记入费用分配率			1.4	1.8	
	30		本月完工转出	5 920	9 252	8 288	10 656	28 196
	30		完工产品单位成本		1 156.5	1 036	1 332	3 524.5
	30		月末在产品	2 520	9 252			

批号为513 的 C 产品、批号为614 的 C 产品和批号为615 的 D 产品，本月均未完工，因此，各该批次产品的基本生产成本明细账中只登记本月发生的直接材料费用和生产工时，各该批次产品基本生产成本明细账中材料费用和生产工时的累计数，即月末在产品的直接材料费用和累计消耗工时。

该 3 批产品的基本生产成本明细账见表 3 - 30、表 3 - 31、表 3 - 32。

表 3 - 30　基本生产成本明细账

产品批号：513　　产品名称：C　　投产日期：5 月 21 日

订货单位：景阳公司　　产品批量：20 件　　本月完工：　　完工日期：

20××年		凭证号数	摘要	生产工时/小时	成本项目/元			合计/元
月	日				直接材料费用	直接人工费用	制造费用	
5	31	略	本月发生	500	9 050			
6	30	略	本月发生	1 500	10 000			

表3－31 基本生产成本明细账

产品批号：614　　产品名称：C　　投产日期：6月10日

订货单位：华山公司　　产品批量：12件　　本月完工：　　完工日期：

20××年		凭证号数	摘要	生产工时/小时	成本项目/元			合计/元
月	日				直接材料费用	直接人工费用	制造费用	
6	30	略	本月发生	800	11 428			

表3－32 基本生产成本明细账

产品批号：615　　产品名称：D　　投产日期：6月25日

订货单位：衡山公司　　产品批量：15件　　本月完工：　　完工日期：

20××年		凭证号数	摘要	生产工时/小时	成本项目/元			合计/元
月	日				直接材料费用	直接人工费用	制造费用	
6	30	略	本月发生	1 200	7 500			

任务四 基本方法——分步法

在大量大批多步骤生产的企业中，为了加强对各生产步骤的成本管理，不但要求按产品品种计算成本，而且还要求按产品的生产步骤计算各步骤所耗费的成本。为此，需要采用分步法计算每一步骤的半成品成本和最后步骤的完工产品成本。

一、分步法的概念

产品成本计算的分步法，是指以各生产步骤的产品（或半成品）作为成本计算对象，归集生产费用，计算产品（或半成品）成本的一种方法。在一些多步骤生产的企业中，生产工艺过程是由若干个在技术上可以间断的生产步骤组成的，每个生产步骤都有生产出的半成品（最后一个步骤生产出完工产品），这些半成品既可以用于下一个步骤继续进行加工或装配，又可以对外销售。为此，会计上不仅要计算最后步骤生产的完工产品的成本，而且还要计算前面各步骤生产的半成品成本。

认识分步法

二、分步法的特点

分步法的特点主要表现在成本计算对象、成本计算期和生产费用的分配3个方面。

（1）分步法以各生产步骤的产品作为成本计算对象，并据以设置基本生产成本明细账。

由于分步法是按照产品的生产步骤归集生产费用的，因此，其成本计算对象要求按照产品的品种计算产品成本，而且还要求按照产品的生产步骤来计算产品的成本。产品成本明细账也就要求按照产品的品种及其所经过的生产步骤来设置。在进行成本计算时，应按照步骤来分配和归集生产费用，单设成本项目的直接记入费用，直接记入各成本计算对象；单设成本的间接记入费用，单独分配记入各成本计算对象；不单设成本项目的费用，一般是先按车间、部门或者费用用途归集为综合费用，月末再直接记入或者分配记入各成本计算对象。

小知识

在实务操作中，成本计算的分步法与实际生产步骤的划分不一定完全一致，一般分车间计算成本。如果企业生产规模很大，车间内又分成几个生产步骤，而管理上又要求分步计算成本时，可以在车间内再分步计算成本。如果企业规模很小，管理上不要求分车间来计算成本，也可将几个车间合并为一个步骤计算成本。

（2）分步法以会计报告期为成本计算期，月末要将生产费用在完工产品和在产品之间进行分配。

在大量大批的多步骤生产的企业中，由于生产过程较长且可以间断，产品往往跨月陆续完工，因此成本计算一般按月进行。在月末计算产品成本时，各步骤通常都会有在产品存在，还必须将各加工步骤所归集的生产费用采用适当的方法，如定额比例法、约当产量比例法等在完工产品和在产品之间进行分配。

（3）分步法需要结转各步骤间的成本。

由于产品生产是分步骤进行的，上一步生产的半成品是下一步的加工对象，因此，还需按照产品品种结转各步骤的成本，以计算各种产品的完工成本。这是分步法与其他成本计算方法的不同之处，也是分步法的一个重要特点。

三、分步法的种类

多步骤生产的企业对产品的生产步骤划分方式、对各生产步骤进行成本管理的要求都会存在不同的要求。从满足企业对成本管理的要求与简化成本计算工作的角度考虑，对各生产步骤成本的计算和结转，有逐步结转和平行结转两种方法。因此，产品成本计算的分步法，也就被分为逐步结转分步法和平行结转分步法两种。

逐步结转分步法是各个生产步骤逐步计算并结转半成品成本，直到最后生产步骤计算出完工产品成本的方法。计算各生产步骤的半成品成本是这种方法的显著特征。因此，逐步结转分步法也称作“计算半成品成本的分步法”。逐步结转分步法是在管理上要求提供各生产步骤半成品成本资料的情况下采用的。前一生产步骤完工的半成品转入下一生产步骤继续加工时，半成品的实物和成本一起转入下一生产步骤，直至最后生产步骤产出完工产品，才能最终得出完工产品成本。

平行结转分步法是将各生产步骤应记入相同完工产品成本的份额平行汇总，计算完工产品成本的方法。平行结转分步法按生产步骤归集生产费用，月末计算出各生产步骤应记入当期完工产品成本的“份额”，然后进行加总确定完工产品成本。平行结转分步法只计算完工产品成本，并不计算各生产步骤的半成品成本。因此，平行结转分步法也称作“不计算半成品成本的分步法”。平行结转分步法是在管理上不要求提供各生产步骤半成品资料的情况下采用的。平时各生产步骤都归集本步骤发生的原材料费用和加工费用，前一生产步骤完工的半成品转入下一生产步骤继续加工时，只转移半成品实物，不转移半成品成本。到月末再采用一定的分配方法，确定每一生产步骤应记入完工产品成本的费用“份额”，进行汇总计算求得完工产品成本。

四、分步法的适用范围

分步法主要适用于大量大批多步骤生产企业的产品成本计算，如冶金、纺织、机械制造等企业。在这些企业中，产品生产可以划分为若干生产步骤。如冶金企业的生产可以分为炼铁、炼钢、轧钢等步骤；纺织企业的生产可以分为纺纱、织布、印染等步骤；机械制造企业的生产可以分为铸造、加工、装配等步骤。在这些企业中，为了加强各生产步骤的成本管理，不仅要求按照产品的品种计算产品成本，而且还要求按照生产步骤汇集生产费用，计算各生产步骤的半成品成本，以便考核完工产品及其所经过的生产步骤的成本计划的执行情况。

逐步结转分步法主要适用于有半成品对外销售和需要考核半成品成本的企业，特别是大量大批多步骤连续加工式生产的企业。

平行结转分步法主要适用于成本管理上不要求计算半成品成本的企业，特别是半成品不对外销售的大量大批多步骤装配式生产的企业。

五、分步法的计算程序

（一）逐步结转分步法的计算程序

采用逐步结转分步法，视企业完工的半成品是否验收入库而采取不同的计算程序。

1. 半成品不通过仓库收发的成本计算程序

半成品不通过仓库收发的成本计算程序如图3－4所示。

图3－4 逐步结转分步法计算程序（不设自制半成品库）

2. 半成品通过仓库收发的成本计算程序

半成品通过仓库收发的成本计算程序如图3－5所示。

3. 半成品成本结转方式

采用逐步结转分步法，各生产步骤之间转移半成品实物的同时，要进行半成品成本的结转。按照转入下一生产步骤基本生产成本明细账时半成品成本的反映方式不同，分为综合结转法和分项结转法两种。

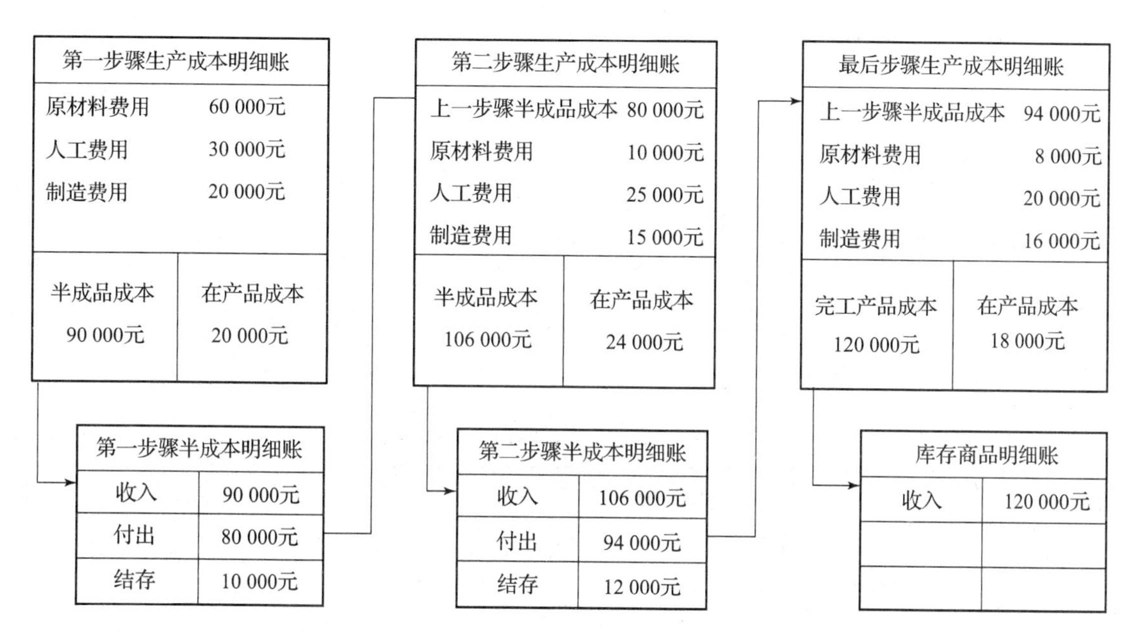

图3－5　逐步结转分步法计算程序（设自制半成品库）

1）综合结转法

综合结转法是指各生产步骤在领用上一生产步骤的半成品时，将所耗上一步骤半成品的成本综合记入其基本生产成本明细账户的“原材料”或“半成品”成本项目的方法，而不是将所耗上一步骤的半成品按其成本构成项目，分别以“直接材料费用”“直接人工费用”和“制造费用”转入下一步骤基本生产成本明细账的相应项目之中。

综合结转法计算程序

综合结转法既可以按照半成品的实际成本结转，也可以按照半成品的计划成本（或定额成本）结转。

按实际成本综合结转半成品成本时，对所耗上一步骤的半成品成本，应根据所耗半成品数量乘以实际单位成本计算。

按计划成本综合结转半成品成本时，对半成品的日常收发均按计划单位成本计算；在半成品实际成本计算出以后，再计算半成品的成本差异率，调整所耗半成品的成本差异。

按现行《企业会计制度》的规定，入库的半成品应当采用实际成本计价。

例3－1－4　东方公司生产的A产品需经过第一、第二两个基本生产车间进行连续加工完成。所需原材料于生产开始时一次投入。第一车间生产完工的A半成品交半成品库，在“原材料”账户下设“自制半成品”专户进行核算，第二车间从半成品库领用后继续加工生产出A产品，领用的半成品按实际成本计价（采用加权平均法）。该公司采用综合结转法计算产品成本。月末在产品成本采用约当产量比例法计算，两个车间的月末在产品完工程度均为50%。20××年1月，该公司有关产量资料和生产费用资料见表3－33、表3－34。

“原材料——自制半成品”账户期初结存A半成品100件，单位成本为178.5元。

（1）根据生产费用及产量资料计算A半成品成本和月末在产品成本，编制A半成品成本计算单见表3－35。

表3－33　产量资料

件

项目	第一车间	第二车间
	A半成品	A产品
月初在产品数量	75	125
本月投入产品数量	425	475
本月完工产品数量	450	500
月末在产品数量	50	100

表3－34　生产费用资料

元

成本项目	月初在产品成本		本月发生费用	
	第一车间	第二车间	第一车间	第二车间
直接材料费用	18 000	17 400	42 000	
直接人工费用	5 250	6 000	9 000	15 450
制造费用	7 500	9 000	13 875	20 700
合计	30 750	32 400	64 875	

表3－35　第一车间产品成本计算单

20××年1月31日

本月完工：450件

产品名称：A半成品

月末在产品：50件

摘要	直接材料费用	直接人工费用	制造费用	合计
月初在产品成本/元	18 000	5 250	7 500	30 750
本月生产费用/元	42 000	9 000	13 875	64 875
生产费用合计/元	60 000	14 250	21 375	95 625
月末在产品数量/件	50	50	50	
在产品约当产量/件	50	25	25	
完工产品产量/件	450	450	450	
约当总产量/件	500	475	475	
分配率（单位成本）/(元·件$^{-1}$)	120	30	45	195
月末在产品成本/元	6 000	750	1 125	7 875
完工产品总成本/元	54 000	13 500	20 250	87 750

在表3－35中，月初在产品成本应根据上月末在产品成本登记；本月发生费用应根据本月各种费用分配表登记；本月完工产品成本和月末在产品成本应根据约当产量比例法计算后登记。

按约当产量比例法计算完工产品成本和在成品成本的计算公式见前文。

根据第一车间完工半成品交库单编制会计分录如下：

会计分录（44）借：原材料——自制半成品（A半成品）　　87 750

贷：基本生产成本——车间（A半成品）　　87 750

（2）根据第一车间A半成品交库单和第二车间领用A半成品的领料单，登记原材料——自制半成品专户明细账，见表3－36。

表3－36　原材料明细账

类别：自制半成品　　总第　页

品名：A半成品　　规格：　　存放地点：　　第×页

20××年		凭证号数	摘要	收入			发出			结存		
月	日			数量/件	单位成本/(元·件$^{-1}$)	总成本/元	数量/件	单位成本/(元·件$^{-1}$)	总成本/元	数量/件	单位成本/(元·件$^{-1}$)	总成本/元
1	1		上年结转							100	178.5	17 850
	31	略	本期入库	450	195	87 750						
			本期发出				475	192	91 200			
			期末结存							75	192	14 400

$$A半成品加权平均单位成本=\frac{17\ 850+87\ 750}{100+450}=192（元/件）$$

$$本月发出A半成品成本=475\times192=91\ 200（元）$$

根据第二车间领用半成品的领料单编制会计分录如下：

会计分录（45）借：基本生产成本——第二车间（A产品）　　91 200

贷：原材料——自制半成品（A半成品）　　91 200

（3）根据第二车间领用的自制半成品，发生的直接人工费用、制造费用、完工产品和月末在产品资料，分配费用并登记第二车间的产品成本计算单，见表3－37。

表3－37　第二车间产品成本计算单

20××年1月31日　　本月完工：500件

产品名称：A产品　　月末在产品：100件

摘要	半成品成本	直接人工费用	制造费用	合计
月初在产品成本/元	17 400	6 000	9 000	32 400
本月生产费用/元	91 200	15 450	20 700	127 350

续表

摘要	半成品成本	直接人工费用	制造费用	合计
生产费用合计/元	108 600	21 450	29 700	159 750
月末在产品数量/件	100	100	100	
在产品约当产量/件	100	50	50	
本月完工产品数量/件	500	500	500	
约当总产量/件	600	550	550	
分配率（单位成本）/(元·件$^{-1}$)	181	39	54	274
月末在产品成本/元	18 100	1 950	2 700	22 750
完工产品总成本/元	90 500	19 500	27 000	137 000

表3－37中月初在产品成本应根据上月末在产品成本登记；本月发生的生产费用中的“半成品”成本项目，就是为了综合登记所耗第一车间A半成品的成本而设置的，该项目根据加权平均单位成本计算的领用自制半成品实际成本登记，其他费用根据相关费用分配表的分配结果登记；本月完工产品成本和月末在产品成本根据约当产量比例法计算登记。

根据完工产品交库单编制会计分录如下：

会计分录（46）借：库存商品——A产品　　137 000

　　贷：基本生产成本——第二车间（A产品）　　137 000

在综合结转法下，采用实际成本计价，对下一步骤领用半成品成本的计算必须等上一步骤计算出半成品的成本以后才能进行，造成各生产步骤半成品或完工产品成本的计算不能同步进行，而且按品种计算各生产步骤耗用半成品实际成本的工作量也较大。

为了加速和简化核算工作，半成品也可以采用计划成本计价。各生产步骤领用半成品时，先按计划成本借记“生产成本——基本生产成本”账户，贷记“原材料——自制半成品”账户。月末计算出完工半成品实际成本时，根据验收入库的半成品数量，按计划成本借记“原材料——自制半成品”账户，按实际成本贷记“生产成本——基本生产成本”账户，将计划成本与实际成本的差额列入“半成品成本差异”账户。同时，比照原材料按计划成本核算方法，计算出半成品差异分配率，分配生产领用半成品应负担的半成品差异，将领用半成品的计划成本调整为实际成本。其计算公式和差异分配的会计处理均与材料成本差异的计算公式和会计处理类同，不再赘述。

（4）综合结转法的成本还原。

采用综合结转法结转半成品成本，各步骤所耗半成品的成本是以“半成品”或“直接材料费用”项目综合反映的，因此，使完工产品成本的构成中，绝大部分是最后一个步骤所耗上一步骤的半成品成本，其人工费用和制造费用则是最后一个步骤发生的费用，这样计算出来的产品成本不能提供按原始成本项目反映的成本资料，不便于进行成本分析和考核，也不利于加强对产品成本的管理。因此，需要对综合结转法计算出来的产品成本进行成本还原。

成本还原举例

成本还原是指将完工产品中所耗半成品的综合成本逐步分解，还原成“直接材料费用”“直接人工费用”和“制造费用”等原始的成本项目，从而求得按其原始成本项目反映的产品成本资料。

成本还原的方法是采用倒顺序法，即从最后一个步骤起，把各步骤所耗上一步骤的半成品的综合成本，按照上一步骤本月完工半成品的成本项目的比例分解还原为原来的成本项目。如此自后向前逐步分解还原，直到第一步骤为止，然后再将各步骤还原后的成本项目加以汇总，求得按原始成本项目反映的完工产品成本资料。

成本还原方法主要有成本还原率法和项目比重还原法两种。

方法一：成本还原率法。

成本还原率法，是指以本月产品成本中所耗费上一步骤半成品的综合成本占该种半成品总成本的比例，分别乘以所耗费该种半成品的各个成本项目金额进行还原，从而取得完工产品原始成本的方法。其计算公式如下：

$$成本还原率 = \frac{本月完工产品成本中所耗上一步骤半成品成本}{上一步骤本月完工半成品成本}$$

还原的上一步骤各成本项目金额 = 上一步骤本月完工半成品各成本项目金额 × 成本还原率

例 3-1-5　运用表 3-38 和表 3-39 采用综合结转法所计算的产品成本资料，采用成本还原率法进行成本还原。

成本还原对象是完工产品成本中所耗上一步骤的 A 半成品成本 90 500 元。采用成本还原率法进行成本还原：

$$成本还原率 = \frac{90\ 500}{87\ 750} = 1.0313$$

还原成第一步骤的直接材料费用 = 54 000 × 1.031 34 = 55 692（元）

还原成第一步骤的直接人工费用 = 13 500 × 1.03134 = 13 923（元）

还原成第一步骤的制造费用 = 20 250 × 1.031 34 = 20 885（元）

合计　90 500 元

这样，还原后 A 产品的原始成本构成为：

直接材料费用 = 55 692（元）

直接人工费用 = 19 500 + 13 923 = 33 423（元）

制造费用 = 27 000 + 20 885 = 47 885（元）

合计　137 000 元

在实际工作中，可以通过编制产品成本还原计算表进行成本还原的计算，见表 3-38。

表 3-38　产品成本还原计算表

产品名称：A　　20××年 1 月 31 日　　产量：500 件

项目	成本还原率	成本项目/元				
		半成品	直接材料费用	直接人工费用	制造费用	合计
还原前产品总成本		90 500		19 500	27 000	137 000
上一步骤本月完工半成品成本			54 000	13 500	20 250	87 750

续表

项目	成本还原率	成本项目/元				
		半成品	直接材料费用	直接人工费用	制造费用	合计
半成品成本还原	1.0313	-90 500	55 692	13 923	20 885	0
还原后产品总成本			55 692	33 423	47 885	137 000
还原后产品单位成本			111.384	66.846	95.77	274

方法二：项目比重还原法。

项目比重还原法，是指根据本月产品成本中所耗费上一步骤本月完工半成品各成本项目金额占本月完工该种半成品总成本的比重，据以将本步骤耗费的半成品成本分解还原，从而取得完工产品原始成本结构的方法。其计算公式如下：

$$\text{上一步骤本月完工半成品各成本项目占总成本的比重}=\frac{\text{上一步骤本月完工半成品各成本项目金额}}{\text{本月完工该种半成品总成本}}$$

$$\text{还原的上一步骤各成本项目金额}=\text{本步骤所耗的上一步骤半成品成本}\times\text{上一步骤本月完工半成品各成本项目占总成本的比重}$$

例3-1-6 仍运用表3-35和表3-37采用综合结转法所计算的产品成本资料，采用项目比重还原法进行成本还原。

成本还原对象是完工产品成本中所耗上一步骤的A半成品成本90 500元。采用计算上一步骤完工半成品成本项目的结构的方法进行成本还原：

$$\text{上一步骤完工半成品直接材料比重}=\frac{54\ 000}{87\ 750}=61.538\%$$

$$\text{上一步骤完工半成品直接人工成本比重}=\frac{13\ 500}{87\ 750}=15.385\%$$

$$\text{上一步骤完工半成品直接制造费用比重}=\frac{20\ 250}{87\ 750}=23.077\%$$

还原成第一步骤的直接材料费用 = 90 500 × 61.538% = 55 692（元）
还原成第一步骤的直接人工费用 = 90 500 × 15.385% = 13 923（元）
还原成第一步骤的制造费用 = 90 500 × 23.077% = 20 885（元）
合计 90 500元

其计算结果见表3-39。

表3-39 产品成本还原计算表

产品名称：A　　20××年×月31日　　产量：500件

项目	成本项目/元				
	半成品	直接材料费用	直接人工费用	制造费用	合计
还原前产品总成本	90 500		19 500	27 000	137 000
半成品成本构成		61.538%	15.385%	23.077%	100%

续表

项目	成本项目/元				
	半成品	直接材料费用	直接人工费用	制造费用	合计
半成品成本还原	-90 500	55 692	13 923	20 885	0
还原后产品总成本		55 692	33 423	47 885	137 000
还原后产品单位成本		111.384	66.846	95.77	274

例3-1-6中所提供的A产品资料，只经过两个生产步骤，需要进行成本还原的半成品成本非常明确，就是完工产品中消耗第一步骤的半成品成本。如果产品的生产过程有3个步骤，甚至经过更多的生产步骤，则必须明确成本还原的对象仅是完工产品中所消耗的半成品成本，而不是每一步骤所耗上一步骤的半成品成本，才能正确进行产品的成本还原。如某产品的生产经过3个生产步骤，在进行成本还原时，首先要按照上述方法对第三步骤完工产品所耗的第二步骤的半成品成本进行第一次成本还原；其次将已还原出来的第二步骤的半成品依据第一步骤的完工半成品成本的构成进行第二次成本还原；最后将还原出来的同类费用汇总相加，得出还原结果，确定完工产品的原始成本构成。特别要注意的是，第二次还原的对象是第一次还原出来的半成品成本，而不是第二步骤本月完工半成品中所耗的第一步骤的半成品成本。总之，成本还原只是对完工产品成本进行还原，无须对前几个生产步骤在本月完工的半成品成本进行成本还原。

本月完工产品中所耗半成品也可能包括上个月结存的半成品。按照以上方法进行成本还原，没有考虑以前月份所产半成品成本结构对本月完工产品所耗半成品成本结构的影响。因此，在各月所产半成品成本结构变动较大的情况下，采用这种方法对本月完工产品成本进行成本还原的准确性就会有较大的影响。如果企业半成品的定额成本或计划成本比较准确，为了简化成本还原工作并提高成本还原结果的准确性，可以按半成品定额成本或计划成本的成本项目结构对本月完工半成品成本进行成本还原。

2）分项结转法

分项结转法是指各生产步骤将其所耗的上一步骤的半成品成本，按照成本项目分项转入本步骤成本计算单的相应的成本项目之中。如果半成品通过半成品库收发，在自制半成品明细账中，也要按照成本项目分别登记。

分项结转法计算程序

采用分项结转法结转半成品成本时，通常按照半成品实际成本结转，也可按照半成品计划成本结转，然后按成本项目调整成本差异，但调整半成品差异的工作量较大。

采用分项结转法逐步结转半成品成本，可以直接提供企业产品成本结构的正确资料，不需要进行成本还原，但各生产步骤之间的成本结转比较复杂，特别是产品生产步骤较多或半成品经过半成品库收发，则产品成本计算的工作量较大。

综合结转法与分项结转法是逐步结转分步法的两种方式。其共同点是半成品成本都是随着半成品实物的转移而结转的，各生产步骤基本生产成本明细账的余额反映处在各个生产步骤的在产品成本，有利于加强在产品的实物管理和生产资金管理。

其不同点是半成品成本在下一生产步骤成本计算单中的反映形式不同，前者综合反映，后者分项反映。

采用综合结转法可以反映各生产步骤所耗用原材料、自制半成品和加工费用的水平及自制半成品和完工产品的成本，有利于各个生产步骤成本的管理、控制、分析和考核，便于分清各自的生产经营效果和责任。为了反映产品成本的原始构成，以加强企业综合成本的管理，需要进行成本还原，从而增加了成本计算的工作量，当然，随着会计电算化在我国企业中的广泛应用，这一问题是容易解决的，这种方法适用于管理上要求反映各生产步骤完工半成品成本的企业。

采用分项结转法可以直接反映完工产品各成本项目的原始结构，便于从整个企业的角度考核与分析成品计划的执行情况，不需要成本还原，计算工作较为简便。然而这种方法的成本结转工作较为复杂，而且在各生产步骤完工产品成本中反映不出所耗费的上一步骤半成品的费用和本步骤加工费用的水平，不便于对完工产品成本进行综合分析。这种方法适用于管理上不要求分别反映各生产步骤完工产品所耗费的半成品费用，而要求按照原始成本项目计算产品成本的企业。

（二）平行结转分步法的计算程序

1. 平行结转分步法的特点

平行结转分步法是将各个生产步骤应记入相同完工产品成本的份额平行汇总，求得完工产品成本的方法。平行结转分步法与逐步结转分步法相比较，有以下特点：

平行结转分步法

（1）各生产步骤不计算半成品成本。各生产步骤只归集本步骤所耗费的材料费用、人工费用和制造费用，不计算半成品成本。不论半成品是否通过仓库收发，都不通过“原材料——自制半成品”账户进行金额核算，仅对自制半成品进行数量核算。

（2）各生产步骤之间不结转半成品成本。在生产过程中，上一生产步骤半成品实物转入下一生产步骤继续加工时，自制半成品的成本不随同实物的转移而结转。即使通过半成品库收发，也不进行半成品成本的结转。

（3）计算各生产步骤应记入完工产品成本的生产费用“份额”。月末将各生产步骤归集的生产费用，在应记入完工产品成本的生产费用与月末广义的在产品成本之间进行分配，以确定各生产步骤应记入完工产品成本的生产费用的“份额”。各生产步骤的广义的在产品由两部分组成。一是正在各个生产步骤中生产的在产品，即狭义的在产品；二是经过本生产步骤生产完工，但尚未形成完工产品的所有半成品，包括处于后面各个生产步骤的在产品和经过本步骤及后面各步骤加工后转入半成品库的半成品（即经过本步骤生产，但未形成完工产品的所有狭义的在产品和入库的半成品）。各生产步骤将归集的生产费用在完工产品成本与月末广义的在产品成本之间进行分配的主要方法是定额比例法和约当产量比例法等。

（4）通过汇总各生产步骤应记入完工产品成本的生产费用“份额”确定完工产品成本。

月末将各生产步骤将计算的应记入产品成本的生产费用“份额”汇总后，即得到完工产品的总成本，将完工产品总成本除以完工产品数量，即完工产品的单位成本。

2. 平行结转分步法的计算程序

（1）按产品的生产步骤和产品品种开设基本生产成本明细账户，按成本项目归集在本步骤发生的生产费用中，上一生产步骤的半成品成本不随半成品实物转入下一步骤。

（2）将各生产步骤归集的生产费用在完工产品与月末广义的在产品之间进行分配，以确定应记入完工产品成本的生产费用“份额”。

（3）将各步骤应记入相同完工产品成本的生产费用“份额”直接相加，计算出完工产品的实际总成本和单位成本。

平行结转分步法的计算程序如图 3－6 所示。

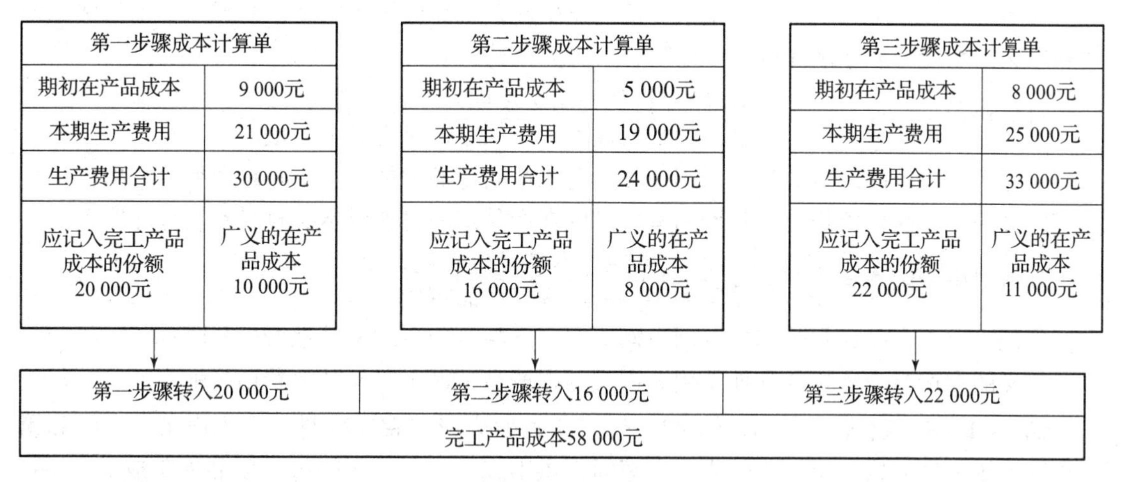

图 3－6　平行结转分步法的计算程序

3. 平行结转分步法的运用

1）广义的在产品数量的确定

平行结转分步法

运用平行结转分步法的关键在于正确确定各生产步骤的期末广义的在产品数量。确定广义的在产品数量的公式如下：

$$\text{某步骤广义的在产品数量}=\text{本步骤狭义的在产品数量}\times\text{折算比例}+\text{后面各步骤狭义的在产品数量}+\text{本步骤及后面各步骤加工并入库的半成品数量}$$

例 3－1－7　东风机械厂生产甲产品，经历 3 个生产步骤，其中第一生产步骤生产甲 1 半成品，第二生产步骤将甲 1 半成品加工为甲 2 半成品，第三生产步骤将甲 2 半成品加工为甲产品。半成品通过半成品库收发。该企业采用平行结转分步法计算完工产品成本，若每一生产步骤的狭义的在产品材料投料比例和完工程度均为 50%。20 ×× 年 6 月各该厂的广义的在产品数量计算表见表 3－40。

表 3－40　东风机械厂广义的在产品数量计算表

20 ×× 年 6 月 30 日　　件

项目	第一生产步骤（甲 1 半成品）	第二生产步骤（甲 2 半成品）	第三生产步骤（甲产品）
狭义的在产品数量	100	80	120
库存半成品数量	20	50	
广义的在产品数量	320	210	60

表3-40中广义的在产品数量计算如下：

第一生产步骤广义的在产品数量 = 100 × 50% + 20 + 80 + 50 + 120 = 320（件）

第二生产步骤广义的在产品数量 = 80 × 50% + 50 + 120 = 210（件）

第三生产步骤广义的在产品数量 = 120 × 50% = 60（件）

2）采用定额比例法确定各步骤应记入产品成本的份额

在平行结转分步法下，采用定额比例法将生产费用在应记入完工产品成本的生产费用份额和广义的在产品成本之间进行分配时，其计算公式为：

$$材料费用分配率 = \frac{期初结存材料费用 + 本期发生材料费用}{完工产品定额材料成本 + 广义在产品定额材料成本}$$

应记入完工产品成本的材料费用份额 = 完工产品定额材料成本 × 材料费用分配率

广义的在产品应负担的材料费用 = 广义的在产品定额材料成本 × 材料费用分配率

$$其他费用分配率 = \frac{期初结存其他费用 + 本期发生其他费用}{完工产品定额工时 + 广义在产品定额工时}$$

应记入完工产品成本的其他费用份额 = 完工产品定额工时 × 其他费用分配率

广义的在产品应负担的其他费用 = 广义的在产品定额工时 × 其他费用分配率

例3-1-8 钱塘有限责任公司20××年7月生产M产品175件，分别由第一车间和第二车间连续加工完成。第一车间为第二车间提供半成品，第二车间将半成品加工成M产品。原材料于生产开始时一次投入，完工产品与期末广义的在产品之间采用定额比例法分配生产费用。该企业各车间月初广义的在产品成本和本月生产费用，以及M产品定额资料见表3-41和表3-42。

表3-41 月初广义的在产品成本及本月费用 元

成本项目	月初广义的在产品成本		本月生产费用	
	第一车间	第二车间	第一车间	第二车间
直接材料费用	8 253		6 300	
直接人工费用	4 575	1 100	3 000	3 700
制造费用	6 100	950	4 400	6 250
合计	18 928	2 050	13 700	9 950

表3-42 M产品定额资料

生产步骤	月初广义的在成品		本月投入		本月完工产品	
	定额材料/元	定额工时/小时	定额材料/元	定额工时/小时	定额材料/元	定额工时/小时
第一车间定额	7 150	11 500	7 550	13 500	8 700	15 000
第二车间定额		3 500		8 500		11 000
合计	7 150	15 000	7 550	22 000	8 700	26 000

（1）根据以上资料，计算分配应记入完工产品成本的份额与广义的在产品成本，并登记第一车间、第二车间的产品成本计算单，见表3－43和表3－44。

表3－43　第一车间产品成本计算单

产品名称：M　　　　20××年7月31日　　　　产量：175件

摘要	直接材料费用	直接人工费用	制造费用	合计
月初广义的在产品成本/元	8 253	4 575	6 100	18 928
本月生产费用/元	6 300	3 000	4 400	13 700
生产费用合计/元	14 553	7 575	10 500	32 628
分配率	0.99	0.303	0.42	
广义的在产品成本/元	5 940	3 030	4 200	13 170
完工产品的份额/元	8 613	4 545	6 300	19 458

月末在产品定额材料成本＝7 150＋7 550－8 700＝6 000（元）

月末在产品定额工时＝11 500＋13 500－15 000＝10 000（小时）

$$直接材料费用分配率=\frac{14\ 553}{8\ 700+6\ 000}=0.99$$

$$直接人工费用分配率=\frac{7\ 575}{15\ 000+10\ 000}=0.303$$

$$制造费用分配率=\frac{10\ 500}{15\ 000+10\ 000}=0.42$$

表3－44　第二车间产品成本计算单

产品名称：M　　　　20××年月31日　　　　产量：175件

摘要	直接材料费用	直接人工费用	制造费用	合计
月初在产品成本/元		1 100	950	2 050
本月生产费用/元		3 700	6 250	9 950
生产费用合计/元		4 800	7 200	12 000
分配率		0.4	0.6	
广义的在产品成本/元		400	600	1 000
库存商品份额		4 400	6 600	11 000

月末在产品定额工时＝3 500＋8 500－11 000＝1 000（小时）

$$直接材料费用分配率=\frac{4\ 800}{11\ 000+1\ 000}=0.4$$

$$制造费用分配率=\frac{7\ 200}{11\ 000+1\ 000}=0.6$$

（2）根据第一车间、第二车间的产品成本计算单，平行结转完工产品的成本，编制完工产品成本汇总表，见表3－45。

表 3-45 完工产品成本汇总表

产品名称：M　　　　20××年7月31日　　　　产量：175件

摘要		直接材料费用	直接人工费用	制造费用	合计
应转入产品成本的份额/元	第一车间	8 613	4 545	6 300	19 458
	第二车间		4 400	6 600	11 000
总成本/元		8 613	8 945	12 900	30 458
单位成本/（元·件$^{-1}$）		49.22	51.11	73.71	174.04

会计主管：刘峰　　　　复核：王越　　　　制单：王珊珊

3）按约当产量比例法确定各步骤应记入产品成本的份额

在平行结转分步法下，采用约当产量比例法分配生产费用，确定应记入完工产品成本的份额和广义的在产品成本时，其计算公式为：

$$\text{各成本项目费用分配率}=\frac{\text{各成本项目月初结存费用}+\text{本月各项目生产费用}}{\text{完工产品数量}+\text{广义在产品约当产量}}$$

$$\text{广义在产品约当产量}=\text{本步骤在产品约当产量}+\text{经本步骤加工转入后面各步骤的在产品数量及入库的半成品数量}$$

应记入完工产品各成本项目的份额 = 完工产品数量 × 各成本项目费用分配率

广义的在产品约当产量应保留的生产费用 = 广义的在产品约当产量 × 各成本项目费用分配率

例3-1-9 近江公司20××年8月生产N产品276件，需经过第一、第二、第三车间连续加工完成。第一车间完工的半成品全部转移给第二车间加工（半成品成本不转移，仍保留在第一车间基本生产成本明细账内，下同）；第二车间完工的半成品全部转移给第三车间生产出完工产品。采用平行结转分步法计算产品成本，原材料于生产开始时一次投入，各车间采用约当产量比例法分配完工产品与期末在产品的费用，各步骤在产品完工程度均为50%。有关产量资料和生产费用资料分别见表3-46和表3-47。

表 3-46 产量资料　　　　件

项目	第一车间	第二车间	第三车间
期初在产品数量	12	36	60
本期投入产品数量	300	264	240
本期完工产品数量	264	240	276
期末在产品数量	48	60	24

（1）根据表3-46和表3-47，采用约当产量比例法将各步骤的生产费用在完工产品应负担的成本份额和月末在产品应负担的成本之间分配，并登记第一、第二、第三车间产品成本计算单，见表3-48、表3-49、表3-50。

表 3－47　生产费用资料　　元

项目	月初在产品成本			本期生产费用		
	第一车间	第二车间	第三车间	第一车间	第二车间	第三车间
直接材料费用	81 000			194 400		
直接人工费用	12 600	15 300	7 200	45 000	54 000	70 560
制造费用	18 000	19 800	10 800	51 120	54 450	75 600
合计	111 600	35 100	18 000	290 520	108 450	146 160

表 3－48　第一车间产品成本计算单

产品名称：N　　20××年 8 月 31 日　　产量：276 件

摘要	直接材料费用	直接人工费用	制造费用	合计
月初在产品成本/元	81 000	12 600	18 000	111 600
本月生产费用/元	194 400	45 000	51 120	290 520
生产费用合计/元	275 400	57 600	69 120	402 120
完工产品数量/件	276	276	276	
广义的在产品约当产量/件	132	108	108	
本步骤约当总产量/件	408	384	384	
分配率/（元·件$^{-1}$）	675	150	180	
期末广义在产品成本/元	89 100	16 200	19 440	124 740
转入完工产品份额/元	186 300	41 400	49 680	277 380

$$\text{直接材料费用分配率}=\frac{275\ 400}{276+48+60+24}=675\ (\text{元/件})$$

应计入完工产品的直接材料费用份额 $=276\times675=186\ 300$（元）

广义的在产品应负担的直接材料费用 $=(48+60+24)\times675=89\ 100$（元）

$$\text{直接人工费用分配率}=\frac{57\ 600}{276+60+24+48\times50\%}=150\ (\text{元/件})$$

应记入完工产品的直接人工费用份额 $=276\times150=41\ 400$（元）

广义的在产品应负担的直接人工费用 $=(60+24+48\times50\%)\times150=16\ 200$（元）

$$\text{制造费用分配率}=\frac{69\ 120}{276+60+24+48\times50\%}=180\ (\text{元/件})$$

应记入完工产品的制造费用份额 $=276\times180=49\ 680$（元）

广义的在产品应负担的制造费用 $=(60+24+48\times50\%)\times180=19\ 440$（元）

表3-49　第二车间产品成本计算单

产品名称：N　　　　20××年8月31日　　　　产量：276件

摘要	直接材料费用	直接人工费用	制造费用	合计
月初在产品成本/元		15 300	19 800	35 100
本月生产费用/元		54 000	54 450	108 450
生产费用合计/元		69 300	74 250	143 550
完工产品数量/件		276	276	
广义的在产品约当产量/件		54	54	
本步骤约当总产量/件		330	330	
分配率/（元·件$^{-1}$）		210	225	
期末广义的在产品成本/元		11 340	12 150	23 490
转入完工产品份额/元		57 960	62 100	120 060

$$直接人工费用分配率=\frac{69\ 300}{276+24+60\times 50\%}=210\text{（元/件）}$$

应记入完工产品的直接人工费用份额 $=276\times 210=57\ 960$（元）

广义的在产品应负担的直接人工费用 $=(24+60\times 50\%)\times 210=11\ 340$（元）

$$制造费用分配率=\frac{74\ 250}{276+60+24+48\times 50\%}=225\text{（元/件）}$$

应记入完工产品的制造费用份额 $=276\times 225=62\ 100$（元）

广义的在产品应负担的制造费用 $=(24+60\times 50\%)\times 225=12\ 150$（元）

表3-50　第三车间产品成本计算单

产品名称：N　　　　20××年8月31日　　　　产量：276件

摘要	直接材料费用	直接人工费用	制造费用	合计
月初在产品成本/元		7 200	10 800	18 000
本月生产费用/元		70 560	75 600	146 160
生产费用合计/元		77 760	86 400	164 160
完工产品数量/件		276	276	
广义的在产品约当产量/件		12	12	
本步骤约当总产量/件		288	288	
分配率/（元·件$^{-1}$）		270	300	
期末广义的在产品成本/元		3 240	3 600	6 840
转入完工产品份额/元		74 520	82 800	157 320

$$直接人工费用分配率 = \frac{77\ 760}{276 + 24 \times 50\%} = 270\ （元/件）$$

应记入完工产品的直接人工费用份额 $= 276 \times 270 = 74\ 520$（元）

广义的在产品应负担的直接人工费用 $= (24 \times 50\%) \times 270 = 3\ 240$（元）

$$制造费用分配率 = \frac{86\ 400}{276 + 24 \times 50\%} = 300\ （元/件）$$

应记入完工产品的制造费用份额 $= 276 \times 300 = 82\ 800$（元）

广义的在产品应负担的制造费用 $= (24 \times 50\%)300 = 3\ 600$（元）

（2）将第一车间、第二车间、第三车间计算出应转入完工产品成本的份额，加以汇总，确定完工产品的制造成本，编制 N 产品成本计算汇总表，见表 3－51。

表 3－51　产品成本计算汇总表

产品名称：N　　　　20××年 8 月 31 日　　　　产量：276 件

摘要		直接材料费用	直接人工费用	制造费用	合计
应计入产品成本的份额/元	第一车间	186 300	41 400	49 680	277 380
	第二车间		57 960	62 100	120 060
	第三车间		74 520	82 800	157 320
总成本/元		186 300	173 880	194 580	554 760
单位成本/（元·件$^{-1}$）		675	630	705	2 010

案例分析

导入案例中，采用了逐步结转分步法，按产品种类和生产步骤分别开设基本生产成本明细账。半成品种类较少，具体采用了综合结转分步法计算第一步骤半成品 A 的成本，半成品成本随实物结转第二步骤，最终计算完工产成品甲的生产成本，并经过成本还原，提供了按原始成本反映产成品甲的生产成本的相关信息。

项目小结

重点：逐步结转分步法、平行结转分步法、成本还原。

难点：逐步结转分步法、成本还原。

1. 分步法的种类

分步法的种类如图 3－7 所示。

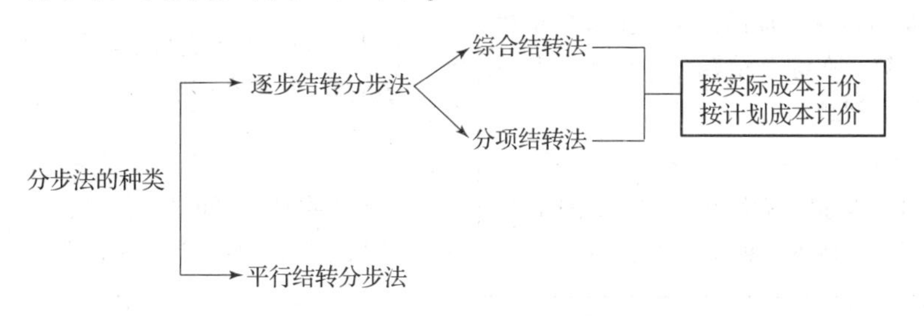

图 3－7　分步法的种类

2. 成本还原的步骤

成本还原的步骤如图3-8所示。

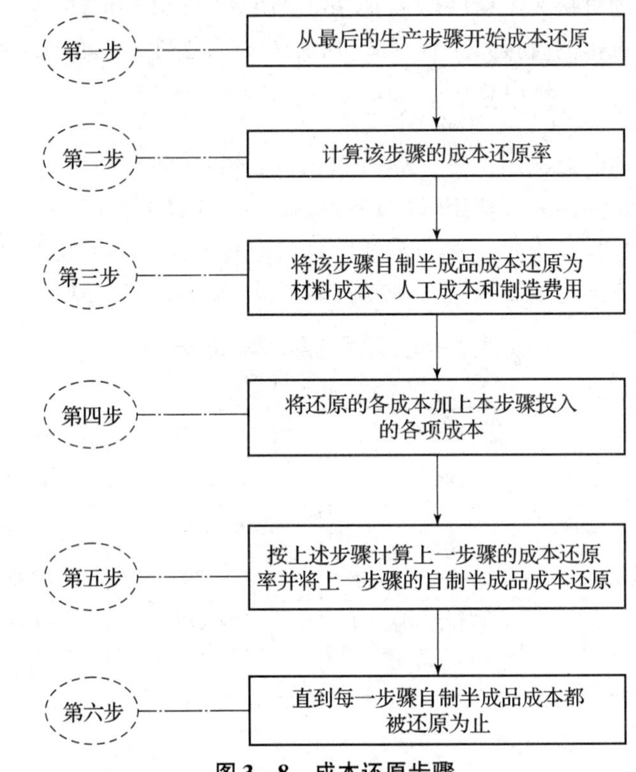

图3-8 成本还原步骤

逐步结转分步法与平行结转分步法的比较见表3-52。

表3-52 逐步结转分步法与平行结转分步法的比较

异同点	逐步结转分步法	平行结转分步法
在产品	狭义的在产品，指本步骤正在加工过程中的在产品，它的成本按实物所在地反映	广义的在产品不仅包括狭义的在产品，还包括经过本步骤加工完成，但还没有加工成成品的所有半成品
半成品成本	计算各步骤半成品成本，半成品成本随实物转移而转移	不计算各步骤半成品成本，半成品成本不随实物转移而转移
产成品成本	由最后步骤半成品成本加上最后步骤费用计算。在综合结转分步法下，存在成本还原问题	由各步骤应记入产成品成本的份额平行汇总计算，不存在成本还原问题
计算程序	按加工步骤先后顺序逐步累计计算产成品成本，成本计算及时性差	各步骤成本计算同时进行，最后平行记入产成品成本，成本计算工作及时

综合训练

目　录

实训一　材料费用的归集和分配

岗位任务：

（1）根据各种领料单汇总材料费用并计算不同产品共同耗用的原材料费用；

（2）根据计算分析结果编制费用分配表；

（3）根据材料费用分配表编制记账凭证；

（4）登记有关成本费用明细账。

实训资料：某企业2020年7月生产甲、乙两种产品，有关资料如下：本月甲产品产量为600件，单件产品消耗C材料定额为10千克；乙产品产量为500件，单件产品C材料消耗定额为8千克。

要求：分配材料费用并运用定额消耗量比例分配计算甲、乙产品共同耗用的原材料费用。

（1）根据表1－1～表1－5汇总材料费用并计算不同产品共同耗用的原材料费用。

表1－1　领料单（1）

编　　号：1230

单位：第一车间　　　　2020年7月1日　　　　发料仓库：1号仓库

货号	品名	单位	数量	单价/元	金额/元	备注
0001	A	吨	8	300 000	240 000	生产甲产品

记账：　　　领料主管：王新怡　　　领料人：　　　保管员：肖华

表1－2　领料单（2）

编　　号：1234

单位：第一车间　　　　2020年7月10日　　　　发料仓库：1号仓库

货号	品名	单位	数量	单价/元	金额/元	备注
0002	B	吨	10	3 000	30 000	生产乙产品

记账：　　　领料主管：王新怡　　　领料人：　　　保管员：肖华

表 1－3　领料单（3）

编　　号：1241

单位：第一车间　　　　2020 年 7 月 15 日　　　　发料仓库：1 号仓库

货号	品名	单位	数量	单价/元	金额/元	备注
0003	C	吨	10	2 000	20 000	甲、乙产品共同耗用

记账：　　　　领料主管：王新怡　　　　领料人：　　　　保管员：肖华

表 1－4　领料单（4）

编　　号：1249

单位：机修车间　　　　2020 年 7 月 28 日　　　　发料仓库：1 号仓库

货号	品名	单位	数量	单价/元	金额/元	备注
0001	A	吨	1．2	300 000	36 000	修理耗用

记账：　　　　领料主管：王新怡　　　　领料人：　　　　保管员：肖华

表 1－5　领料单（5）

编　　号：1250

单位：机修车间　　　　2020 年 7 月 29 日　　　　发料仓库：1 号仓库

货号	品名	单位	数量	单价/元	金额/元	备注
0004	D	吨	20	600	12 000	修理耗用

记账：　　　　领料主管：王新怡　　　　领料人：　　　　保管员：肖华

（2）编制材料费用分配汇总表，见表 1－6、表 1－7。

表 1－6　领料汇总表

2020 年 7 月 31 日　　　　元

领料部门	用途	材料名称	数量	单价	金额

续表

领料部门	用途	材料名称	数量	单价	金额
合计					

会计主管：　　　　　　　　　　审核：　　　　　　　　　　制单：

表 1 – 7　材料费用分配表

2020 年 7 月 31 日

项目		直接记入	分配记入			合计
			定额耗用量/件	分配率/(元·件$^{-1}$)	分配金额/元	
基本生产车间	甲产品					
	乙产品					
辅助生产车间	修理耗用					
合计						

会计主管：　　　　　　　　　　审核：　　　　　　　　　　制单：

（3）根据材料费用分配表编制记账凭证，如图 1 – 1 所示。

<u>记　账　凭　证</u>

年　　月　　日　　　　　　　　　　编号：

摘要	总账科目	明细科目	借方										√	贷方										√
			千	百	十	万	千	百	十	元	角	分		千	百	十	万	千	百	十	元	角	分	
合计																								

附单据　张

会计主管：　　　　记账：　　　　出纳：　　　　复核：　　　　制单：

图 1 – 1　记账凭证

实训二　人工费用的归集和分配

岗位任务：

（1）计算有关工资数据并分析数据；

（2）填制并审核工资分配汇总表；

（3）填制并审核记账凭证；

（4）登记有关成本费用明细账。

实训资料： 某企业2020年7月生产A、B两种产品，生产工人的工资既有计件工资，也有计时工资。计件工资已分别记入。计时工资30 000元为间接记入，该企业决定按生产工时比例分配人工费用。A、B产品的生产工时分别为3 600小时和2 400小时。其他部门工资见表2－1。

表2－1　其他部门工资　　元

工资发放部门及人员		直接记入
基本生产车间	A产品生产工人	12 000
	B产品生产工人	8 000
	小计	20 000
辅助生产车间	供水车间员工	2 000
	供电车间员工	3 000
	小计	5 000
基本生产车间	其他员工	6 000
行政管理部门	员工	8 000
销售部门	员工	5 000
合计		44 000

任务2：编制工资分配汇总表（表2－2）

表2－2　工资分配汇总表

年　　月　　日

应借科目		直接记入	分配记入		合计
			工时/小时	分配金额/元	
基本生产成本	A产品				
	B产品				
	小计				
辅助生产成本	供水车间				
	供电车间				
	小计				
制造费用					
管理费用					
销售费用					
合计					

会计主管：　　　　　　　　计账：　　　　　　　　审核：　　　　　　　　制单：

任务3：编制记账凭证（图2－1）

记　账　凭　证

年　　月　　日　　　　　　　　编号：

摘要	总账科目	明细科目	借方										√	贷方										√
			千	百	十	万	千	百	十	元	角	分		千	百	十	万	千	百	十	元	角	分	
合计																								

附单据　　张

会计主管：　　　　记账：　　　　出纳：　　　　复核：　　　　制单：

图2－1　记账凭证

实训三　辅助生产费用的核算

实训资料1：

某企业设置供电和运输两个辅助生产车间。供电车间本月发生的费用为5 000元，提供劳务25 000度，其中：运输车间供电5 000度，为生产甲产品供电8 000度，为生产乙产品供电7 000度，为基本生产车间供电3 000度，为企业管理部门供电2 000度。运输车间发生运费3 000元，运输总量为12 000吨公里，其中为修理车间运输2 000吨公里，为基本生产车间运输7 000吨公里，为企业管理部门运输3 000吨公里。

岗位任务：采用直接分配法计算分配电费、运输费用，列示计算过程填列表3-1，并编制有关会计分录（图3-1）。

表3-1　辅助生产费用分配表（直接分配法）

<table>
<tr><td colspan="3">辅助生产车间名称</td><td>供电车间</td><td>运输车间</td><td>合计</td></tr>
<tr><td colspan="3">待分配辅助生产费用</td><td></td><td></td><td></td></tr>
<tr><td colspan="3">供应辅助生产以外的劳务数量</td><td></td><td></td><td></td></tr>
<tr><td colspan="3">单位成本（分配率）</td><td></td><td></td><td></td></tr>
<tr><td rowspan="6">基本生产车间</td><td rowspan="2">甲产品</td><td>耗用数量</td><td></td><td></td><td></td></tr>
<tr><td>分配金额</td><td></td><td></td><td></td></tr>
<tr><td rowspan="2">乙产品</td><td>耗用数量</td><td></td><td></td><td></td></tr>
<tr><td>分配金额</td><td></td><td></td><td></td></tr>
<tr><td rowspan="2"></td><td>耗用数量</td><td></td><td></td><td></td></tr>
<tr><td>分配金额</td><td></td><td></td><td></td></tr>
<tr><td rowspan="2">行政管理部门</td><td colspan="2">耗用数量</td><td></td><td></td><td></td></tr>
<tr><td colspan="2">分配金额</td><td></td><td></td><td></td></tr>
<tr><td colspan="3">合　　计</td><td></td><td></td><td></td></tr>
</table>

记　账　凭　证

年　　月　　日　　　　　　　　　　　　编号：

摘要	总账科目	明细科目	借方										√	贷方										√
			千	百	十	万	千	百	十	元	角	分		千	百	十	万	千	百	十	元	角	分	
合计																								

附单据　张

会计主管：　　　　记账：　　　　出纳：　　　　复核：　　　　制单：

图3－1　记账凭证

实训资料2：

某企业设供电、供水两个辅助生产车间，本月发生辅助生产费用及提供劳务量见表3－2。

表3－2　发生辅助生产费用及提供劳务量

辅助生产车间名称		供电车间	供水车间
待分配费用		6 500	9 500
劳务供应量		2 600 度	9 500 吨
耗用劳务数量	供电车间		2 000 吨
	供水车间	600 度	
	基本生产车间	1 800 度	6 900 吨
	行政管理部门	200 度	600 吨

岗位任务：采用交互分配法分配辅助生产费用，列示计算过程，编制辅助生产费用分配表（表3－3），并编制会计分录（图3－2、图3－3）。

表 3 – 3　辅助生产费用分配表

分配方向			交互分配			对外分配		
辅助生产车间名称			供电	供水	合计	供电	供水	合计
待分配费用								
劳务供应数量								
分配率（单位成本）								
辅助生产车间	供水	耗用数量						
		分配金额						
	供电	耗用数量						
		分配金额						
基本生产车间		耗用数量						
		分配金额						
行政管理部门		耗用数量						
		分配金额						
合计								

记　账　凭　证

年　　月　　日　　　　　　　　编号：

摘要	总账科目	明细科目	借　　方										√	贷　　方										√
			千	百	十	万	千	百	十	元	角	分		千	百	十	万	千	百	十	元	角	分	
合计																								

附单据　　张

会计主管：　　记账：　　出纳：　　复核：　　制单：

图 3 – 2　记账凭证（交互分配分录）

记账凭证

年 月 日 编号：

摘要	总账科目	明细科目	借方										√	贷方										√
			千	百	十	万	千	百	十	元	角	分		千	百	十	万	千	百	十	元	角	分	
合计																								

附单据 张

会计主管： 记账： 出纳： 复核： 制单：

图3-3 记账凭证（对外分配分录）

实训资料3：

某工业企业设有修理和运输两个辅助生产车间，本月发生的费用以及提供的劳务量汇总如下：修理车间发生费用5 000元，提供劳务4 000小时，其中为运输部门提供200小时，为基本生产车间提供3 500小时，为行政管理部门提供300小时；运输部门发生费用9 000元，提供运输20 000吨公里，其中为修理车间提供运输1 000吨公里，为基本生产车间提供运输16 000吨公里，为行政管理部门提供运输3 000吨公里。计划单位成本：修理车间1.5元/小时、运输车间0.5元/吨公里。

要求：采用计划成本分配法分配辅助生产费用，编制辅助生产费用分配表（表3-4），辅助生产成本差异全部记入管理费用，并编制有关会计分录（图3-4、图3-5）。

表3-4 辅助生产费用分配表（计划成本分配法）

辅助生产车间	修理车间	运输车间	合计
待分配费用			
劳务供应量			
计划单位成本			

续表

<table>
<tr><td colspan="3">辅助生产车间</td><td>修理车间</td><td>运输车间</td><td>合计</td></tr>
<tr><td rowspan="4">辅助生产车间</td><td rowspan="2">修理车间</td><td>耗用数量</td><td></td><td></td><td></td></tr>
<tr><td>分配金额</td><td></td><td></td><td></td></tr>
<tr><td rowspan="2">运输车间</td><td>耗用数量</td><td></td><td></td><td></td></tr>
<tr><td>分配金额</td><td></td><td></td><td></td></tr>
<tr><td rowspan="2">基本生产车间</td><td colspan="2">耗用数量</td><td></td><td></td><td></td></tr>
<tr><td colspan="2">分配金额</td><td></td><td></td><td></td></tr>
<tr><td rowspan="2">管理部门</td><td colspan="2">耗用数量</td><td></td><td></td><td></td></tr>
<tr><td colspan="2">分配金额</td><td></td><td></td><td></td></tr>
<tr><td colspan="3">按计划成本分配金额合计</td><td></td><td></td><td></td></tr>
<tr><td colspan="3">辅助生产实际费用</td><td></td><td></td><td></td></tr>
<tr><td colspan="3">辅助生产成本差异</td><td></td><td></td><td></td></tr>
</table>

记 账 凭 证

年 月 日 编号：

<table>
<tr><td rowspan="2">摘要</td><td rowspan="2">总账科目</td><td rowspan="2">明细科目</td><td colspan="10">借 方</td><td rowspan="2">√</td><td colspan="10">贷 方</td><td rowspan="2">√</td><td rowspan="10">附单据 张</td></tr>
<tr><td>千</td><td>百</td><td>十</td><td>万</td><td>千</td><td>百</td><td>十</td><td>元</td><td>角</td><td>分</td><td>千</td><td>百</td><td>十</td><td>万</td><td>千</td><td>百</td><td>十</td><td>元</td><td>角</td><td>分</td></tr>
<tr><td></td><td></td><td></td><td></td><td></td><td></td><td></td><td></td><td></td><td></td><td></td><td></td><td></td><td></td><td></td><td></td><td></td><td></td><td></td><td></td><td></td><td></td><td></td><td></td></tr>
<tr><td></td><td></td><td></td><td></td><td></td><td></td><td></td><td></td><td></td><td></td><td></td><td></td><td></td><td></td><td></td><td></td><td></td><td></td><td></td><td></td><td></td><td></td><td></td><td></td></tr>
<tr><td></td><td></td><td></td><td></td><td></td><td></td><td></td><td></td><td></td><td></td><td></td><td></td><td></td><td></td><td></td><td></td><td></td><td></td><td></td><td></td><td></td><td></td><td></td><td></td></tr>
<tr><td></td><td></td><td></td><td></td><td></td><td></td><td></td><td></td><td></td><td></td><td></td><td></td><td></td><td></td><td></td><td></td><td></td><td></td><td></td><td></td><td></td><td></td><td></td><td></td></tr>
<tr><td></td><td></td><td></td><td></td><td></td><td></td><td></td><td></td><td></td><td></td><td></td><td></td><td></td><td></td><td></td><td></td><td></td><td></td><td></td><td></td><td></td><td></td><td></td><td></td></tr>
<tr><td></td><td></td><td></td><td></td><td></td><td></td><td></td><td></td><td></td><td></td><td></td><td></td><td></td><td></td><td></td><td></td><td></td><td></td><td></td><td></td><td></td><td></td><td></td><td></td></tr>
<tr><td></td><td></td><td></td><td></td><td></td><td></td><td></td><td></td><td></td><td></td><td></td><td></td><td></td><td></td><td></td><td></td><td></td><td></td><td></td><td></td><td></td><td></td><td></td><td></td></tr>
<tr><td colspan="3">合计</td><td></td><td></td><td></td><td></td><td></td><td></td><td></td><td></td><td></td><td></td><td></td><td></td><td></td><td></td><td></td><td></td><td></td><td></td><td></td><td></td><td></td></tr>
</table>

会计主管： 记账： 出纳： 复核： 制单：

图 3－4 记账凭证

记 账 凭 证

年 月 日　　　　　　编号：

摘要	总账科目	明细科目	借方										√	贷方										√
			千	百	十	万	千	百	十	元	角	分		千	百	十	万	千	百	十	元	角	分	
合计																								

附单据　张

会计主管：　　记账：　　出纳：　　复核：　　制单：

图 3-5　记账凭证（调整差异分录）

实训四　制造费用分配

实训资料1：

某基本生产车间生产甲、乙、丙3种产品，共计工时20 000小时，其中甲产品6 500小时、乙产品5 500小时、丙产品8 000小时。本月发生各种间接费用如下：

（1）以银行存款支付劳动保护费用16 000元；（2）应付车间管理人员工资20 000元；（3）按车间管理人员工资的14%计提福利费；（4）车间领用消耗材料5 000元；（5）车间固定资产折旧费为16 000元；（6）提取修费4 000元；（7）辅助车间分配费用4 600元；（8）以银行存款支付办公费、水电费、邮电费等其他费用3 780元。

岗位任务：

（1）按上述资料编制制造费用发生的有关分录（图4－1～图4－9）。

记　账　凭　证

年　　月　　日　　　　　　　　编号：

摘要	总账科目	明细科目	借方										√	贷方										√
			千	百	十	万	千	百	十	元	角	分		千	百	十	万	千	百	十	元	角	分	
合计																								

附单据　张

会计主管：　　　　记账：　　　　出纳：　　　　复核：　　　　制单：

图4－1　记账凭证

记 账 凭 证

年 月 日　　　　编号：

摘要	总账科目	明细科目	借方										√	贷方										√
			千	百	十	万	千	百	十	元	角	分		千	百	十	万	千	百	十	元	角	分	
合计																								

附单据 张

会计主管：　　记账：　　出纳：　　复核：　　制单：

图 4－2　记账凭证

记 账 凭 证

年 月 日　　　　编号：

摘要	总账科目	明细科目	借方										√	贷方										√
			千	百	十	万	千	百	十	元	角	分		千	百	十	万	千	百	十	元	角	分	
合计																								

附单据 张

会计主管：　　记账：　　出纳：　　复核：　　制单：

图 4－3　记账凭证

记 账 凭 证

年　　月　　日　　　　　　　　　　　　　　编号：

摘要	总账科目	明细科目	借方										√	贷方										√
			千	百	十	万	千	百	十	元	角	分		千	百	十	万	千	百	十	元	角	分	
合计																								

附单据　　张

会计主管：　　　　记账：　　　　出纳：　　　　复核：　　　　制单：

图 4－4　记账凭证

记 账 凭 证

年　　月　　日　　　　　　　　　　　　　　编号：

摘要	总账科目	明细科目	借方										√	贷方										√
			千	百	十	万	千	百	十	元	角	分		千	百	十	万	千	百	十	元	角	分	
合计																								

附单据　　张

会计主管：　　　　记账：　　　　出纳：　　　　复核：　　　　制单：

图 4－5　记账凭证

记 账 凭 证

年 月 日 编号：

摘要	总账科目	明细科目	借方										√	贷方										√
			千	百	十	万	千	百	十	元	角	分		千	百	十	万	千	百	十	元	角	分	
合计																								

附单据 张

会计主管： 记账： 出纳： 复核： 制单：

图 4－6 记账凭证

记 账 凭 证

年 月 日 编号：

摘要	总账科目	明细科目	借方										√	贷方										√
			千	百	十	万	千	百	十	元	角	分		千	百	十	万	千	百	十	元	角	分	
合计																								

附单据 张

会计主管： 记账： 出纳： 复核： 制单：

图 4－7 记账凭证

记账凭证

年　　月　　日　　　　　　　　编号：

摘要	总账科目	明细科目	借方										√	贷方										√
			千	百	十	万	千	百	十	元	角	分		千	百	十	万	千	百	十	元	角	分	
合计																								

附单据　　张

会计主管：　　　　记账：　　　　出纳：　　　　复核：　　　　制单：

图 4-8　记账凭证

记账凭证

年　　月　　日　　　　　　　　编号：

摘要	总账科目	明细科目	借方										√	贷方										√
			千	百	十	万	千	百	十	元	角	分		千	百	十	万	千	百	十	元	角	分	
合计																								

附单据　　张

会计主管：　　　　记账：　　　　出纳：　　　　复核：　　　　制单：

图 4-9　记账凭证

（2）按生产工时比例分配制造费用，并根据制造费用分配表编制结转制造费用的分录（表4－1、图4－10）。

表4－1　制造费用分配表

年　　月　　日

产品名称	工时/小时	分配率/（元·小时$^{-1}$）	分配金额/元
甲产品			
乙产品			
丙产品			
合计			

会计主管：　　　　　　　　复核：　　　　　　　　制单：

记　账　凭　证

年　　月　　日　　　　　　　　　　编号：

摘要	总账科目	明细科目	借　方										√	贷　方										√
			千	百	十	万	千	百	十	元	角	分		千	百	十	万	千	百	十	元	角	分	
合计																								

附单据　张

会计主管：　　　　记账：　　　　出纳：　　　　复核：　　　　制单：

图4－10　记账凭证

实训五　完工产品分配

实训资料一：

某企业2020年6月生产A产品单位工时定额为80小时，需经过3道工序连续加工完成。第一道工序工时定额为40小时，第二道工序工时定额为20小时，第三道工序工时定额为20小时。各道工序内各件在产品加工程度均按50%计算。月末，3道工序的在产品数量分别为200件、120件和100件，当月完工产品数量为400件。A产品月初在产品成本为23 700元，其中直接材料费用为12 000元，直接人工费用为7 200元，制造费用为4 500元；本月共发生生产费用37 700元，其中直接材料费用为24 900元，直接人工费用为7 500元，制造费用为5 300元。原材料于生产开始时一次投入。

岗位任务：

（1）按照约当产量比例分配法计算在产品的完工率和产量（表5-1）。

表5-1　在产品完工率和约当产量计算表

产品：　　　　　　　　　　　　年　　月　　日

工　　序	定额工时/小时	本工序完工程度/%	在产品完工率/%	在产品数量/件	在产品约当产量/件
1					
2					
3					
合 计					

（2）根据计算分析结果填制产品成本计算单（表5-2）。

表5-2　产品成本计算单

产品：　　　　　　　　　　　　年　　月　　日　　　　　　　　　　　　元

项目	直接材料费用	直接人工费用	制造费用	合计
月初在产品费用				
本月投入生产费用				

续表

项目	直接材料费用	直接人工费用	制造费用	合计
本月生产费用合计				
月末在产品约当产量				
完工产品数量				
约当产量合计				
单位成本				
完工产品成本				
月末在产品成本				

会计主管：　　　　　　　　　　复核：　　　　　　　　　　制单：

（3）编制记账凭证（图 5－1）。

记 账 凭 证

年　　月　　日　　　　　　　　编号：

摘要	总账科目	明细科目	借方										√	贷方										√
			千	百	十	万	千	百	十	元	角	分		千	百	十	万	千	百	十	元	角	分	
合计																								

附单据　张

会计主管：　　　　记账：　　　　出纳：　　　　复核：　　　　制单：

图 5－1　记账凭证

实训资料二：

某企业本月生产 C 产品，共生产完工 800 件，月末在产品结存 150 件，单位产品直接材料定额成本为 40 元，单位产品定额工时为 5 小时。月末在产品投料率为 80%，完工程度为 60%；期初和本月发生生产费用见表 5－3。

表5－3　期初和本月发生生产费用　　元

项目	直接材料费用	直接人工费用	制造费用	合计
月初在产品成本	4 608	1 440	720	6 768
本月发生费用	37 192	17 250	7 290	61 732
生产费用合计	41 800	18 690	8 010	68 500

岗位任务：

（1）根据分析资料，填制产品成本计算单（表5－4），同时编制完工产品成本汇总表（表5－5）。

表5－4　产品成本计算单

产品：　　　　年　　月　　日　　　　元

项　　目		直接材料费用	直接人工费用	制造费用	合计
月初在产品费用					
本月投入生产费用					
本月生产费用合计					
定额材料费用	完工产品				
	月末在产品				
定额工时	完工产品				
	月末在产品				
单位成本					
完工产品成本					
月末在产品成本					

会计主管：　　　　复核：　　　　制单：

表5－5　完工产品成本汇总表

年　　月　　日

应借科目	产品名称	产量/件	成本/元	直接材料费用/元	直接人工费用/元	制造费用/元	合计/元
库存商品			总成本				
			单位成本				

（2）编制记账凭证（图5－2）。

记　账　凭　证

年　　月　　日　　　　　　　　编号：

摘要	总账科目	明细科目	借　方										√	贷　方										√
			千	百	十	万	千	百	十	元	角	分		千	百	十	万	千	百	十	元	角	分	
合计																								

附单据　　张

会计主管：　　　　记账：　　　　出纳：　　　　复核：　　　　制单：

图5－2　记账凭证

实训六　产品成本计算品种法

实训资料：

某企业设有一个基本生产车间，大量生产甲、乙两种产品，生产工艺过程属于单步骤生产。根据生产特点和管理要求，采用品种法计算两种产品成本。该企业还设有配电和机修两个辅助生产车间，为基本生产和行政管理部门提供服务。辅助生产车间制造费用直接在辅助生产成本账户核算；该企业不单独核算废品损失，产品成本设“直接材料费用”“燃料及动力费用”“工资及福利费”和“制造费用”4个成本项目。两种产品原材料均于投产时一次性投入，月末在产品完工程度为50%，按约当产量比例法分配完工产品和在产品成本。辅助生产费用按计划成本进行分配。甲、乙产品月初在产品和本月生产费用如下。

1. 月初在产品成本资料

月初在产品成本资料见表6－1。

表6－1　月初在产品成本资料

产品名称	数量/件	直接材料/元	燃料及动力/元	工资及福利费/元	制造费用/元	合计/元
甲	200	12 000	4 000	2 400	3 200	21 600
乙	250	20 000	5 400	3 000	4 000	32 400

2. 本月生产量和生产费用

（1）本月投产甲产品1 000件，完工800件；投产乙产品850件，完工900件。

（2）车间领用材料137 100元，其中：甲产品领用50 000元，乙产品领用55 000元，甲、乙产品共同耗用21 000元，基本生产车间一般性消耗4 500元，配电车间领用材料3 000元，修理车间领用材料6 600元（产品共同消耗材料按直接领用材料的比例分配）。

（3）本月基本生产工人工资为45 000元，车间管理人员工资为6 000元，配电车间人员工资为3 000元，修理车间人员工资为8 000元，并按工资总额的16%计提职工社保费（生产工人工资和社保费按产品生产工时比例分配，甲产品生产工时为8 000小时，乙产品生产工时为10 000小时）。

（4）基本生产车间计提固定资产折旧费为7 000元，配电车间折旧费为820元，修理车间折旧费为600元，行政管理部门折旧费为2 000元。

（5）以银行存款支付外购电费23 200元，其中，产品生产用电45 000度，修理车间用电5 000度，行政管理部门用电8 000度（生产用电按产品生产工时比例分配）。

（6）以银行存款支付办公费及其他费用共8 000元。其中基本生产车间660元，配电车间260元，修理车间250元，管理费用6 830元。

（7）配电计划成本每度电0.1元，修理费计划成本每小时8元，本月基本生产车间修理小时为1 400小时，供电车间修理小时为200小时，管理部门修理小时为400小时。

3. 要求

（1）根据月初在产品开设基本生产成本明细账（表6－2、表6－3）。

表6－2　基本生产成本明细账

生产车间：　　　　　　　　　　年　　月　　日　　　　　　　　　　产品名称：

<table>
<tr><th colspan="2">项　　目</th><th>直接材料费用</th><th>燃料及动力费用</th><th>直接人工费用</th><th>制造费用</th><th>合计</th></tr>
<tr><td colspan="2">期初在产品（　　件）</td><td></td><td></td><td></td><td></td><td></td></tr>
<tr><td rowspan="5">本月生产费用（　　件）</td><td>原材料费用分配表</td><td></td><td></td><td></td><td></td><td></td></tr>
<tr><td>外购动力分配表</td><td></td><td></td><td></td><td></td><td></td></tr>
<tr><td>工资及福利费分配表</td><td></td><td></td><td></td><td></td><td></td></tr>
<tr><td>制造费用分配表</td><td></td><td></td><td></td><td></td><td></td></tr>
<tr><td>本月生产费用合计</td><td></td><td></td><td></td><td></td><td></td></tr>
<tr><td colspan="2">生产费用累计（　　件）</td><td></td><td></td><td></td><td></td><td></td></tr>
<tr><td colspan="2">完工产品成本转出（　　件）</td><td></td><td></td><td></td><td></td><td></td></tr>
<tr><td colspan="2">月末在产品成本（　　件）</td><td></td><td></td><td></td><td></td><td></td></tr>
</table>

表6－3　基本生产成本明细账

生产车间：　　　　　　　　　　年　　月　　日　　　　　　　　　　产品名称：

项　　目	直接材料费用	燃料及动力费用	直接人工费用	制造费用	合计
期初在产品（　　件）					

续表

项目		直接材料费用	燃料及动力费用	直接人工费用	制造费用	合计
本月生产费用（　　件）	原材料费用分配表					
	外购动力分配表					
	工资及福利费分配表					
	制造费用分配表					
	本月生产费用合计					
生产费用累计（　　件）						
完工产品成本转出（　　件）						
月末在产品成本（　　件）						

（2）开设基本生产车间制造费用明细账（表6－4）、辅助生产成本明细账（表6－5、表6－6）。

表6－4　制造费用明细账

生产车间：　　　　　　　　　　　　　　　　　　　　元

年		摘要	原材料费用	工资及福利费	折旧费	修理费	水电费	其他费用	合计	分配转出
月	日									

表6－5　辅助生产成本明细账

生产车间：　　　　　　　　　　　　　　　　　　　　　　　　　　　　元

年		摘要	原材料费用	工资及福利费	折旧费	修理费	水电费	其他费用	合计	分配转出
月	日									

表6－6　辅助生产成本明细账

生产车间：　　　　　　　　　　　　　　　　　　　　　　　　　　　　元

年		摘要	原材料费用	工资及福利费	折旧费	修理费	水电费	其他费用	合计	分配转出
月	日									

（3）编制费用分配表，分配原材料费用、工资及福利费、折旧费、外购动力费用和办公费用，并登记有关明细账（表6－7～表6－10）。

表 6-7　原材料费用分配表

年　　月　　日

受益对象	直接记入	分配记入			合计/元
		分配标准/件	分配率/（元·件$^{-1}$）	分配金额/元	
甲产品					
乙产品					
合 计					
基本生产车间					
机修车间					
供气车间					
管理部门					
合 计					

表 6-8　外购动力费用分配表

年　　月　　日

受益对象	分配记入		分配金额/元
	耗电度数/（度·小时$^{-1}$）	生产工时/小时	
甲产品			
乙产品			
合　　计			
基本生产车间			
机修车间			
供气车间			
管理部门			
合　　计			

表 6－9　工资及福利费用分配表

年　　月　　日

受益对象	生产工时/小时	应付职工薪酬/元			应付社保费（工资的 20%）/元	合计/元
		生产工人（分配率）	管理人员	小计		
甲产品						
乙产品						
合　计						
基本生产车间						
机修车间						
供气车间						
管理部门						
合　计						

表 6－10　折旧费和其他费用计算表

年　　月　　日　　　　　　　　　　元

项　目	折旧费	其他费用	合　计
基本生产车间			
机修车间			
供气车间			
管理部门			
合　计			

（4）编制辅助生产费用分配表，分配辅助生产费用（表 6－11）。

表 6－11　辅助生产费用分配表

年　　月　　日

辅助生产车间	机修车间		配电车间		分配金额合计/元
	劳务量/小时	分配金额/元	劳务量/度	分配金额/元	
辅助生产费用					
计划单位成本					

续表

辅助生产车间	机修车间		配电车间		分配金额合计/元
	劳务量/小时	分配金额/元	劳务量/度	分配金额/元	
机修车间					
配电车间					
基本生产车间					
行政管理部门					
计划成本分配合计					
辅助生产实际成本①					
辅助生产成本差异					

（5）编制制造费用分配表，分配制造费用（表6－12）。

表6－12　制造费用分配表

第一生产车间　　　　　　　　　　年　　月　　日

产品名称	分配标准（实际工时）/小时	分配率/（元·小时$^{-1}$）	分配金额/元
甲			
乙			
合计			

（6）计算甲、乙两种产品的生产成本，按约当产量法分配完工产品和月末在产品成本（表6－13）。

表6－13　月末在产品约当产量计算表

项目 品名	原材料费用				加工费用				
	工序	数量/件	投料率/%	约当产量/件	工序	数量/件	定额工时/小时	完工率/%	约当产量/件
甲产品									
乙产品									

（7）编制上述各项费用分配的会计分录（图6－1～图6－4）。

记 账 凭 证

年 月 日 编号：

摘要	总账科目	明细科目	借方										√	贷方										√
			千	百	十	万	千	百	十	元	角	分		千	百	十	万	千	百	十	元	角	分	
合计																								

附单据 张

会计主管： 记账： 出纳： 复核： 制单：

图6－1 记账凭证

记 账 凭 证

年 月 日 编号：

摘要	总账科目	明细科目	借方										√	贷方										√
			千	百	十	万	千	百	十	元	角	分		千	百	十	万	千	百	十	元	角	分	
合计																								

附单据 张

会计主管： 记账： 出纳： 复核： 制单：

图6－2 记账凭证

记 账 凭 证

年　　月　　日　　　　　　　　编号：

摘要	总账科目	明细科目	借方										√	贷方										√
			千	百	十	万	千	百	十	元	角	分		千	百	十	万	千	百	十	元	角	分	
合计																								

附单据　　张

会计主管：　　记账：　　出纳：　　复核：　　制单：

图6－3　记账凭证

记 账 凭 证

年　　月　　日　　　　　　　　编号：

摘要	总账科目	明细科目	借方										√	贷方										√
			千	百	十	万	千	百	十	元	角	分		千	百	十	万	千	百	十	元	角	分	
合计																								

附单据　　张

会计主管：　　记账：　　出纳：　　复核：　　制单：

图6－4　记账凭证

实训七　分步法计算

实训资料：

某企业生产的甲产品，经过两个生产步骤连续加工制成。第一步骤为第二步骤提供半成品，第二步骤将半成品加工成为产成品700件。各步骤计入产成品成本的费用采用定额比例法计算。有关资料见以下产品成本明细账（表7－1、表7－2）。

表7－1　第一步骤产品成本明细账

项　　目	直接材料费用/元		定额工时/小时	直接人工费用/元	制造费用/元	合计/元
	定额	实际				
月初在产品费用	—	20 860	—	8 000	13 800	
本月生产费用	—	35 000	—	7 000	16 200	
合　　计						
分配率						
产成品成本中本步骤份额	17 400		30 000			
月末在产品费用	12 000		20 000			

表7－2　第二步骤产品成本明细账

项　　目	直接材料费用/元		定额工时/小时	直接人工费用/元	制造费用/元	合计/元
	定额	实际				
月初在产品费用			—	3 800	3 600	
本月生产费用			—	7 000	18 000	
合　　计						
分配率						
产成品成本中本步骤份额			22 000			
月末在产品费用			2 000			

岗位任务：

（1）采用平行结转分步法计算甲产品成本，完成产品成本明细账和成本汇总表的编制（表7－3）。

表7－3　甲产品成本汇总表

	产量/件	直接材料费用/元	直接人工费用/元	制造费用/元	合计/元
第一步骤					
第二步骤					
合计					
单位成本					

（2）编制完工产品入库的会计分录（图7－1）。

记　账　凭　证

年　　月　　日　　　　　　　　　　　　编号：

摘要	总账科目	明细科目	借方										√	贷方										√
			千	百	十	万	千	百	十	元	角	分		千	百	十	万	千	百	十	元	角	分	
合计																								

附单据　张

会计主管：　　　　记账：　　　　出纳：　　　　复核：　　　　制单：

图7－1　记账凭证

实训八　分类法计算

实训资料1：

某工业企业在生产主产品——甲产品的过程中产生的废料，经过加工处理，可以成为副产品——乙产品。甲、乙产品的加工处理都属于单步骤生产，在同一车间内进行。本月两种产品的生产费用，生产工时和产量资料如下：甲产品领用原材料95 000元。甲产品的生产工时为15 000小时，乙产品的生产工时为1 000小时。该车间的生产工人薪酬为65 000元，制造费用为11 200元，这些费用在甲、乙两种产品之间都按生产工时比例通过工费分配表分配。甲产品生产过程中产生废料4 000千克。每千克定价为0.50元，全部为乙产品耗用。甲产品产量为2 000件，乙产品产量为500件。甲产品成本中的原材料费用比重很大，因此在产品按所耗原材料定额费用计价。期初在产品定额原材料费用为7 500元，月末在产品定额原材料费用为12 000元。乙产品的月末在产品很少，不计算月末在产品成本。

岗位任务：

（1）根据上述资料，登记产品成本明细账（表8－1、表8－2）。

（2）编制工费分配表，分配主、副产品应负担的加工费用（表8－3）。

（3）计算主、副产品的实际成本。

表8－1　甲产品成本明细账　　元

摘要	原材料费用	人工费用	制造费用	合计
月初在产品定额费用				
本月费用				
减：废料价值				
生产费用合计				
产成品成本				
月末在产品定额成本				

表 8－2　乙产品成本明细账　　元

摘要	原材料费用	人工费用	制造费用	合计
本月费用				
产成品成本				
单位成本				

表 8－3　工费分配表

项目	工时	人工费用	制造费用
全车间费用发生额			
费用分配率			
甲产品			
乙产品			

实训资料 2：

某厂在生产甲产品的过程中附带生产乙产品，20××年 9 月为生产该类产品所发生的费用资料见表 8－4。

表 8－4　费用资料　　元

项目	直接材料费用	直接人工费用	制造费用	合计
月初在产品成本	8 000	2 400	3 600	14 000
本月生产费用	12 000	15 600	13 400	41 000

本月甲产品产量为 10 000 千克，乙产品产量为 4 000 千克，乙产品的计划单位成本为 2.5 元，本月无月末在产品成本。

岗位任务：根据上述资料，采用副产品成本从材料成本项目中扣除的方法，计算主、副产品的成本（表 8－5）。

表 8－5　主、副产品成本计算表

元

项目	直接材料费用	直接人工费用	制造费用	合计
月初在产品成本				
本月生产费用				
合计				
结转副产品成本				
主产品成本				

综合实务训练

一、企业概况

某橡胶厂是一个中型企业，专业生产自行车内胎和外胎，产品从投料到产出整个生产过程是封闭式的。

（一）车间及产品情况

（1）内胎车间：专业生产自行车内胎，内胎分为有口内胎和无口内胎。

（2）外胎车间：专业生产自行车外胎，外胎分为28#外胎和26#外胎。

（3）动力车间：将外购动力通过动力车间为企业提供风、水、电。

（4）机修车间：为全厂提供机修服务。

（二）成本费用分配及结转情况

产品成本中的“直接材料费用”项目的分配采用定额耗用量比例法（包装材料按产品产量分配），“工资及福利费”及“制造费用”项目的分配按工时比例法分配。

生产成本在完工产品和月末产品之间的分配：内胎产品由于原材料费用占成本比重比较大，因此采用在产品成本按原材料费用计算法。内胎产品原材料费用在生产开始时一次投入，原材料费用按完工产品和月末在产品数量比例分配。外胎产品由于各月在产品数量较均匀，采用在产品成本按年初固定数计算。

动力车间的外购动力费用先记入“辅助生产成本——动力车间”账户，月末随同动力车间费用一同分配，为简化核算，两个辅助生产车间发生的管理、组织生产费用，不通过“制造费用”账户进行核算，直接记入“辅助生产成本”账户。辅助生产费用分配采用交互分配法。

二、2020年5月产品成本核算资料和计算程序

（一）5月生产月报及生产工时统计数字资料

5月生产月报及生产工时统计表见表9－1。

表 9-1　5 月生产月报及生产工时统计表

产品名称	产量/件				生产工时/小时
	月初在产品	本月投产	本月完工	月末在产品	
有口内胎	2 000	50 000	51 000	1 000	1 500
无口内胎	1 800	40 000	41 000	800	1 400
28#外胎	2 000	40 000	39 000	3000	2 100
26#外胎	1 500	30 000	29 500	2000	1 900

（二）本月生产费用

1. 材料费用

（1）“材料费用”科目的明细分类见表 9-2。

表 9-2　“材料费用”科目的明细分类

原料及主要材料	生胶、填充剂、炭黑、京光红、嘴子、帘子布
辅助材料	机油、汽油
备品备件	保险片、挤出机嘴子
燃料	煤
包装物	包装盒、包装箱

（2）各类材料消耗情况见表 9-3 ~ 表 9-21。

表 9-3　领料单（1）

编　　号：

单位：内胎车间　　　　2020 年 5 月 6 日　　　　发料仓库：

货号	品名	单位	数量	单价/元	金额/元	备注
	生胶	千克	6 300	7.00		

记账：　　领料主管：王灵　　领料人：张天宇　　保管员：章人山

表 9-4　领料单（2）

编　　号：

单位：内胎车间　　　　2020 年 5 月 6 日　　　　发料仓库：

货号	品名	单位	数量	单价/元	金额/元	备注
	生胶	千克	1 500	7.00		

记账：　　领料主管：王灵　　领料人：张天宇　　保管员：章人山

表 9-5　领料单（3）

编　　号：

单位：机修车间　　　　2020 年 5 月 7 日　　　　发料仓库：

货号	品名	单位	数量	单价/元	金额/元	备注
	保险片	个	50	8.00		
	挤出机嘴子	套	3	200.00		
	机油	千克	4	20.00		

记账：　　领料主管：王灵　　领料人：张天宇　　保管员：章人山

表 9-6　领料单（4）

编　　号：

单位：机修车间　　　　2020 年 5 月 6 日　　　　发料仓库：

货号	品名	单位	数量	单价/元	金额/元	备注
	保险片	个	25	8.00		
	机油	千克	4	20.00		
	煤	吨	100	300.00		

记账：　　领料主管：王灵　　领料人：张天宇　　保管员：章人山

表 9-7　领料单（5）

编　　号：

单位：内胎车间　　　　2020 年 5 月 6 日　　　　发料仓库：

货号	品名	单位	数量	单价/元	金额/元	备注
	填充剂 1#	千克	11 200	10.00		

记账：　　领料主管：王灵　　领料人：张天宇　　保管员：章人山

表 9-8　领料单（6）

编　　号：

单位：内胎车间　　　　2020 年 5 月 6 日　　　　发料仓库：

货号	品名	单位	数量	单价/元	金额/元	备注
	京光红	千克	170	25.00		

记账：　　领料主管：王灵　　领料人：张天宇　　保管员：章人山

表 9-9　领料单（7）

编　　号：

单位：内胎车间　　　　2020 年 5 月 5 日　　　　发料仓库：

货号	品名	单位	数量	单价/元	金额/元	备注
	京光红	千克	170	25.00		

记账：　　领料主管：王灵　　领料人：张天宇　　保管员：章人山

表 9-10　领料单（8）

编　　号：

单位：内胎车间　　　　2020 年 5 月 5 日　　　　发料仓库：

货号	品名	单位	数量	单价/元	金额/元	备注
	京光红	千克	170	25.00		

记账：　　领料主管：王灵　　领料人：张天宇　　保管员：章人山

表 9-11　领料单（9）

编　　号：

单位：内胎车间　　　　2020 年 5 月 5 日　　　　发料仓库：

货号	品名	单位	数量	单价/元	金额/元	备注
	炭黑	千克	1 800	5.00		

记账：　　领料主管：王灵　　领料人：张天宇　　保管员：章人山

表9－12　领料单（10）

编　　号：

单位：厂部　　2020年5月6日　　发料仓库：

货号	品名	单位	数量	单价/元	金额/元	备注
	汽油	升	200	6.20		

记账：　　领料主管：王灵　　领料人：张天宇　　保管员：章人山

表9－13　领料单（11）

编　　号：

单位：外胎车间　　2020年5月6日　　发料仓库：

货号	品名	单位	数量	单价/元	金额/元	备注
	帘子布	千克	1 300	1.80		

记账：　　领料主管：王灵　　领料人：张天宇　　保管员：章人山

表9－14　领料单（11）

编　　号：

单位：外胎车间　　2020年5月6日　　发料仓库：

货号	品名	单位	数量	单价/元	金额/元	备注
	帘子布	千克	1 300	1.80		

记账：　　领料主管：王灵　　领料人：张天宇　　保管员：章人山

表9－15　领料单（11）

编　　号：

单位：外胎车间　　2020年5月6日　　发料仓库：

货号	品名	单位	数量	单价/元	金额/元	备注
	帘子布	千克	1 300	1.80		

记账：　　领料主管：王灵　　领料人：张天宇　　保管员：章人山

表 9－16　领料单（12）

编　　号：

单位：内胎车间　　2020 年 5 月 7 日　　发料仓库：

货号	品名	单位	数量	单价/元	金额/元	备注
	嘴子	套	90 000	0.50		

记账：　　领料主管：王灵　　领料人：张天宇　　保管员：章人山

表 9－17　领料单（13）

编　　号：

单位：内胎车间　　2020 年 5 月 6 日　　发料仓库：

货号	品名	单位	数量	单价/元	金额/元	备注
	生胶	千克	6 000	7.00		

记账：　　领料主管：王灵　　领料人：张天宇　　保管员：章人山

表 9－18　领料单（14）

编　　号：

单位：外胎车间　　2020 年 5 月 6 日　　发料仓库：

货号	品名	单位	数量	单价/元	金额/元	备注
	生胶	千克	10 000	7.00		

记账：　　领料主管：王灵　　领料人：张天宇　　保管员：章人山

表 9－19　领料单（15）

编　　号：

单位：外胎车间　　2020 年 5 月 6 日　　发料仓库：

货号	品名	单位	数量	单价/元	金额/元	备注
	外包装箱	个	700	2.00		
	内包装箱	个	35 000	0.10		

记账：　　领料主管：王灵　　领料人：张天宇　　保管员：章人山

表 9－20 领料单（16）

编　　号：

单位：内胎车间　　　　2020 年 5 月 6 日　　　　发料仓库：

货号	品名	单位	数量	单价/元	金额/元	备注
	外包装箱	个	900	2.00		
	内包装箱	个	45 000	0.10		

记账：　　领料主管：王灵　　领料人：张天宇　　保管员：章人山

表 9－21 原材料限额领料单

材料名称：汽油

单位：内胎车间　　　　2020 年 5 月　　　　计量单位：升

产品规格		0#	计划数量	800	定额	
限额重量			计划单件/（元·升$^{-1}$）	6.2	计划金额/元	4 960 元
月	日	领用数	实发	累计	金额/元	备注
5	9	20	20	20	124	张天宇
5	14	20	20	40	124	张天宇

记账：　　领料主管：王灵　　领料人：张天宇　　保管员：章人山

（3）单位产品消耗定额资料见表 9－22、表 9－23。

表 9－22 内胎材料消耗定额

材料名称	有口内胎	无口内胎
生胶	165	138
填充剂 1#/克	125	125
京光红/克	2	2
嘴子/套	1	1

表 9－23　外胎材料消耗定额

材料名称	28#外胎	26#内胎
生胶	320	300
填充剂 2#/克	150	144
炭黑/克	24	23
帘子布/克	18	17

（4）提示：

①编制材料消耗汇总表。

②对各种间接记入产品成本的材料费用，根据定额耗用量比例（包装材料按产品产量比例）编制材料费用分配表。

③根据汇总表、分配表填制记账凭证并登记有关明细账。

2. 外购动力费用

（1）本月用银行支付动力费用 30 600 元，共耗电 34 000 度（不含增值税），见表 9－24。

表 9－24　耗电量情况

部门	耗电量/度
内胎车间	11 200
外胎车间	21 600
机修车间	1 000
行政管理部门	200
合计	34 000

（2）提示：

①编制电力费用分配表并编制有关记账凭证。

②根据有关会计凭证登记有关明细账。

3. 工资费用

（1）该厂各车间、部门工资发放情况见表 9－25～表 9－29。

表 9-25　内胎车间工资结算表

2020 年 5 月　　　　元

姓名	类别	应付职工薪酬				代扣款（三险一金）	实发工资
		基本工资	奖金	津贴	小计		
王海幸	工人	950	500	115	1 565	280	1 285
张名任	工人	1 150	520	180	1 850	300	1 550
吴小唐	工人	750	480	156	1 386	210	1 176
……	……	……	……	……	……	……	……
小计		13 200	5 000	1 400	19 600	1 600	18 000
杨晨	管理人员	1 090	480	86	1 656	240	1 416
……	……	……	……	……	……	……	……
小计		13 000	4 000	1 000	18 000	1 500	16 500
合计		26 400	9 000	2 400	37 600	3 100	34 500

表 9-26　外胎车间工资结算表

2020 年 5 月　　　　元

姓名	类别	应付职工薪酬				代扣款（三险一金）	实发工资
		基本工资	奖金	津贴	小计		
代军	工人	800	410	85	1 295	180	594
肖云飞	工人	700	390	108	568	168	1 030
罗丽茹	工人	1 000	450	156	1 606	215	1 391
……	……	……	……	……	……	……	……
小计		39 500	3 500	2 000	45 000	4 500	40 500
张升升	管理人员	780	400	90	1270	170	1 100
……	……	…………	……	……	……	……	……
小计		17 600	2 300	350	20 250	850	19 400
合计		57 100	5 800	2 350	65 250	5 250	59 900

表 9－27　动力车间工资结算表

2020 年 5 月　　元

姓名	类别	应付职工薪酬				代扣款（三险一金）	实发工资
		基本工资	奖金	津贴	小计		
范克	工人	780	450	120	1 350	230	1 120
王金	工人	850	540	165	1 550	320	1 230
庄春洪	工人	900	550	143	1 593	450	1 143
朱小莉	管理人员	950	500	88	1538	400	962
……	……	……	……	……	……	……	……
合计		6 300	3 200	1 600	11 100	1 850	9 250

表 9－28　机修车间工资结算表

2020 年 5 月　　元

姓名	类别	应付职工薪酬				代扣款（三险一金）	实发工资
		基本工资	奖金	津贴	小计		
肖芳	工人	780	450	120	1 350	230	1 120
刘晓云	工人	700	390	108	568	168	1 030
张深林	工人	950	500	88	1 538	400	962
王春晓	管理人员	900	550	143	1 593	450	1 143
……	……	……	……	……	……	……	……
合计		5 200	2 600	2 100	9 900	1 300	8 600

表 9－29　厂部各类人员工资结算表

2020 年 5 月　　元

姓名	类别	应付职工薪酬				代扣款（三险一金）	实发工资
		基本工资	奖金	津贴	小计		
赵新生	管理人员	1 200	550	143	1 893	550	1 343
严爱明	管理人员	950	500	80	1 530	400	954

续表

姓名	类别	应付职工薪酬				代扣款（三险一金）	实发工资
		基本工资	奖金	津贴	小计		
胡晓为	管理人员	1 050	500	88	1 638	450	1 012
……	……	……	……	……	……	……	……
合计		10 000	1 700	300	12 000	1 200	10 800

（2）提示：

①编制工资结算汇总表、工资及福利费分配表并编制记账凭证。

②根据有关会计凭证登记有关明细账。

4. 折旧费

该企业月初固定资产原值为1 592 625元，其中，机器设备原值为492 625元，房屋建筑原值为1 100 000元。该企业计提固定资产折旧采用分类折旧率。机器设备月折旧率为5%，房屋建筑月折旧率为2%。

（1）各车间、部门固定资产原值明细资料见表9－30。

表9－30　各车间、部门固定资产原值明细资料　　元

车间部门	房屋建筑	机器设备	合计
内胎车间	300 000	140 525	440 525
外胎车间	400 000	269 500	669 500
动力车间	100 000	22 400	122 400
机修车间	100 000	32 200	132 200
行政管理部门	200 000	28 000	228 000
合计	1 100 000	492 625	1 592 625

（2）提示：

①编制计提折旧费用分配表并填制有关记账凭证。

②根据有关会计凭证登记有关明细账。

注：（1）为了简化核算，计提固定资产折旧费按月初账面固定资产原值计算。

（2）行政管理部门的办公设备也按月折旧率0.6%计提折旧费。

5. 其他费用

该厂其他费用包括办公费、水费、差旅费、误餐费、邮电费等，用银行存款一

次性支付。

（1）各车间、部门其他费用明细资料见表9－31。

表9－31　各车间、部门其他费用明细资料

元

车间部门	办公费	水费	差旅费	其他	合计
内胎车间	300	300		160	760
外胎车间	400	400		220	1 020
动力车间	200	200		100	500
机修车间	150	200			350
行政管理部门	600	200	3 000		3 800
合计	1 650	1 300	3 000	480	6 430

（2）提示：

①根据各车间、部门发生的各项其他费用编制记账凭证。

②根据有关会计凭证登记有关明细账。

（三）辅助生产费用

（1）动力车间、机修车间根据上述对各项费用发生所做的会计分录进行登账归集后，根据各车间、部门的受益数量采用交互分配法进行分配。生产车间动力用电根据生产工时比例在各种产品之间进行分配。“辅助生产成本”账户月末无余额。动力车间劳务供应通知单见表9－32、表9－33。

表9－32　电力供应通知单

2020年5月

度

车间部门	内胎车间		外胎车间		机修车间	行政管理部门	合计
	产品耗电	照明用电	产品耗电	照明用电			
受益数量	11 000	200	21 200	400	1 000	200	34 000

表9－33　劳务供应通知单

2020年5月

度

车间部门	内胎车间	外胎车间	机修车间	行政管理部门	合计
受益数量	400	540	100	60	1 100

（2）提示：

①根据各辅助生产车间归集的辅助生产费用，编制辅助生产费用分配表，并编制有关记账凭证。

②根据有关记账凭证，登记有关明细账。

（四）制造费用

（1）内胎车间、外胎车间制造费用，根据对上述各种费用的账务处理进行登账归集后，根据各种产品耗用生产工时比例进行分配，分别记入各种产品成本计算单“制造费用”项目，“制造费用”账户月末无余额。

（2）提示：

①根据各生产车间归集的制造费用，编制制造费用分配表并编制记账凭证。

②根据有关会计凭证登记有关明细账。

（五）计算完工产品成本及月末在产品成本

该企业“银行存款——工商银行”账户的月末余额为150 000元。

（1）期初在产品成本资料见表9－34、表9－35。

表9－34 期初在产品成本资料 元

产品名称	原材料费用	燃料及动力费用	工资及福利费	制造费用	合计
有口内胎	5 597.94				5 597.94
无口内胎	4 646.06				4 646.06
28#外胎	13 879.15	1 719.60	4 627.50	922.47	21 148.72
26#外胎	10 530.85	1 178.36	3 462.50	535.04	15 706.75

（2）提示：

①根据各种产品成本计算单归集的生产成本，进行完工产品和月末产品成本的分配计算。

②编制各种产品完工成本汇总表。

③根据完工产品成本汇总表编制会计分录。

④根据会计分录登记有关总账和明细账。

⑤进行基本生产成本总账与所属明细账的核对。

表 9 – 35　材料各明细账户期初余额及本期借方发生额　元

账户名称	明细账户	月初余额		本月借方发生额		合计
		数量	金额	数量	金额	
原材料	生胶	略	1 100	略	270 000	271 100
	保险片		600			600
	机油		340			340
	挤出机嘴子		600			600
	煤		10 000		25 000	35 000
	填充剂 1#		110 000		260 000	370 000
	填充剂 2#		3 000			3 000
	京光红		4 250			4 250
	炭黑		1 000		8 900	9 900
	汽油				420	420
	帘子布		340		2 000	2 340
	嘴子				50 000	50 000
	外包装箱		200		3 800	4 000
	内包装箱		1 000		8 000	9 000
	合计		129 430		631 120	760 550

练 习 题 1

一、单项选择题

1. 在下列产品成本计算方法中，可以单独应用的是（　　）。

A. 分类法　　B. 定额法　　C. 标准成本法　　D. 分批法

2. 划分产品成本计算的基本方法和辅助方法的标准是（　　）。

A. 成本计算工作是否简化

B. 是否需要进行完工产品与在产品的费用分配

C. 是否是计算产品成本必不可少的

D. 应用是否广泛

3. 大量大批的单步骤生产，其成本计算对象只能是（　　）。

A. 产品生产步骤　　B. 产品品种　　C. 产品件别　　D. 产品类别

4. 将某些产品成本计算方法归为基本方法，是因为它们的（　　）。

A. 成本计算工作较为简化　　B. 产品品种

C. 产品件别　　D. 产品类别

5. 区分产品成本计算的各种基本方法的主要标志是（　　）。

A. 所采用的间接记入费用的分配方法

B. 成本计算对象

C. 所采用的完工产品与在产品之间的费用分配方法

D. 成本计算期

6. 将品种法看作成本计算的最基本的方法，是因为（　　）。

A. 按照产品品种计算成本，是对成本计算最起码的要求

B. 计算最简化

C. 对成本管理最重要

D. 应用最广泛

二、判断题（正确的画“√”，错误的画“×”）

1. 生产特点是决定产品成本计算对象的唯一因素。（　　）

2. 成本计算对象是区分产品成本计算各种基本方法的主要标志。（　　）

3. 产品成本计算期的确定主要取决于生产组织的特点。（　　）

4. 在小批单件生产中，一般不存在完工产品与在产品之间分配费用的问题。（　　）

5. 在小批单件生产中，产品成本有可能在某批产品完工后计算，因此成本计算是不定期的，而与生产周期一致。（　　）

6. 受生产特点和管理要求的影响，产品成本计算对象有：品种、批别（或件别）、步骤和类别 4 种。（　　）

7. 产品成本计算的基本方法有：品种法、分批法、分步法和分类法 4 种。（　　）

8. 由于每个工业企业最终都必须按照产品品种算出成本，因此品种法适用于所有工业企业。（　　）

9. 产品成本计算的基本方法与生产类型的特点有直接的联系，而且涉及成本计算对象

的确定，因此是计算产品实际成本必不可少的方法。（ ）

10. 按照产品品种计算成本，是对产品成本计算最起码的要求，因此品种法是最为基本的成本计算方法。（ ）

11. 产品成本计算的辅助方法可以单独应用，也可以与基本方法结合起来应用。（ ）

12. 产品成本计算的基本方法和辅助方法的划分标准是：看其是否是计算产品实际成本所必不可少的。（ ）

练习题 2

一、单项选择题

1. 采用品种法计算产品成本，产品成本明细账的设立应按（ ）。

A. 产品品种　B. 产品批别　C. 产品生产步骤　D. 产品类别

2. 品种法是产品成本计算的（ ）。

A. 主要方法　B. 重要方法　C. 最基本方法　D. 最一般方法

3. 以产品品种为成本计算对象的成本计算方法，称为（ ）。

A. 品种法　B. 分批法　C. 分步法　D. 分类法

4. 品种法成本计算期的特点是（ ）。

A. 按月定期计算成本，一定与生产周期一致

B. 按月定期计算成本，一定与生产周期不一致

C. 按月定期计算成本，一定与会计报告期不一致

D. 按月定期计算成本，一定与会计报告期一致

5. 采用品种法，生产成本明细账应当按照（ ）分别开设。

A. 生产车间　B. 生产步骤　C. 产品品种　D. 订货单

6. 品种法适用的生产组织方式是（ ）。

A. 大量生产　B. 成批生产

C. 大量大批生产　D. 单件小批生产

7. 关于品种法，下列说法中正确的是（ ）。

A. 品种法是所有生产企业都采用的一种成本计算方法

B. 品种法是按月定期计算产品成本

C. 成本计算对象要根据管理要求确定

D. 会计报告期末一般没有在产品

二、多项选择题

1. 品种法适用于（ ）。

A. 大量大批的单步骤生产

B. 大量大批的多步骤生产

C. 大量大批、管理上不要求分步计算成本的多步骤生产

D. 小批单件生产

2. 品种法的特点包括（ ）。

A. 成本计算对象是产品品种

B. 品种法下一般定期计算产品成本

C. 如果月末有在产品，要将生产成本在完工产品和在产品之间进行分配

D. 成本计算期与产品的生产周期基本一致

3. 品种法的适用范围有（　　）。

A. 大量大批单步骤生产

B. 大量大批多步骤生产

C. 管理上不要求分步骤计算成本的大量大批多步骤生产

D. 单件小批生产

4. 下列企业中，适合采用品种法计算产品成本的有（　　）。

A. 供电企业　　B. 采掘企业

C. 制药厂　　D. 只制造和销售整车的自行车厂

5. 品种法的特点是（　　）。

A. 以产品品种为成本计算对象

B. 各月末，有在产品时，需要采用一定的方法在完工产品和在产品之间分配费用

C. 各月末，需要采用一定的方法在各步骤之间分配费用

D. 成本计算在各月末进行，即成本计算期与会计报告期一致，与产品生产周期不一致

6. 关于品种法，下列说法中不正确的是（　　）。

A. 成本计算对象是产品的订单

B. 按生产部门开设产品成本明细账

C. 在月末一定有在产品

D. 成本计算期固定

7. 采用品种法在月末计算产品成本时，如果（　　），也可以不计算在产品成本。

A. 没有在产品

B. 在产品数量很少，且成本数额不大

C. 在产品数量很少，但成本数额很大

D. 在产品数量很多，且成本数额很大

三、判断题（正确的画“√”，错误的画“×”）

1. 采用品种法，不需要在各种产品之间分配费用，也不需要在完工产品和期末在产品之间分配费用。（　　）

2. 品种法只适用于多步骤生产。（　　）

3. 品种法的成本计算期为按月定期，与产品生产周期不一致。（　　）

4. 品种法主要适用于大量大批单步骤生产的企业。（　　）

5. 品种法的产品成本明细账内应按照产品的成本项目设立栏目。（　　）

6. 按照品种法，如果不计算在产品成本，则成本明细账中归集的生产费用，就是完工产成本。（　　）

7. 采用品种法计算产品成本，月末需汇总编制“完工产品成本汇总计算表”。（　　）

8. 从成本计算对象和成本计算程序看，品种法是最基本的成本计算方法。（　　）

9. 品种法的成本计算对象是每件产品。（　　）

10. 在品种法下，应按生产单位开设产品成本计算单。（　　）

11. 品种法的成本计算期与会计期间一致。 （ ）

12. 采用品种法计算产品成本时，企业如果只生产一种产品，只需要为这一种产品开设产品成本明细账即可。 （ ）

13. 用品种法计算产品成本一般都定期在每个月末进行。 （ ）

14. 由于每个工业企业最终都必须计算出每种产品的成本，因此品种法是成本计算方法中的基本方法。 （ ）

15. 采用品种法计算产品成本，月末如果没有在产品或在产品数量很少，且在产品成本的数额不大，也可以不计算在产品成本。 （ ）

16. 从生产工艺技术过程看，品种法只适用于简单生产。 （ ）

四、计算及案例题

大恒工厂生产甲、乙两种产品，都属于单步骤的大量生产，采用品种法计算产品成本。该厂设一个基本生产车间、供电和供水两个辅助生产车间。辅助生产车间的制造费用通过“制造费用”科目核算。该厂3月的生产费用资料如下：

（1）各项货币支出。根据3月付款凭证汇总的各项货币支出（假定均用银行存款支付）为：

①基本生产车间：办公费3 933元、运输费1 370元、取暖费4 260元、其他费用9 260元。

②供电车间：外购动力费用31 210元、办公费430元、其他费用320元。

③供水车间：办公费550元、其他费用50元。

（2）职工薪酬费用。

①基本生产车间：生产工人工资569 500元、管理人员工资7 250元。

②供电车间：生产工人工资21 000元、管理人员工资3 600元。

③供水车间：生产工人工资25 000元、管理人员工资4 200元。

基本生产车间生产工人工资系计时工资，在甲、乙两种产品之间按产品的实用工时比例分配。实用工时为：甲产品60 000小时、乙产品40 000小时。

为了简化计算，按工资总额一定比例提取的其他职工薪酬费用此处从略。

（3）固定资产折旧费。

①2月的折旧额为：基本生产车间6 000元、供电车间500元、供水车间800元。

②2月增加的固定资产折旧额为：基本生产车间500元。

（4）材料费用。根据3月材料领退料凭证汇总的材料费用为：

①甲产品：直接材料费用7 600元。

②乙产品：直接材料费用38 500元。

③辅助生产车间：

a. 供电车间：直接材料费用3 200元。

b. 供水车间：直接材料费用2 500元。

④基本生产车间：机物料消耗4 962元、劳动保护费3 830元。

⑤供电车间：机物料消耗790元、其他费用200元。

⑥供水车间：机物料消耗580元、其他费用120元。

（5）辅助生产费用。该厂规定辅助生产费用按计划成本分配。辅助生产的计划单位成本为：每度电 0.35 元、每吨水 1.6 元。辅助生产的成本差异全部记入管理费用。

供电车间供电 176 000 度。各单位耗电度数为：供水车间动力用电 14 400 度、照明用电 1 100 度；基本生产车间动力用电 148 500 度、照明用电 4 500 度；行政管理部门用电 7 500度。

供水车间提供水 21 500 吨。各单位耗水吨数为：供电车间 1 500 吨、基本生产车间 18 000吨、行政管理部门 2 000 吨。

基本生产车间的动力费用按照产品的实用工时比例在甲、乙两种产品之间进行分配。

（6）制造费用。该厂规定制造费用按产品的实用工时比例在甲、乙两种产品之间进行分配。

（7）完工产品和月末在产品之间的费用分配。甲产品的消耗定额比较准确、稳定，但各月在产品数量变动较大，因此采用定额比例法分配完工产品费用和月末在产品费用。直接材料费用按定额原材料费用比例分配，其他各项费用均按定额工时比例分配。

甲产品 3 月初在产品的定额资料为：定额直接材料费用 14 500 元、定额工时 30 500 小时；其实际费用为：直接材料费用 16 050 元、直接燃料及动力费用 7 740 元、直接人工费用 134 050 元、制造费用 17 506 元，合计 175 346 元。

甲产品 3 月投入的定额直接材料费用为 7 000 元，定额工时为 56 000 小时。

甲产品 3 月完工 180 件，单件直接材料费用定额为 90 元，单件工时定额为 410 小时。

该厂乙产品各月在产品的数量较大，但各月数量比较稳定，因此规定各月在产品费用均按年初数固定不变，到年末才根据实际情况进行调整。其年初在产品费用为：直接材料费用 7 600 元、直接燃料及动力费用 2 200 元、直接人工费用 4 500 元、制造费用 3 290 元，合计 17 590 元。乙产品 3 月完工 100 件。

要求：

（1）根据上述资料，编制银行存款付款凭证汇总表和各种生产费用分配表。

（2）根据银行存款付款凭证汇总表和各种生产费用分配表，登记各种生产费用明细账和产品成本明细账（管理费用明细账此处从略），计算各种产品的生产成本。

（3）编制有关生产费用分配和产品成本结转的会计分录，并据以登记总账有关科目。

（4）将“基本生产成本”总账科目的月末余额与各种产品成本明细账的月末在产品成本之和核对相符。

练 习 题 3

一、选择题

1. 在下列产品成本计算法中，必须设置基本生产成本二级账的是（　　）。

A. 品种法　　B. 分步法　　C. 分类法　　D. 简化分批法

2. 在下列产品成本计算方法中，对间接记入费用进行累计分配的是（　　）。

A. 品种法　　B. 分步法　　C. 分类法　　D. 简化分批法

3. 在简化分批法下，在产品完工前，产品成本明细账中（　　）。

A. 不登记任何费用　　B. 只登记直接记入费用

C. 只登记间接记入费用　　D. 只登记间接记入费用和生产工时

4. 在简化分批法下，累计间接记入费用分配率（　　）。

A. 只是横向分配的依据

B. 既是横向分配的依据，也是纵向分配的依据

C. 只是纵向分配的依据

D. 只是在各批在产品之间分配费用的依据

5. 某企业采用分批法计算产品成本。3 月投产的产品情况是：1 日，投产甲产品 4 件、乙产品 3 件；16 日，投产甲产品 5 件、丙产品 3 件；25 日，投产甲产品 4 件、丁产品 5 件。该企业 3 月应开设的产品成本明细账的张数是（　　）。

A. 3 张　　B. 5 张　　C. 4 张　　D. 6 张

6. 简化分批法与分批法的主要区别是（　　）。

A. 不分批计算完工产品成本　　B. 不分批计算在产品成本

C. 分批计算原材料费用　　D. 不分配间接记入费用

7. 采用简化分批法，在产品完工之前，产品成本明细账（　　）。

A. 不登记任何费用

B. 只登记直接记入费用和生产工时

C. 只登记原材料费用

D. 只登记间接记入费用，不登记直接记入费用

8. 在简化分批法下，累计间接记入费用分配率（　　）。

A. 只是在各产品之间分配间接记入费用的依据

B. 只是在各批在产品之间分配间接记入费用的依据

C. 既是各批产品之间，也是完工产品和在产品之间分配间接记入费用的依据

D. 只是完工产品与在产品之间分配间接记入费用的依据

9. 分批法适用于（　　）。

A. 小批生产　　B. 大批生产　　C. 大量生产　　D. 多步骤生产

10. 分批法一般是按照客户的订单来组织生产的，所以也叫（　　）。

A. 订单法　　B. 系数法　　C. 分类法　　D. 定额法

二、多选题

1. 分批法适用于（　　）。

A. 小批生产　　B. 单件生产　　C. 大量生产　　D. 大批生产

2. 在分批法下，如果批内产品跨月陆续完工的情况不多，完工产品占全部批量的比重很小，先完工的产品可以（　　）从产品成本明细账转出。

A. 按计划单位成本计价

B. 按定额单位成本计价

C. 按近期相同产品单位成本计价

D. 按实际单位售价计价

3. 采用简化分批法计算产品成本，必须同时具备的条件有（　　）。

A. 同一月投产的批数很多

B. 月末未完工的批数较多

C. 各月间接记入费用的水平相差不多

D. 各月间接记入费用的水平相差较多

4. 简化分批法的主要特点有（　　）。

A. 在产品完工前，产品成本明细账中不登记任何费用

B. 必须设置基本生产成本二级账

C. 不分批计算在产品成本

D. 各项累计间接记入费用分配率既是横向分配的依据，也是纵向分配的依据

5. 在简化分批法下，累计间接记入费用分配率是（　　）。

A. 各批完工产品之间分配间接记入费用的依据

B. 全部完工产品批别与全部月末在产品批别之间分配间接记入费用的依据

C. 某批产品的完工产品与月末在产品之间分配间接记入费用的依据

D. 各批月末在产品之间分配间接记入费用的依据

6. 采用分批法计算产品时，如果批内产品跨月陆续完工的情况不多，完工产品数量占全部批量的比重小，先完工的产品可以（　　）从产品成本明细账中转出。

A. 按计划单位成本计价

B. 按定额单位成本计价

C. 按近期相同产品的实际单位成本计价

D. 按实际单位成本计价

7. 简化分批法的应用条件是（　　）。

A. 同一月投产的产品批数很多

B. 月末完工产品批数较少

C. 各月间接记入费用水平相差不多

D. 各月生产费用水平相差不多

8. 采用简化分批法，生产成本二级账登记（　　）。

A. 直接记入费用　　B. 间接记入费用　　C. 生产工时　　D. 期间费用

三、判断题（正确的画“√”，错误的画“×”）

1. 分批法主要适用于小批单件、管理上不要求分步计算成本的多步骤生产。（　　）

2. 在小批单件生产中，按批、按件计算产品成本，也就是按用户的订单计算产品成本。（　　）

3. 在分批法下，对于大型复杂的单件产品，由于其价值大、生产周期长，也可以按照产品的组成部分分批组织生产，计算成本。（　　）

4. 在分批法下，为了经济合理地组织生产，计算成本，可以将同一时期内几张订单规定的相同产品合并为一批。（　　）

5. 在分批法下，如果一张订单中规定有几种产品，应将其作为一批组织生产，计算成本。（　　）

四、计算及案例题

1. 华光公司小批生产甲、乙两种产品，采用分批法计算成本，有关情况如下：

（1）1月投产的批号有：

0101批号：甲产品11台，本月投产，本月完工5台，2月全部完工。

0102批号：甲产品12台，本月投产，本月完工1台，2月全部完工。

（2）1月和2月各批号生产费用资料见表3－53。

表3－53　生产费用分配表　元

月份	批号	直接材料费用	直接人工费用	制造费用
1	0101	45 650	38 000	25 000
	0102	48 198	18 400	9 600
2	0101		15 000	9 825
	0102		42 590	19 993

0101批号的甲产品1月完工数量占全部批量比重较大，完工产品与月末在产品之间采用约当产量比例法分配费用。原材料在生产开始时一次投入，在产品的完工程度按50%计算。

0102批号的乙产品1月完工数量少，完工产品按计划单位成本计价转出。其每台计划成本为：直接材料费用4 000元、直接人工费用5 000元、制造费用2 500元。

要求：

（1）根据上述资料，采用分批法计算各批产品1月完工产品和月末在产品成本，并登记产品成本明细账（表中数字要列出计算过程）。

（2）计算0101批号甲产品和0102批号乙产品的整批产品的总成本和单位成本。

2. 某工业企业生产组织属于小批生产，产品批数多，而且月末有许多批号未完工，因此采用简化分批法计算产品成本。

（1）9月的生产批号有：

2020批号：甲产品5件，8月投产，9月20日全部完工。

2021批号：乙产品10件，8月投产，9月完工6件。

2022批号：丙产品5件，8月末投产，尚未完工。

2023批号：丁产品6件，9月初投产，尚未完工。

（2）各批号9月末累计直接材料费用（原材料在生产开始时一次投入）和工时为：

2020批号：直接材料费用18 000元、工时902小时。

2021批号：直接材料费用24 000元、工时2 150小时。

2022批号：直接材料费用15 800元、工时830小时。

2023批号：直接材料费用11 080元、工时822小时。

（3）9月末，该厂全部产品累计直接材料费用68 880元、工时4 704小时、直接人工费用18 816元、制造费用28 224元。

（4）9月末，完工产品工时为2 302小时，其中乙产品工时为1 400小时。

要求：

（1）根据上述资料，登记基本生产成本二级账和各批产品成本明细账。

（2）计算累计间接记入费用分配率。

（3）计算各批完工产品成本。

3. 红光公司采用简化分批法计算产品成本。6月各批产品成本明细账中有关资料如下：

4011批号甲产品：1月投产20件，本月全部完工，累计直接材料费用为25 000元，累计消耗工时4 500小时。

5021 批号乙产品：5 月投产 15 件，本月完工 10 件，累计直接材料费用为 15 000 元，累计消耗工时 3 000 小时。

6031 批号丙产品：本月投产 10 件，全部未完工，累计直接材料费用 18 000 元，累计消耗工时 1 500 小时。

各批产品的直接材料都是在生产开始时一次投入的。

各批产品各项生产费用及生产工时的累计情况见表 3－54。

表 3－54　基本生产成本二级账

月	日	摘要	直接材料费用/元	工时（时）/小时	直接人工费用/元	制造费用/元	合计/元
6	30	生产费用累计	58 000	9 000	135 000	108 000	301 000
	30	累计间接记入费用分配率					
	30	完工产品成本					
	30	在产品成本					

要求：

（1）根据以上资料计算本月各项累计间接记入费用分配率，并据以对完工产品分配间接记入费用，计算各批完工产品成本（写出计算过程）。

（2）将累计生产费用在全部完工产品与月末在产品之间进行分配，登记基本生产成本二级账。

练 习 题 4

一、单项选择题

1. 在逐步结转分步法下，完工产品与在产品之间的费用分配，是指（　　）之间的费用分配。

A. 产成品与月末在产品

B. 完工半成品与月末在产品

C. 产成品与广义的在产品

D. 前面步骤的完工半成品与加工中的在产品及最后步骤的产成品与加工中的在产品

2. 在平行结转分步法下，完工产品与在产品之间的费用分配，是指（　　）之间的费用分配。

A. 产成品与狭义的在产品

B. 各步骤完工半成品与月末加工中在产品

C. 产成品与广义的在产品

D. 各步骤完工半成品与广义的在产品

3. 成本还原的对象是（　　）。

A. 产成品成本
B. 产成品成本中的直接人工费用
C. 产成品成本中所耗上一步骤半成品的综合成本
D. 产成品成本中的制造费用

4. 采用平行结转分步法计算产品成本的决定性条件是（　　）。
A. 不需要计算半成品成本
B. 必须是连续式多步骤生产
C. 必须是装配式多步骤生产
D. 需要提供按原始成本项目反映的产成品成本资料

5. 平行结转分步法适用于（　　）。
A. 大量大批、管理上不需要计算半成品成本的多步骤生产
B. 大量大批、连续式多步骤生产
C. 大量大批、装配式多步骤生产
D. 大量大批、管理上需要计算半成品成本的多步骤生产

6. 平行结转分步法中在产品的含义是指（　　）。
A. 本步骤在制品　　B. 最终产成品
C. 狭义的在产品　　D. 广义的在产品

7. 在一般情况下，下列企业中适合选择平行结转分步法的有（　　）。
A. 纺织企业　　B. 采掘企业
C. 冶金企业　　D. 重型机械制造企业

8. 下列企业中必须采用逐步结转分步法计算产品成本的有（　　）。
A. 采掘企业　　B. 有半成品对外销售的企业
C. 发电厂　　D. 单件小批生产企业

9. 在采用综合逐步结转分步法的情况下，下一步骤耗用的上一步骤半成品的成本应转入下一步骤产品成本明细账中的（　　）。
A. “直接材料费用”项目
B. “直接人工费用”项目
C. “制造费用”项目
D. “直接材料费用”或“自制半成品”项目

二、多项选择题

1. 成本管理需要提供各生产步骤半成品成本资料的原因有（　　）。
A. 计算外销半成品的损益
B. 全面考核和分析商品产品成本计划的执行情况以及企业内部单位的生产耗费水平和资金占用水平
C. 进行同行业半成品成本指标的比较
D. 为计算各种产成品成本提供所耗同一种半成品费用的数据

2. 在逐步结转分步法下，按照结转的半成品成本在下一步骤产品成本明细账中的反映方式，分为（　　）。
A. 综合结转　　B. 分项结转

C. 按实际成本结转　　D. 按计划成本结转

3. 按计划成本综合结转半成品成本的优点有（　　）。

A. 可以简化和加速成本计算工作

B. 便于各步骤进行成本的考核和分析

C. 不必进行成本还原

D. 便于从整个企业角度考核和分析产品成本计划的执行情况

4. 采用分项结转分步法结转半成品成本的缺点有（　　）。

A. 不便于各步骤完工产品的成本分析

B. 成本结转工作比较复杂

C. 需要进行成本还原

D. 不便于从整个企业的角度考核和分析产品成本计划的执行情况

5. 平行结转分步法的特点有（　　）。

A. 各步骤不计算半成品成本

B. 各步骤不结转半成品成本

C. 可以全面反映各步骤生产耗费水平

D. 必须将各步骤发生的费用在产成品与广义的在产品之间进行分配

三、判断题（正确的画“√”，错误的画“×”）

1. 逐步结转分步法只适用大批大量的连续式生产。（　　）

2. 平行结转分步法只适用大批大量的装配式生产。（　　）

3. 逐步结转分步法是在不需要计算各步骤半成品成本的情况下，为了简化成本计算工作而采用的一种成本计算方法。（　　）

4. 平行结转分步法是为了计算半成品成本而采用的一种分步法。（　　）

5. 成本还原的对象是本月产成品成本中所耗上一步骤半成品的综合成本。（　　）

四、计算和案例题

1. 某企业大量生产甲产品。生产分为两个步骤，分别由第一车间、第二车间两个车间进行。第一车间为第二车间提供半成品，第二车间将半成品加工成产成品。该企业为了加强成本管理，采用分步法按照生产步骤（车间）计算产品成本。

该企业本月（10 月）第一车间和第二车间发生的生产费用（不包括所耗半成品的费用）为：

第一车间：直接材料费用 63 000 元、直接人工费用 30 000 元、制造费用 61 000 元。

第二车间：直接人工费用 37 000 元、制造费用 88 500 元。

本月初半成品库结存半成品 400 件，其实际总成本为 10 3000 元。本月第一车间完工入库半成品 500 件，第二车间从半成品库领用半成品 700 件。出库半成品单位成本按加权平均法计算。本月完工入库产成品 350 件。在产品按定额成本计价。

月初在产品定额总成本为：

第一车间：直接材料费用 19 000 元、直接人工费用 11 000 元、制造费用 23 000 元，合计 53 000 元。

第二车间：半成品费用 61 000 元、直接人工费用 12 000 元、制造费用 25 000 元，合计 98 000 元。

月末在产品定额总成本为：

第一车间：直接材料费用28 000元、直接人工费用13 000元、制造费用26 000元，合计67 000元。

第二车间：半成品费用26 000元、直接人工费用5 000元、制造费用14 000元，合计45 000元。

要求：

（1）根据上述资料，登记产品成本明细账和自制半成品明细账，按实际成本综合结转半成品成本，计算产成品成本。

（2）编制结转半成品成本和产成品成本的会计分录。

2. 华光公司大量生产C产品。生产分为两个步骤，分别由第一车间、第二车间两个车间进行。为了加强成本管理，该公司采用逐步结转分步法计算成本，两个步骤之间的半成品按计划成本结转。半成品的计划单位成本为45元；两个车间的完工产品与在产品之间的费用分配都采用在产品成本按定额成本计价法。其他有关资料如下：

（1）第一步骤产品成本明细账中的部分资料见表3－55。

表3－55　产品成本明细账

半成品名称：C

车间名称：第一车间　　　　产量：1 000件

成本项目	月初在产品成本（定额成本）	本月费用	生产费用合计	完工半成品成本	月末在产品成本（定额成本）
直接材料费用/元	2 500	15 000			2 200
直接人工费用/元	1 500	12 500			1 100
制造费用/元	2 500	16 500			2 000
合计/元	6 500	44 000			5 300
单位成本/（元·件$^{-1}$）					

（2）半成品通过半成品库收发，半成品成本明细账中的部分资料见表3－56。

表3－56　自制半成品明细账

半成品名称：C　　　　计划单位成本：45元/件

月份	月初余额			本月增加			合计					本月减少		
	数量/件	计划成本/元	实际成本/元	数量/件	计划成本/元	实际成本/元	数量/件	计划成本/元	实际成本/元	成本差异/元	差异率	数量/件	计划成本/元	实际成本/元
6														
7														

（3）第二步骤产品成本明细账部分资料见表 3－57。

表 3－57　产品成本明细账

半成品名称：C

车间名称：第一车间　　　　产量：920 件

成本项目		月初在产成本（定额成本）	本月费用	生产费用合计	产成品成本		月末在产品成本（定额成本）
					总成本	单位成本	
半成品	计划成本/元						
半成品	成本差异/元						
半成品	实际成本/元	4 500	3 600				
直接人工费用/元		2 100	18 237	20 337			1 800
制造费用/元		1 680	16 230	18 000			1 440
合计/元							
单位成本/(元·件$^{-1}$)							

要求：

（1）计算第一车间生产的 C 半成品成本，登记第一车间的产品成本明细账。

（2）结转第一车间本月完工的 C 半成品成本，计算本月发出 C 半成品的单位成本和总成本，登记自制半成品明细账。

（3）计算第二车间生产的 C 产成品成本，登记第二车间的产品成本明细账。

（4）编制结转半成品成本及产成品成本的会计分录。

3. 江南公司大量生产甲产品。生产分为两个步骤，分别由第一车间、第二车间两个车间进行。该公司采用逐步结转分步法计算成本，两个步骤之间的半成品按实际成本分项结转。两个车间的完工产品与在产品之间的费用分配都采用在产品按定额成本计价法。其他有关资料如下：

（1）第一步骤产品成本明细账中的部分资料见表 3－58。

表 3－58　产品成本明细账

半成品名称．甲

车间名称：第一车间　　　　产量：1 000 件

成本项目	月初在产品成本（定额成本）	本月费用	生产费用合计	完工半成品成本	月末在产品成本（定额成本）
直接材料费用/元	8 000	120 000			7 200
直接人工费用/元	9 000	125 000			7 500
制造费用/元	7 200	96 000			6 000
合计/元					
单位成本/(元·件$^{-1}$)					

（2）半成品通过半成品库收发，发出半成品的单位成本按加权平均法计算（本月第二车间领用半成品900件），半成品成本明细账中的部分资料见表3－59。

表3－59　自制半成品明细账

半成品名称：甲

月份	摘要	数量/件	直接材料费用/元	直接人工费用/元	制造费用/元	合计/元
6	月初余额	100	7 900	11 000	9 500	28 400
6	本月增加					
6	合计					
6	单位成本/(元·件$^{-1}$)					
6	本月减少	900				
6	月末余额					

（3）第二步骤产品成本明细账部分资料见表3－60。

表3－60　产品成本明细账

半成品名称：C

车间名称：第一车间　　产量：950件

成本项目	月初在产品成本（定额成本）	本月本车间费用	本月耗用半成品费用	生产费用合计	产品成本		月末在产品成本（定额成本）
直接材料费用/元	17 000						10 200
直接人工费用/元	10 500	273 000					7 450
制造费用/元	8 400	218 400					6 300
合计/元							

要求：

（1）计算第一车间生产的甲半成品成本，登记第一车间的产品成本明细账。

（2）结转第一车间本月完工的甲半成品的成本，计算本月发出甲半成品的单位成本和总成本，登记自制半成品明细账。

（3）计算第二车间生产的甲产成品成本，登记第二车间的产品成本明细账。

（4）编制结转半成品成本及产成品成本的会计分录。

4. A产品分两个步骤生产，分别由第一车间、第二车间两个车间进行。A产品采用分步法计算成本，A半成品成本的结转采用结转法。某月的其他有关资料见表3－61、表3－62。

表 3－61　产品成本明细账

车间名称：第一车间　　　　产品名称：半成品 A

项目	半成品	直接人工费用	制造费用	合计
月初产品定额成本/元	7 200	4 560	3 480	15 240
本月生产费用/元	36 240	25 800	19 800	81 840
生产费用合计/元	43 440	30 360	23 280	97 080
完工半成品成本/元	35 880	27 000	21 120	84 000
月末在产品定额成本/元	7 560	3 360	2 160	13 080

表 3－62　产品成本明细账

车间名称：第二车间　　　　产品名称：产成品 A

项目	半成品	直接人工费用	制造费用	合计
月初产品定额成本/元	28 500	2 750	2 850	34 100
本月生产费用/元	75 200	21 650	18 450	115 300
生产费用合计/元	103 700	24 400	21 300	149 400
完工半成品成本/元	80 640	22 150	18 620	121 410
月末在产品定额成本/元	23 060	2 250	2 680	27 990

要求：

（1）将产成品成本中的半成品费用，按本月所产半成品成本的结构进行还原，并计算按原始成本项目反映的产成品成本（要写出计算过程）。

（2）结合题中资料和计算结果，说明成本还原的必要性。

5. 某企业甲产品分 3 个步骤生产，分别由 3 个车间进行，采用逐步结转分步法计算成本。各步骤之间设半成品库，半成品成本的结转采用综合结转法，按实际成本进行。某月甲产品各步骤产品成本明细账见表 3－63 ~ 表 3－65。

表 3－63　产品成本明细账

第一车间：甲半成品　　　　元

项目	直接材料费用	直接人工费	制造费用	合计
月初在产品成本	1 500	300	855	2 655
本月生产费用	7 000	1 300	3 750	12 050
生产费用合计	8 500	1 600	4 605	14 705
完工产品成本	7 900	1 400	4 125	13 125
月末在产品成本	900	200	480	1 580

表3－64 产品成本明细账

第二车间：甲半成品　　　　元

项目	半成品	直接材料费用	直接人工费用	制造费用	合计
月初在产品成本	1 800	300	200	400	2 700
本月生产费用	11 800	2 200	1 600	2 800	18 400
生产费用合计	13 600	2 500	1 800	3 200	21 100
完工产品成本	12 000	2 270	1 630	2 900	18 800
月末在产品成本	1 600	230	170	300	2 300

表3－65 产品成本明细账

第三车间：甲产成品　　　　元

项目	半成品	直接材料费用	直接人工费用	制造费用	合计
月初在产品成本	2 000	300	400	600	3 300
本月生产费用	19 000	2 600	3 200	4 000	28 800
生产费用合计	21 000	2 900	3 600	4 600	32 100
完工产品成本	19 740	2 710	3 360	4 250	30 060
月末在产品成本	1 260	190	240	350	2 040

要求：将半成品成本中所耗上一车间半成品的综合成本，分别按本月第二车间、第一车间所产的半成品成本构成进行成本还原，计算按原始成本项目反映的资产产品成本。

6. 星海公司大量生产H产品。生产分为两个步骤，分别由第一车间、第二车间两个车间进行。第一车间生产的半成品全部为第二车间耗用，采用平行结转分步法计算成本，各步骤应记入产成品的份额与广义的在产品之间的费用分配采用定额比例法，直接材料费用按定额工时比例分配。其他有关资料如下：

（1）有关H产品的定额资料见表3－66。

表3－66 定额资料

<table>
<tr><th rowspan="3">项目</th><th colspan="2">月初在产品</th><th colspan="2">本月投入</th><th colspan="5">本月产成品</th></tr>
<tr><th rowspan="2">定额直接材料费用/元</th><th rowspan="2">定额工时/小时</th><th rowspan="2">定额直接材料费用/元</th><th rowspan="2">定额工时/小时</th><th colspan="2">单件定额</th><th rowspan="2">产量/件</th><th rowspan="2">定额直接材料费用/元</th><th rowspan="2">定额工时/小时</th></tr>
<tr><th>直接材料费用/元</th><th>工时/小时</th></tr>
<tr><td>第一车间</td><td>6 400</td><td>600</td><td>72 000</td><td>9 130</td><td>80</td><td>10</td><td>950</td><td>76 000</td><td>9 500</td></tr>
<tr><td>第二车间</td><td></td><td>800</td><td></td><td>10 850</td><td></td><td>12</td><td></td><td></td><td>11 400</td></tr>
<tr><td>合计</td><td>6 400</td><td>1 400</td><td>72 000</td><td>10 850</td><td></td><td></td><td>950</td><td>76 000</td><td>20 900</td></tr>
</table>

（2）第一车间产品成本明细账中的部分资料见表3－67。

表3－67　产品成本明细账

第一车间：H产品

项目	产成品数量/件	直接材料费用/元		定额工时/小时	直接人工费用/元	制造费用/元	成本合计/元
		定额	实际				
月初在产品		6 400	6 272	600	8 127	7 280	21 679
本月费用		72 000	70 560	9 130	136 850	109 480	316 890
合计							
费用分配率/(元·件$^{-1}$)							
产成品成本中本步骤的份额	950						
月末在产品							

（3）第二车间产品成本明细账中的部分资料见表3－68。

表3－68　产品成本明细账

第二车间：H产品

项目	产成品数量/件	直接材料费用/元		定额工时/小时	直接人工费用/元	制造费用/元	成本合计/元
		定额	实际				
月初在产品				800	11 840	9 920	21 760
本月费用				10 850	160 580	134 540	295 120
合计							
费用分配率/(元·件$^{-1}$)							
产成品成本中本步骤的份额	950						
月末在产品							

要求：

（1）计算H产品成本，登记第一车间、第二车间产品成本明细账（有关数据要列出计算过程）。

（2）编制产成品成本汇总表，平行结转、汇总产成品成本，编制结转产成品成本的会计分录。

7. 中北公司大量生产D产品。生产分为两个步骤，分别由第一车间、第二车间两个车间进行。第一车间生产的半成品全部为第二车间耗用，采用平行结转分步法计算成本，各步骤应记入产成品的份额与广义的在产品之间的费用分配采用约当产量比例法（加权平均法）。其他有关资料如下：

（1）D产品实物量及在产品完工程度资料见表3－69。

表3－69　D产品实物量及在产品完工程度表

件

项目	第一车间	第二车间
月初在产品	200	180
本月投入或转入	1 800	1 900
本月完工并转出	1 900	2 000
月末在产品结存	100	80
完工程度	60%	50%

（2）第一步骤所需要的原材料以及第二步骤所需要的原材料和半成品均是在生产开始时一次投入；两个生产步骤的直接人工费用和制造费用随加工进度发生。

（3）两个生产步骤的月初在产品费用和本月发生的费用见表3－70、表3－71。

表3－70　产品成本明细账

第一生产步骤　　元

项目	直接材料费用	直接人工费用	制造费用	合计
月初在产品费用	38 760	14 980	14 620	
本月费用	358 000	267 500	216 500	
合计				
应计入产成品份额				
月末在产品费用				

表3－71　产品成本明细账

第二生产步骤　　元

项目	直接材料费用	直接人工费用	制造费用	合计
月初在产品费用	9 940	19 920	16 080	
本月费用	89 900	435 000	345 000	
合计				
应计入产成品份额				
月末在产品费用				

要求：

（1）计算 D 产品成本，登记第一车间、第二车间产品成本明细账（有关数据要列出计算过程）。

（2）编制产成品成本汇总表，平行结转、汇总产成品成本，编制结转产成品成本的会计分录。

计算产品成本的辅助方法

【内容摘要】

本项目主要介绍产品成本计算的辅助方法——分类法、定额法的特点、适用范围及计算方法。

【知识目标】

1. 理解辅助方法的含义、特点、适用范围等。
2. 掌握各种方法的计算程序，相应的费用归集和分配方法，以及账务处理技能目标。
3. 能配合成本计算的基本方法恰当地运用分类法、定额法进行成本计算。

【技能目标】

1. 能根据企业的实际情况灵活运用成本计算方法。
2. 能利用提供的产品成本资料，运用所学方法计算出完工产品总成本和单位成本。
3. 能进行会计处理，登记有关明细账。

【素质目标】

1. 能够运用办公软件编制各辅助方法下的成本计算表。
2. 能够根据成本计算了解各成本数据之间的关联关系。

【思政目标】

1. 树立正确的价值理念，明确完工产品成本对企业产品定价、市场占有率的重要性。
2. 坚持原则，按章办事。

【知识结构】

本项目的知识结构如图 3－9 所示。

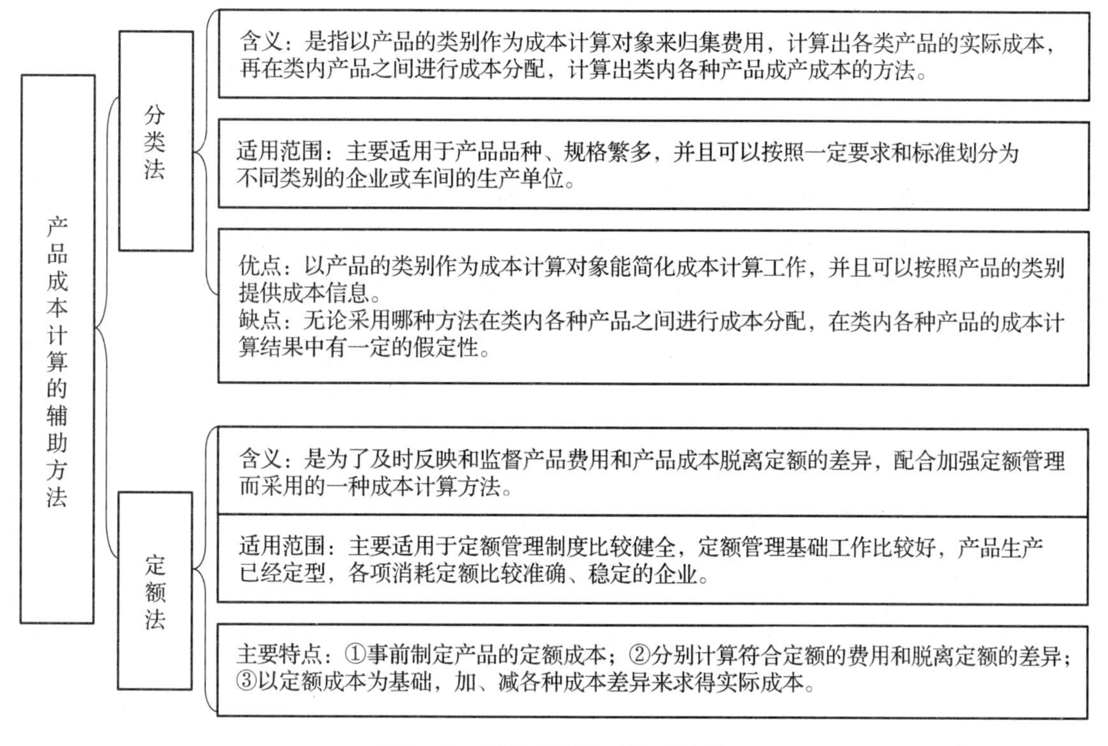

图 3－9　模块三项目二的知识结构

任务一　计算产品成本的辅助方法——分类法

一、分类法的含义

在一些工业企业生产的产品品种、规格繁多的情况下，可以先按照一定的标准对产品进行分类，然后按产品类别归集生产费用并计算各类产品的总成本，期末对各类产品的总成本按一定的标准在类内各种产品之间进行分配，计算出各种规格产品的成本。

这种以产品类别为成本计算对象，归集生产费用，计算各类产品总成本和类内各种产品成本的方法就是产品成本计算的分类法。

二、分类法的特点

分类法的特点主要表现在成本计算对象、成本计算期、生产费用分配和类内产品分配等 4 个方面。

（一）以产品类别作为产品成本计算对象

采用分类法计算产品成本时，先要根据产品的结构、所用原材料及工艺技术过程的不同，将产品划分为若干类，按照产品的类别设立产品成本明细账，归集生产费用，计算各类产品成本；然后选择合理的分配标准，在每类产品的各种产品之间分配费用，计算每类产品内各种产品的成本。如食品加工厂可以按照耗用的不同原材料，将产品分为饼干、糖果、面包、月饼等不同的类别，然后以产品类别作为成本计算对象。

（二）产品成本计算期由产品成本计算的基本方法决定

分类法不是一种独立的成本计算方法，必须与成本计算的某种基本方法结合使用，即分类法下某类产品的总成本是采用成本计算的哪种基本方法计算出来的，则该类产品的成本计算期就与该基本方法的成本计算期相同。

（三）月末通常要在完工产品与月末在产品之间分配生产费用

在月末计算产品成本时，先要将归集的各类产品的生产费用按照一定的分配方法，然后在完工产品和月末在产品之间进行分配，以确定该类完工产品的总成本。

（四）各类完工产品的总成本还要在类内各种产品之间进行分配

分类法的成本计算对象是产品的类别，但成本计算的最终目的是计算出每种产品的成本。因此，以产品类别作为成本计算对象是为了简化成本计算，待各类产品完工时，各类完工产品的总成本还要在类内各种产品之间进行分配，以计算出类内各种产品的实际总成本和单位成本，从而达到成本计算的最终目的。

三、分类法的适用范围

一些工业企业生产的产品品种、规格繁多，如果以产品品种或规格作为成本计算对象来归集生产费用，计算产品成本，则成本计算工作量过大。分类法主要适用于以下范围：同原料、同工艺生产不同规格产品的企业，生产联产品的企业，生产副产品的企业，生产零星产品的企业，生产等级产品的企业。

同类产品，是指产品的结构、性质、用途以及使用的原材料、生产工艺过程等大体相同，规格和型号不一的产品，如电子元件厂生产的不同规格的无线电产品、针织厂生产的不同规格的针织衫、制鞋厂生产的同类不同规格的鞋。

联产品，是指使用同一种原材料，经过同一生产过程，同时生产出几种具有相同地位的主要产品。例如，石油炼制中，原油经过蒸馏后，同时产出汽油、煤油、柴油。

副产品，是指企业在生产主要产品的过程中附带生产出的一些非主要产品。例如，洗煤生产中产生的煤泥、制皂生产中产生的甘油等，都称为副产品。

四、分类法的优、缺点和应用条件

采用分类法计算产品成本，可以将产品类别作为成本计算对象。原始凭证和原始记录只按产品类别填列，各种费用只按产品类别分配，产品成本明细账只按产品类别开立，从而能简化成本计算工作。

采用分类法计算产品成本，可以减少成本计算对象的个数，简化成本计算手续，既可以反映各种产品的成本，还可以提供各类产品的成本资料，有利于企业从不同角度考核、分析产品成本。

分类法由于在计算类内各种产品成本时，不论是间接记入费用还是直接记入费用，都以一定的分配标准为比例进行分配，使计算结果有一定的假定性。

因此，在分类法下，产品的分类和分配标准（或系数）的选定是否适当是保证产品成本计算正确的关键。在产品的分类上，应以所耗原材料和工艺技术过程是否相近为标准。在对产品分类时，类距既不能定得过小，使成本计算工作复杂化；也不能定得过大，造成成本计算上的“大锅烩”，影响成本计算的正确性。在产品结构、所耗原材料或工艺技术发生较大变动时，应及时修订分配系数，或另选分配标准，以保证成本计算的正确性。

从理论上讲，分类法不是一种独立的成本计算方法，它必须与成本计算的品种法、分批法、分步法结合起来使用。

采用分类法时，产品分类一定要恰当，不能把耗用原料和加工过程大的产品归为一类，类内各种产品成本划分的标准必须与生产费用发生的原因密切联系在一起。

五、分类法的计算程序

分类法的计算程序如下：

（1）合理确定产品类别。按照性质、结构、用途、生产工艺过程或耗用原材料的不同标准将产品划分为若干类别，如鞋厂可以按照耗用的原材料不同将产品分为布鞋、皮鞋、塑料鞋 3 个类别。

（2）确定成本计算对象。按照产品的类别设置产品成本明细账，在某类产品成本明细账中再按照规定的成本项目汇集生产费用，计算出各类产品的实际总成本。

（3）选择合理的标准分配成本。确定分配各种成本的分配标准，分别将每类产品的成本在类内各种产品之间进行分配，计算出类内各种产品的实际总成本和单位成本。分配标准应选择与产品成本高低有直接联系的项目。它既可以采用产品的经济价值指标，也可以采用产品的技术性指标，还可以采用产品生产的各种定额消耗指标作为分配标准。常用的分配方法有定额比例法和系数法两种。

六、类内各种产品成本的分配方法

对各类产品的总成本在类内各种产品之间进行分配，保证产品成本计算的合理性和正确性，关键在于正确选择分配标准。常用的分配标准有定额消耗量，定额工时，定额费用，产品出厂价，产品的体积、质量、长度等。具体进行选择时往往考虑分配标准与产品成本之间的关联关系、分配标准取得的难易程度和计算过程是否方便可行等因素。企业划分类内各完工产品成本的常用方法主要是定额比例法和系数法。

（一）定额比例法

企业的定额管理基础工作好，各种定额资料完整、准确、稳定时，可以按类内各种产品的定额成本或定额消耗量的比例对各类产品的总成本进行分配，这种按定额比例确定类内各种产品成本的方法，通常称为定额比例法。其计算公式为：

$$\text{某类产品材料（人工、制造）费用分配率}=\frac{\text{该类产品材料（人工、制造）费用总额}}{\text{该类各种产品材料（人工、制造）定额成本之和}}$$

$$\text{类内某产品材料（人工、制造）费用实际成本}=\text{类内该产品材料（人工、制造）定额成本}\times\text{某类产品材料（人工、制造）费用分配率}$$

上述公式可以根据成本计算要求进行变换，如某项费用分配率可以变换为类内某产品该项费用定额成本占类内全部产品该项费用定额成本的比例，再以该项费用的实际金额乘以该产品该项定额成本比例，求得该产品的该项费用成本。

例3-2-1 南洋皮革有限公司生产的产品规格很多，其中，A型皮包和B型皮包使用的原材料相同，生产工艺技术过程接近，因此将其归并为皮包类，采用分类法计算成本。该公司20××年5月有关资料见表3-72、表3-73。

表3-72 在产品成本和本月生产费用资料

产品类别：皮包类　　20××年5月　　元

项目	直接材料	直接人工	制造费用	合计
月初在产品	13 200	11 700	6 400	31 300
本月生产费用	314 400	50 030	136 700	501 130
月末在产品	14 400	12 560	9 000	35 960

表3-73 产品消耗定额和产量记录

产品类别：皮包类　　20××年5月

产品名称	产量/件	定额材料成本/元	定额工时/小时
A型皮包	7 200	15	2
B型皮包	9 600	22	2.4

根据上述资料，采用定额比例法计算A、B型皮包成本如下：

(1) 根据A型皮包、B型皮包的定额成本与定额工时计算定额比例。

A型皮包材料成本定额比例 $=7\ 200\times15/(7\ 200\times15+9\ 600\times22)=33.83\%$

B型皮包材料成本定额比例 $=9\ 600\times22/(7\ 200\times15+9\ 600\times22)=66.17\%$

A型皮包工时定额比例 $=7200\times2/(7\ 200\times2+9\ 600\times2.4)=38.46\%$

B型皮包工时定额比例 $=9\ 600\times2.4/(7\ 200\times2+9\ 600\times2.4)=61.54\%$

(2) 按产品类别设置并登记产品成本明细账，见表3-74。

表3-74 产品成本明细账

产品类别：皮包类　　生产车间：皮具车间　　第×页

20××年		凭证		摘要	成本项目/元			合计/元
月	日	字	号		直接材料费用	直接人工费用	制造费用	
5	1			月初在产品	13 200	11 700	6 400	31 300
	31		略	本月生产费用	314 400	50 030	136 700	501 130
	31			生产费用合计	327 600	61 730	143 100	532 430
	31			完工产品成本	313 200	49 170	134 100	496 470
	31			月末在产品	14 400	12 560	9 000	35 960

（3）分配计算A型皮包、B型皮包两种产品的完工产品成本，见表3－75。

表3－75　各种产品成本计算单

产品类别：皮包类　　　　　　　　20××年5月31日

项目	材料定额比例/%	直接材料费用/元	工时定额比例/%	直接人工费用/元	制造费用/元	合计/元
完工产品成本		313 200		49 170	134 100	496 470
A型皮包	33.83	105 956	38.46	18 911	51 575	176 442
B型皮包	66.17	207 244	61.54	30 259	82 525	320 028

根据产品成本计算单和完工产品入库单，编制产品入库的会计分录如下：

会计分录（47）借：库存商品——A型皮包　　176 442

　　　　　　　　　　　——B型皮包　　320 028

　　　　　　　贷：基本生产成本（皮包类）　　496 470

（二）系数法

在采用分类法的企业中，对各类产品的总成本按一定的系数在各种产品间分配生产费用，确定类内各种产品成本的方法，称为系数法。

系数是指同一类别内各种产品成本费用之间的比例关系。

系数法的具体操作步骤如下：

（1）确定分配标准。选择与耗用费用关系最密切的因素作为分配标准，如定额消耗量、计划成本、售价、体积或长度等。

（2）确定标准产品。在同类产品中选择一种产销量大、生产正常、售价稳定的产品，作为标准产品，并将其分配标准系数定为“1”。

（3）确定产品总系数。将其他各种产品的分配标准与标准产品的分配标准相比，分别将比率确定为其他各种产品的系数，再以各种产品的实际产量乘以各种产品的折算系数计算出全部产品的标准产品产量（即总系数）。

$$\text{类内某产品系数}=\frac{\text{类内该种产品的分配标准}}{\text{类内标准产品的分配标准}}$$

$$\text{类内某产品系数（标准产量）}=\text{该产品实际产量}\times\text{该产品系数}$$

$$\text{类内全部产品总系数}=\sum(\text{类内每种产品系数})$$

（4）计算类内各种产品成本。

$$\text{某类产品材料（人工、制造）费用分配率}=\frac{\text{该类产品材料（人工、制造）费用总额}}{\text{该类全部产品总系数（类内全部产品标准产量之和）}}$$

$$\text{类内某产品材料（人工、制造）费用实际成本}=\text{类内该产品系数（标准产品产量）}\times\text{某类产品材料（人工、制造）费用分配率}$$

$$\text{类内某产品单位成本}=\frac{\text{类内该产品总成本}}{\text{该产品实际产量}}$$

如有期末在产品可按约当产量先折算成该完工产品的产量，再按系数折算为标准产品产量，最后按标准产品产量的比例计算出各种产品的完工产品成本和在产品成本。为了保证产品成本的可比性，系数一经确定，应保持相对稳定。

例3-2-2 富春江有限公司的产品规格很多，其中，A1、A2、A3三种产品耗用的原材料和生产工艺技术过程比较接近，因此将其归并为甲类，采用分类法计算成本。20××年8月有关资料见表3-76、表3-77。

表3-76 在产品成本和本月生产费用资料

产品类别：甲类　　　　20××年8月　　　　元

项目	直接材料费用	直接人工费用	制造费用	合计
月初在产品	13 200	11 700	6 400	31 300
本月生产费用	314 400	50 030	136 700	501 130
月末在产品	14 400	12 560	9 000	35 960

表3-77 甲类产品消耗定额和产量记录

产品类别：甲类　　　　20××年8月

产品名称	产量/件	材料消耗定额/元	工时消耗定额/小时
A1	7 200	23.4	14.4
A2	9 600	18	16
A3	2 400	14.4	12

该公司根据甲类产品的产销情况，确定A2产品为标准产品，定其系数为“1”，并根据资料计算如下：

（1）根据材料和工时定额计算材料和工时消耗系数。计算结果见表3-78。

表3-78 材料和工时消耗系数计算表

产品类别：甲类　　　　20××年8月

产品名称	单位产品		材料定额	定额工时系数
	材料消耗定额/元	工时消耗定额/小时	消耗量系数	
A1	19.5	16.2	1.3	0.9
A2	15	18	1	1
A3	12	13.5	0.8	0.75

（2）按产品类别设置并登记产品成本明细账，见表3-79。

表3-79 产品成本明细账

产品类别：甲类　　　　生产车间　　　　第×页

××年		凭证		摘要	成本项目/元			合计/元
月	日	字	号		直接材料费用	直接人工费用	制造费用	
8	1			月初在产品	13 200	15 700	7 020	35 920
	31		略	本月生产费用	314 400	71 030	116 700	502 130

续表

××年		凭证		摘要	成本项目/元			合计/元
月	日	字	号		直接材料费用	直接人工费用	制造费用	
	31			生产费用合计	327 600	86 730	123 720	538 050
	31			完工产品成本	313 200	71 520	116 220	500 940
	31			月末在产品	14 400	15 210	7 500	37 110

（3）计算 A1、A2、A3 三种产品的完工产品成本。根据各种产品的产量记录、原材料消耗量系数和工时定额系数，分配计算 A1、A2、A3 三种产品的完工产品成本，见表 3－80。

表 3－80　各种产品成本计算单

产品类别：甲类　　　　　　　　20××年 8 月 31 日

产品	产量/件	材料定额消耗量系数	定额工时系数	总系数		总成本/元				单位成本/（元·件⁻¹）
				直接材料费用	其他费用	直接材料费用	直接人工费用	制造费用	合计	
①	②	③	④	⑤＝②×③	⑥＝②×④	⑦＝⑤×分配率	⑧＝⑥×分配率	⑨＝⑥×分配率	⑩	⑪
分配率						15	4	6.5		
A1	7 200	1.3	0.9	9 360	6 480	140 400	25 920	42 120	208 440	28.95
A2	9 600	1	1	9 600	9 600	144 000	38 400	62 400	244 800	25.50
A3	2 400	0.8	0.75	1 920	1 800	28 800	7 200	11 700	47 700	19.875
合计				20 880	17 880	313 200	71 520	116 220	500 940	

注：直接材料费用分配率＝313 200÷20 880＝15
　　直接人工费用分配率＝71 520÷17 880＝4
　　制造费用分配率＝116 220÷17 880＝6.5

在表 3－80 所示的计算过程中，直接材料费用总系数是产量与材料定额消耗量系数的乘积，是各种产品之间分配原材料费用的依据；其他费用系数是产量与定额工时系数的乘积，是分配直接人工费用和制造费用的依据。以材料费用分配率分别乘以各种产品的直接材料费用总系数，可求得各种完工成品的原材料费用；以直接人工费用分配率和制造费用分配率分别乘以各种完工产品的其他费用总系数，可求得各种完工产品的直接人工费用和制造费用。

根据产品成本计算单和完工产品入库单，编制产品入库的会计分录如下：

会计分录（48）借：库存商品——A1　　　　208 440
　　　　　　　　　　　——A2　　　　244 800
　　　　　　　　　　　——A3　　　　 47 700

贷：生产成本——基本生产成本（甲类）　　500 940

在采用分类法计算产品成本的企业中，所有材料领用、工时记录、费用分配都按产品类别填列，产品成本明细账也按类别设置，从而大大简化了产品成本计算的手续，还能提供各类产品的成本资料。无论采用何种方法将生产费用在类内产品之间进行分配，都存在一定的假定性。为此，必须正确进行产品分类，合理确定产品的类别与类距。同时，在产品结构、所耗材料、生产工艺发生较大变化时，要及时修订相关定额或分配系数，以保证产品成本计算的正确。

七、联产品和副产品成本计算

（一）联产品成本计算

所谓联产品，是指企业在生产过程中，利用同一种原材料，经过同一个生产过程，同时生产出几种产品，并且这些产品都是企业的主要产品。联产品在生产过程中使用同样的原材料，并且是在同一生产过程中生产出来的。在联产品分离之前，应将其归为一类计算其总成本，然后再采用适当的方法，分配计算联产品中每种产品的成本。联产品虽然可以按类别归集费用，计算成本，但它同分类法是有区别的，即对分离后的继续加工成本，需要按照分离后产品的生产特点，选择适当的方法进行计算。通常情况下，将分离前发生的成本称为联合成本，而把分离后每种产品发生的成本称为可归属成本。因此，联产品的成本应该包括其所应负担的联合成本和分离后的可归属成本。

计算出联产品的联合成本之后，需要将其在各种联产品之间进行分配，分配时可根据企业的具体情况确定应采用的分配方法，常用的分配方法包括：

（1）实物计量分配法。实物计量分配法是将联合成本按各联产品实物量（如质量、长度或容积）进行分配的一种方法。

（2）标准产量分配法。标准产量分配法也称为系数分配法，它是根据各种联产品的实际产量，按系数将其折算为标准产量来分配联合成本的一种方法。具体程序是：先确定各种联产品的系数，然后用每种产品的产量乘上各自的系数，计算出标准产量；再将联合成本除以各种联产品标准产量之和，求得联合成本分配率；最后，用联合成本分配率乘以每种产品的标准产量，就可以计算出各种产品应负担的联合成本。

（3）销售价值分配法。销售价值分配法是指以各种联产品的销售价值作为分配标准来分配联合成本的一种联产品成本分配方法。

（二）副产品成本计算

分类法（副产品）

副产品是指企业在生产主要产品的过程中附带生产出来的一些非主要产品。由于副产品和主要产品是在同一生产过程中生产出来的，它们发生的费用很难分开，因此，一般将副产品和主要产品归为一类，按照分类法归集费用，计算其总成本。主、副产品分离前的成本可视为联合成本。一般来说，副产品的价值相对较低，在企业全部产品价值中所占比重较小，所以，可将副产品按照简化的方法计价，从主副产品的总成本中扣除，从而确定主要产品的成本。显然，要计算主要产品的成本，必须解决副产品的计价问题。副产品的计价，可以根据不同情况分别采用不同方法，常见的方法包括：

（1）副产品不计价。副产品不计价是指副产品不负担分离前的成本，副产品的成本由主要产品负担，将副产品的销售收入直接作为主要产品的销售收入处理。这种方法一般适用于副产品分离后不再加工，而且其价值较低的情况。

例 3-2-3　××工厂在生产主要产品甲产品时，会生产出副产品 A 产品，并且 A 产品可直接销售。本月生产的 20 000 件甲产品已经完工，没有在产品，本月附带生产 A 产品 1 000 件已经入库，A 产品每件售价为 100 元，销售环节应交税费每件 5 元，同类产品正常销售的利润率为 10%。A 产品成本从甲产品直接材料费用项目中扣除。甲产品成本明细账见表 3-81。

表 3-81　产品成本明细账

产品名称：甲　　20××年 9 月 × 日　　产量：20 000 件

项目	直接材料/元	直接人工/元	制造费用/元	合计/元
生产费用合计	2 660 000	1 200 000	240 000	4 100 000

根据资料，A 产品和甲产品成本可以计算如下：

A 产品单位成本 = 售价 - 应交税费 - 销售利润 = 100 - 5 - 100 × 10% = 85（元）

A 产品总成本 = 产品产量 × 单位成本 = 1 000 × 85 = 85 000（元）

根据上述成本计算结果，登记在甲产品成本计算单中，见表 3-82。

表 3-82　产品成本计算单

产品名称：甲　　20××年 9 月 × 日　　产量：20 000 件

项目	直接材料费用	直接人工费用	制造费用	合计
生产费用合计/元	2 660 000	1 200 000	240 000	410 000
结转本月完工 A 产品成本/元	85 000			85 000
本月完工甲产品总成本/元	257 5000	120 0000	240 000	4 015 000
本月完工甲产品单位成本/(元·件$^{-1}$)	128.75	60	12	200.75

会计分录（49）：借：库存商品——甲产品　　4 015 000

　　　　　　　　　　　　——A 产品　　85 000

　　　　　　　贷：生产成本——甲产品　　4 100 000

（2）副产品按售价扣除销售税金、销售费用后的余额计算，或者说按售价减去以正常利润率计算的销售利润后的余额计价，以此作为分离前的共同成本中副产品应负担的部分。这种方法适用于副产品价值较高的情况。其副产品成本既包括应负担的共同成本，又包括进一步加工的可归属成本。

例 3-2-4　接上例，××工厂在生产出副产品 A 产品时，A 产品在与甲产品分离后不能直接出售，要进一步加工为乙产品后才能出售。乙产品的产量为 800 件，售价为 120 元，销售环节应交税费为每件 6 元，同类产品正常销售的利润率为 10%。在对 A 产品进行进一步加工时产生的直接材料费用、直接人工费用、制造费用见表 3-83。

表3-83 ××工厂产品成本计算单

20××年9月×日　　元

产品名称	直接材料费用	直接人工费用	制造费用	合计
A	3 000	4 000	1 600	8 600

根据上述资料计算出乙产品和甲产品成本。

乙产品单位成本＝售价－应交税费－销售利润＝120－6－120×10%＝102（元）

乙产品总成本＝产量×单位成本＝800×102＝81 600（元）

A副产品总成本＝乙产品总成本－再次加工的直接材料费用－直接人工费用－制造费用

＝81 600－3 000－4 000－1 600＝73 000（元）

甲产品总成本＝总生产成本－A副产品总成本

＝4 100 000－73 000＝4 027 000（元）

根据上述成本计算结果登记在甲、乙产品成本计算单中，见表3-84、表3-85。

表3-84 ××工厂产品成本计算单

产品名称：甲　　20××年9月×日　　产量：20 000件

项目	直接材料费用	直接人工费用	制造费用	合计
生产费用合计/元	2 660 000	1 200 000	240 000	410 000
结转本月完工A产品成本/元	73 000			73 000
本月完工甲产品总成本/元	258 7000	1 200 000	240 000	4 027 000
本月完工甲产品单位成本/(元·件$^{-1}$)	129.35	60	12	201.35

表3-85 ××工厂产品成本计算单

产品名称：乙　　20××年9月×日　　产量：800件

项目	直接材料费用	直接人工费用	制造费用	合计
结转本月原材料费用/元	73 000			73 000
进一步加工费用/元	3 000	4 000	1 600	8 600
生产费用合计/元	76 000	4 000	1 600	81 600
本月完工乙产品总成本/元	76 000	4 000	1 600	81 600
本月完工乙产品单位成本/(元·件$^{-1}$)	95	5	20	102

在计算完毕后，根据上述产品成本计算资料，编制结转本月完工入库产品成本的会计分录如下：

会计分录（50）借：库存商品——甲产品　　4 027 000
　　　　　　　　　　　　——乙产品　　81 600
　　　　　　　贷：生产成本——甲产品　　4 027 000
　　　　　　　　　　　　——乙产品　　81 600

（3）副产品按固定成本计价。这种计价方法是指以确定的固定成本作为副产品的成本，从主要产品成本中扣除。其中，固定成本可按固定价格计价，也可以按计划单位成本计价。这种方法计算简便，但是当副产品成本变动较大、市价不稳定时，会影响主要产品成本的正确性。

为了简化成本计算工作，副产品也可以按照计划单位成本计价，从主副产品总成本中扣除。采用计划单位成本计价时，如果副产品进一步加工处理所需的时间不长，并且是在同一车间内进行的，为了简化计算，副产品进一步加工所发生的费用可以全部归记在主产品生产成本明细账中。

例3-2-5　××工厂在生产出副产品A时，A产品在与甲产品分离后不能直接出售，要进一步加工为乙产品后才能出售。由于乙产品加工处理的时间不长，加工费用不多，不单独设置生产成本明细账，全部费用在甲产品成本计算单中归集。本月甲产品成本计算单中归集的生产费用总计4 107 600元，其中直接材料费用为2 672 800元，直接人工费用为1 184 800元，制造费用为250 000元。乙产品按计划单位成本计价，从甲产品成本中扣除。本月附带生产的乙产品为800件，计划单位成本为101元，其中直接材料费用为91元，直接人工费用为6元，制造费用为4元。根据上述资料，乙产品和甲产品成本计算如下：

乙产品总成本＝计划单位成本×产量＝101×800＝80 800（元）

其中：

直接材料费用＝计划直接材料费用×产量＝91×800＝72 800（元）

直接人工费用＝计划直接人工费用×产量＝6×800＝4 800（元）

制造费用＝计划制造费用×产量＝4×800＝3 200（元）

甲产品总成本＝甲产品生产成本费用合计－乙产品总成本
　　　　　　＝4 107 600－80 800＝4 170 000（元）

上述成本计算结果在甲产品成本计算单中登记，见表3-86。

表3-86　××工厂产品成本计算单

产品名称：甲　　　　20××年9月×日　　　　产量：20 000件

项目	直接材料费用	直接人工费用	制造费用	合计
生产费用合计/元	2 672 800	1 184 800	250 000	4 107 600
结转本月完工乙产品成本/元	72 800	4 800	3 200	80 800
本月完工甲产品总成本/元	2 600 000	1 180 000	246 800	4 026 800
本月完工甲产品单位成本/(元·件$^{-1}$)	130	59	12.34	201.34

在计算完毕后，根据上述产品成本计算资料，编制结转本月完工入库产品成本的会计分录如下：

会计分录（51）借：库存商品——甲产品　　4 026 800

　　　　　　　　　　　　——乙产品　　80 800

　　　　　　贷：生产成本——甲产品　　4 107 600

副产品成本计算出来后，还需要考虑如何从联合成本中扣除。副产品成本从联合成本中扣除的方法可以是：将副产品成本（副产品计价额）从分离前联合成本中的“直接材料费名”成本项目中扣除，也可以按副产品的计价额与其总成本的比例，分别从分离前联合成本的各成本项目中扣除。前一种方法适用于副产品成本中直接材料费用所占比重较大或副产品成本占共同成本的比重很小的情况；后一种方法适用于副产品各成本项目的比重相差不大或副产品成本在联合成本中占有一定比重的情况。

任务二　计算产品成本的辅助方法——定额法

一、定额法概述

定额法是以定额成本为基础，根据产品定额成本、脱离定额差异和定额变动差异计算产品实际成本的一种成本管理和成本计算相结合的方法。它是实施定额成本制度的重要手段。

定额成本制度，是在制定产品定额成本的基础上，为了及时反映和监督产品成本脱离定额的差异，加强定额管理的一种成本控制制度。在这种制度下，计算产品成本要考虑产品定额成本、脱离定额差异、材料成本差异和定额变动差异4个因素。4个因素与产品的实际成本的关系是：

产品的实际成本＝产品定额成本±脱离定额差异±材料成本差异±定额变动差异

二、定额法的特点以及适用范围

（一）定额法的特点

定额法和其他产品成本计算方法不同，它不是一种纯粹的成本计算方法，而是一种将成本计算与成本控制紧密结合的方法。定额法克服了其他产品成本计算方法无法直接反映产品实际成本与定额成本相脱离情况的不足，使企业能够通过产品的成本计算达到对产品成本进行事前和事后控制，强化了企业对产品成本的日常控制，从而更有效地发挥成本计算对节约生产费用、降低产品成本的作用。

（1）以事先制定的产品定额成本作为成本控制目标和计算的基础。

（2）将每项生产费用都划分为定额费用和脱离定额差异进行计算。

（3）运用产品定额成本、脱离定额差异和定额变动差异的关系计算产品实际成本。

（4）定额法不能单独用于产品成本的计算。

（二）定额法的适用范围

定额法最早应用于大批量生产的机械制造企业，后来逐渐扩展到具备条件的其他工业企业。可见，定额法与生产类型没有直接关系。无论何种生产类型，只要同时具备下列两个条件，都可采用定额法计算产品成本：①企业的定额管理制度比较健全，定额管理工作基础较好；②产品的生产已经定型，消耗定额比较准确、稳定。

三、定额法的计算程序

（一）制定定额成本

定额成本是目标成本的一种，它是根据现行定额和计划单位成本制定的。定额成本在制定时，要分成本项目进行。定额成本一般由企业的计划、技术、会计等部门共同制定。

定额成本的制定通常有两种情况：

（1）对零、部件不多的产品，一般先计算零件定额成本，然后再汇总计算部件和产品的定额成本。零、部件定额成本还可以作为在产品和报废零、部件计价的依据。

（2）对零、部件较多的产品，可不计算零件的定额成本，直接计算部件的定额成本，然后汇总计算产品定额成本，或者根据零、部件的定额卡直接计算产品定额成本。

（二）定额成本的计算。

为了便于进行成本分析和考核，定额成本包括的成本项目和计算方法应该与计划成本、实际成本包括的成本项目和计算方法一致。其计算公式为：

$$原材料费用定额=产品原材料消耗定量\times原材料计划单价$$

$$人工费用定额=产品生产工时定额\times计划小时薪酬率$$

$$制造费用定额=产品生产工时定额\times计划小时制造费用率$$

其中，计划小时薪酬率、计划小时制造费用率可用下列公式计算：

$$计划小时薪酬率=\frac{某车间预计全年工人薪酬总额}{该车间预计定额总工时}$$

$$计划小时制造费用率=\frac{某车间预计全年制造费用总额}{该车间预计定额总工时}$$

例 3－2－6　大全有限责任公司生产的甲产品由两个甲 A 部件和三个甲 B 部件装配而成，其中，甲 A 部件由甲 A－1 和甲 A－2 两个零件组成，甲 B 部件由甲 B－1、甲 B－2 和甲 B－3 三个零件组成。现以该公司编制的甲 A－1 零件定额卡、甲 A 部件定额成本计算表和甲产品定额成本计算表说明定额成本的计算方法，计算结果见表 3－87 ~ 表 3－89。

表 3－87　零件定额卡

零件编号：3011　　　　20××年 1 月　　　　零件名称：甲 A－1

材料编号		材料名称		计量单位		材料消耗定额
5 003		102 材料		千克		4
工序	1	2	3	4	5	合计
定额工时/小时	1.5	2	2.5	3	3	12

表 3-88 部件定额成本计算表

部件编号：301　　　　20××年1月　　　　部件名称：甲 A

所用零件编号	零件名称	零件数量/件	材料定额						金额合计/元	工时定额/小时
			101 材料			102 材料				
			数量/件	计划单价/元	金额/元	数量/件	计划单价/元	金额/元		
3011	甲 A-1	2	4	8	32				32	12
3012	甲 A-2	3				10	6	60	60	18
装配										4
合计					32			60	92	34

部件定额成本项目					定额成本合计/元
原材料费用/元	人工费用		制造费用		
	计划小时薪酬率/(元·小时$^{-1}$)	金额/元	计划小时制造费用率/(元·小时$^{-1}$)	金额/元	
92	2	68	2.5	85	245

表 3-89 产品定额成本计算表

产品编号：872　　　　20××年1月　　　　产品名称：甲

所用部件编号	部件名称	所用部件数量/件	部件材料费用定额/元	产品材料费用定额/元	部件工时定额/小时	产品工时定额/小时
301	甲 A	2	92	184	34	68
302	甲 B	3	60	180	25	75
装配						27
合计				364		170

产品定额成本项目					产品定额成本合计/元
原材料费用/元	人工费用		制造费用		
	计划小时薪酬率/(元·小时$^{-1}$)	金额/元	计划小时制造费用率/(元·小时$^{-1}$)	金额/元	
364	2	340	2.5	425	1 129

四、定额成本与计划成本的异同

定额成本与计划成本的相同之处在于它们都是以产品生产的消耗定额和计划价格确定的目标成本，其计算公式均为：

原材料费用定额＝产品原材料消耗定额×原材料计划单价

人工费用定额＝产品生产工时定额×计划小时薪酬率

制造费用定额＝产品生产工时定额×计划小时制造费用率

定额成本与计划成本的不同之处在于：①计算计划成本的消耗定额是计划期内平均消耗定额，也称为计划定额，在计划期内通常不变。定额成本的消耗定额则是现行消耗定额，它应随着技术的进步和劳动生产率的提高不断修订。②计划成本一般是国家或上级机构对企业下达的指令性指标，企业可以不制定计划成本。定额成本则是企业自行制定的，是企业对当时的产品成本进行自我控制和考核的依据。

为了保证计划成本的完成，要求定额成本的加权平均水平不得高于计划成本的水平。

五、揭示脱离定额差异

脱离定额差异是指实际生产费用与定额成本之间的差额。要加强生产耗费的日常控制，就必须进行脱离定额差异的日常核算，随时分析差异发生的原因，确定产生差异的责任，及时采取相应的措施进行处理。与产品成本项目设置相配合，要分别揭示原材料费用脱离定额差异、人工费用脱离定额差异和制造费用脱离定额差异。

（一）原材料费用脱离定额差异的计算

在成本项目中，原材料（包括自制半成品）费用一般占有较大的比重，而且属于直接记入费用，因此更有必要，也有可能在费用发生的当时就按产品计算定额费用和脱离定额差异，以加强控制。原材料脱离定额差异的计算方法一般有限额领料法、切割核算法和盘存法等。

1. 限额领料法

限额领料法是根据产品产量和核定的单位消耗定量控制领料数量的一种方法。采用限额领料法的企业必须建立限额领料制度。在领料过程中，符合定额的原材料应根据限额领料单或定额发料单等定额凭证领发。如果因增加产品产量而需要增加用料，必须办理追加限额手续，然后根据定额凭证领发。由于其他原因需要超额领料或领用代用材料，应填制专设的超额材料领用单、代用材料领料单等差异凭证，经过一定的审批手续领发。差异凭证也可用普通领料单代替，但要用不同的颜色或加盖专用戳记加以区别。在差异凭证中，必须填明差异的数量、金额以及发生差异的原因。在每批生产任务完成以后，应该根据车间余料编制退料单，办理退料手续；退料单也应视为差异凭证，退料单中所列的原材料数额和限额领料单中的未领用的原材料余额，都是原材料费用脱离定额差异。

限额领料法是控制领料，促进用料节约的重要手段，但是它只能反映领料差异，不一定能反映用料差异。限额领料法不能完全控制用料。要控制用料不超支，不仅要控制领料不超过限额，还要控制产品的投产数量不少于计划规定的产品数量，此外还要注意车间有无未退余料及余料的数量。

2. 切割核算法

切割核算法是根据材料切割消耗定额和应切割毛坯数量控制材料消耗量的一种方法，适用于使用必须经过切割的板材、棒材和棍材等材料的定额管理。采用切割核算法进行用料控制时，应先采用限额法控制领料，然后通过材料切割核算单核算用料差异，达到控制用料。材料切割核算单应该按切割材料的批别开立，单中填明发交切割材料的种类、数量、消耗定额、应切割成的毛坯数量和材料的实际消耗量。根据实际切割成的毛坯数量和消耗定额，求出材料定额消耗量，再与材料的实际消耗量相比较，确定原材料费用脱离定额差异。

利用材料切割核算单进行材料切割的核算，可以及时反映材料的耗用情况和发生差异的具体原因，加强材料耗用的控制。如果条件具备，材料切割也可以同车间或班组的经济核算结合起来。

3. 盘存法

盘存法是定期通过对生产领用材料的余料进行盘存，确定原材料费用脱离定额差异的一种方法，适用于不能采用切割核算法的原材料。盘存法的计算方法是：在从严控制材料领用的前提下，按一定的间隔日数，对生产中的余料进行盘点，根据材料领用数和盘点所确定的余额，算出一定期间材料的实际耗用量，以材料的实际耗用量和这一期间投产的产品数量乘以单位产品耗用定量所求得的定额耗用量相比较，计算出材料脱离定额的数量差异，从而计算出原材料费用脱离定额差异。

原材料脱离定额差异的计算公式如下：

原材料脱离定额差异＝实际消耗量×材料计划单价－定额消耗量×材料计划单价

＝（实际消耗量－定额消耗量）×材料计划单价（量差）

在定额法下，原材料的日常核算一般按计划成本进行，原材料脱离定额差异只是按计划单价反映的消耗量上的差异（量差），并未考虑材料计划价格与实际价格不一定相同的因素。因此，月末计算产品的实际原材料费用时，还需要单独计算各种产品应负担的原材料成本差异。

（二）人工费用脱离定额差异的计算

人工费用脱离定额差异一般分为计件工资下人工费用脱离定额差异和计时工资下人工费用脱离定额差异。在计件工资形式下，生产工人的薪酬均属于直接记入费用，其脱离定额差异的计算与原材料脱离定额差异的计算类似，符合定额的生产工人薪酬直接反映在产量记录中，脱离定额的差异通常反映在专设的补付单等差异凭证中。工资差异凭证也应该填明原因，并经过一定的审批手续。

在计时工资形式下，生产工人薪酬属于间接记入费用，影响其脱离定额差异的因素包括生产工时和小时薪酬率。计算其脱离定额差异的公式为：

某产品的实际人工费用＝该产品实际产量的实际生产工时×实际小时薪酬率

某产品的定额人工费用＝该产品实际产量的定额生产工时×计划小时薪酬率

某产品人工费用脱离定额差异＝该产品的实际人工费用－该产品的定额人工费用

其中：

$$\text{实际小时薪酬率}=\frac{\text{某车间实际生产工人薪酬总额}}{\text{该车间实际生产工时总额}}$$

$$\text{计划小时薪酬率}=\frac{\text{某车间计划产量的计算的定额薪酬费用}}{\text{该车间计划产量的定额生产工时}}$$

人工费用脱离定额差异的形成，是生产工时变动和小时薪酬率变动两个因素共同作用的结果。要控制产品的人工费用，必须控制生产工人薪酬总额，使其不超过计划；从严控制非生产工时不超过定额，保证在控制工时总数的情况下能充分利用工时；同时要控制单位产品的生产工时不超过工时定额。此外，企业不论采用何种种工资形式，都要对产品的人工费用按照成本计算对象汇编定额人工费用和脱离定额差异汇总表，汇总反映各种产品的定额工时和工人薪酬、实际工时和工人薪酬、工时和人工费用脱离定额差异以及产生差异的原因等资料，据以考核和分析各种产品生产工时和生产工资定额的执行情况，用以计算产品的人工费用。

（三）制造费用脱离定额差异的计算

要对制造费用进行定额控制，可将制造费用分解为变动制造费用和固定制造费用。对于变动制造费用，可比照原材料的定额控制方式进行定额控制，制定定额标准，采用限额费用单进行控制，超过定额部分记入差异凭证。对于固定制造费用，可制定计划总额，实行总量控制。月末按工时分配记入产品的制造费用时，比照计时工资下计算脱离定额差异的公式进行计算，计算时要注意将小时薪酬率改为小时制造费用率，公式如下：

$$\text{某产品的实际制造费用} = \text{该产品实际生产工时} \times \text{实际小时制造费用率}$$

$$\text{某产品的定额制造费用} = \text{该产品定额生产工时} \times \text{计划小时制造费用率}$$

$$\text{某产品制造费用脱离定额差异} = \text{该产品的实际制造费用} - \text{该产品的定额制造费用}$$

六、原材料成本差异的计算

采用定额法计算产品成本，为了便于产品成本的分析和考核，原材料的日常核算必须按计划成本进行。正因为如此，原材料的定额费用和脱离定额差异都按原材料的计划成本计算。前者是原材料的定额消耗量与其计划单位成本的乘积，后者是原材料实际消耗量与定额消耗数量之间的差异与其计划单位成本的乘积。两者之和就是原材料的实际消耗量与其计划单位成本的乘积。因此，月末计算产品的实际原材料费用时，还必须计算所耗原材料应分摊的成本差异，即所耗原材料的实际成本与计划成本之间的价格差异（价差）。定额法下材料成本差异的计算公式如下：

$$\begin{aligned}\text{某产品应负担的原材料成本差异} &= \left(\text{该产品原材料定额成本} + \text{原材料费用脱离定额差异}\right) \times \text{原材料成本差异率}\\ &= \text{原材料实际消耗量} \times \text{原材料计划单价} \times \text{原材料成本差异率}\end{aligned}$$

七、定额变动差异的计算

在定额执行过程中，由于生产技术和劳动生产率的提高，原来制定的消耗定额或费用定额经过一定时期后需要进行修订。修订后的新定额与修订前的老定额之间的差异，就是定额变动差异。定额的修订通常在年初进行，对某项消耗定额与实际生产情况发生较大变动时，也可以在年度内加以修订。修订后的定额一般在月初开始执行，当月投产的产品都要按新定额计算其定额成本和脱离定额差异。如果存在期初在产品，在定额变动后，既要求将期初在产品成本按新定额计算，又不能随意改变在产品的原账面成本，为此，在生产成本明细账中，将期初在产品成本按新定额计算反映，将在产品原账面成本与变动后计算的在产品成本的差异反映为定额变动差异。在定额降低时，定额变动差异用“+”号表示，在定额提高时，定额变动差异用“-”号表示。新定额计算的在产品成本与定额变动差异的关系是：

$$\text{新定额计算的在产品成本} \pm \text{定额变动差异} = \text{原定额计算的在产品成本}$$

月初在产品定额变动的差异，可以根据发生定额变动的在产品盘存数或在产品账面结存数乘以修订后的新定额，得到定额修订后的定额成本，然后与老定额进行比较，确定定额变动差异。某些机械制造企业，其生产的产品由较多零、部件组成，一旦定额发生变动，定额计算需要从零、部件到产品，使计算工作量较大。为了简化计算工作，也可以采用定额变动系数进行计算，其公式如下：

$$\text{月初在产品定额变动差异} = \text{按老定额计算的月初在产品成本} \times (1 - \text{定额变动系数})$$

$$\text{定额变动系数} = \frac{\text{按新定额计算的单位产品成本}}{\text{按老定额计算的单位产品成本}}$$

月初在产品总是首先完工的，因此所有月初在产品的定额变动差异均由当期完工产品负担。

八、产品实际成本的计算

产品成本计算的定额法是一种成本计算的辅助方法，在运用时也要与基本方法结合使用。当某种产品既有本月完工产品又有月末在产品时，要根据结合使用的产品成本计算的基本方法，将生产费用在完工产品与月末在产品之间分配费用。如前所述，在定额法下，产品成本的日常计算是对定额成本与各种成本差异分别计算，因此在完工产品与月末在产品之间分配费用时，也要按定额成本与各种成本差异分别进行，即先计算完工产品和月末在产品的定额成本，再计算分配完工产品和月末在产品的各种成本差异。在分配各种成本差异时，可利用企业各种较准确的定额成本资料，采用定额比例法或在产品按定额成本计价法进行分配。为了保证分配结果正确，应分别对原材料费用脱离定额差异、人工费用脱离定额差和制造费用脱离定额差异进行分配。在脱离定额差异金额不大的情况下，脱离定额差异可以全部由完工产品成本负担；在脱离定额差异金额较大，且各月在产品数量变化也较大的情况下，脱离定额差异应当在完工产品与月末在产品之间按定额成本比例分配。

九、定额法的实际运用

例3-2-7 珠江有限责任公司生产乙产品，采用定额法计算产品成本。20××年9月有关乙产品原材料费用的资料为：①月初在产品原材料定额费用为14 000元，月初在产品脱离定额差异为-200元；②本月原材料定额费用为56 000元，本月原材料费用脱离定额差异为-1 900元；③本月原材料成本差异率为-2%，原材料成本差异全部由完工产品负担。④本月完工产品的原材料定额费用为60 000元。

要求：①计算月末在产品原材料定额费用；②分配原材料脱离定额差异；③计算本月领用原材料应负担的材料成本差异；④计算本月完工产品和月末在产品成本应负担的原材料实际费用。

根据要求计算如下：

$$\text{月末在产品原材料定额费用}=\text{月初在产品原材料定额费用}+\text{本月发生的原材料定额费用}-\text{完工产品的原材料定额费用}$$

$$=14\ 000+56\ 000-60\ 000=10\ 000\ (\text{元})$$

$$\text{原材料脱离定额差异分配率}=\frac{\text{月初在产品原材料脱离定额差异}+\text{本月发生的原材料脱离定额差异}}{\text{完工产品原材料定额费用}+\text{月末在产品原材料定额费用}}\times100\%$$

$$=\frac{-200-1\ 900}{60\ 000+10\ 000}\times100\%$$

$$=-3\%$$

$$\text{完工产品应负担的原材料脱离定额差异}=60\ 000\times(-3\%)=-1\ 800\ (\text{元})$$

$$\text{月末在产品应负担的原材料脱离定额差异}=10\ 000\times(-3\%)=-300\ (\text{元})$$

$$\text{本月领用原材料应负担原材料成本差异}=(\text{本月发生的原材料定额费用}-\text{本月发生的原材料脱离定额差异})\times\text{原材料成本差异率}$$

$$=(56\ 000-1\ 900)\times(-2\%)$$

$$=-1\ 158\ (\text{元})$$

$$\frac{\text{本月完工乙产品}}{\text{原材料实际成本}}=\frac{\text{本月完工乙产品}}{\text{原材料实际成本}}+\frac{\text{本月完工乙产品应负担}}{\text{的原材料脱离定额差异}}$$

$$=60\ 000+(-1\ 800)+(-1\ 158)$$

$$=57\ 042\ (\text{元})$$

$$\frac{\text{本月完工在产品}}{\text{原材料实际成本}}=\frac{\text{月末在产品原}}{\text{材料定额成本}}+\frac{\text{月末在产品应负担的}}{\text{原材料脱离定额差异}}$$

$$=10\ 000+(-300)=9\ 700\ (\text{元})$$

例 3-2-8　南海有限责任公司生产丙产品，该公司定额管理制度比较健全、稳定，采用定额法计算丙产品成本。丙产品定额成本于 20××年 1 月制定，其定额标准见表 3-90。

表 3-90　丙产品定额成本

产品名称：丙　　　　　　　　制定日期：20××年 1 月 1 日

材料编号及名称	计量单位		材料消耗定量	计划单价/元	原材料费用定额/元
A 材料	千克		100	10	1 000
工时定额/小时	直接人工费用		制造费用		产品定额成本合计/元
	薪酬率/（元·小时⁻¹）	金额/元	费用率/（元·小时⁻¹）	金额/元	
100	3	300	2.5	250	1 550

丙产品所需 A 材料在生产开始时一次性投入。由于工艺技术的改进，该公司于 20××年 11 月 30 日对丙产品的原材料消耗定额进行修订，原材料消耗定量由每件消耗 100 千克，调整为 95 千克，原材料费用定额相应调整为 950 元。12 月初丙产品的月初在产品定额成本和脱离定额差异见表 3-91。

表 3-91　月初在产品定额成本和脱离定额差异　　金额单位：元

产品名称：丙　　　　20××年 12 月 1 日　　　　在产品数量：10 件

项目	成本项目			合计
	直接材料费用	直接人工费用	制造费用	
定额成本	10 000	1 500	1 250	12 750
脱离定额差异	-200	+100	+50	-50
实际成本	9 800	1 600	1 300	12 700

20××年 12 月，该公司投产 200 件，完工 160 件，月末在产品为 50 件。月初、月末在产品完工程度均为 50%。丙产品本月发生的生产费用见表 3-92。

表3-92　生产工时与生产费用资料

产品名称：丙　　20××年12月　　本月投产：200件

成本项目	定额成本			脱离定额差异			金额合计/元
	定量或工时	单价或费率	定额费用/元	差量或工时	单价或费率	差异金额/元	
直接材料费用	19 000千克	10元/千克	190 000	200千克	10元/千克	2 000	192 000
直接人工费用	18 000小时	3元/小时	54 000			1 800	55 800
制造费用	18 000件	205元/件	45 000			-1 800	43 200
金额合计			289 000			2 000	291 000

原材料消耗定量 = 200 × 95 = 19 000（千克）

定额工时 = 10 × 100 × 50% +（200 - 50）× 100 + 50 × 100 × 50% = 18 000（小时）

20××年12月原材料成本差异率为 +2%，计算出丙产品所领用原材料应负担的原材料成本差异为3 840元［(190 000 + 2 000) × 2%］。

由于11月30日对原材料费用定额进行了调整，丙产品的月初在产品定额成本降低，产生了月初在产品的定额变动差异50元［(100 - 95) × 10］。

根据上述各种资料，进行会计处理如下：

（1）丙产品领用A材料时，区分定额费用与脱离定额差异。

借：生产成本——丙产品（原材料定额成本）　190 000
　　　　　　——丙产品（脱离定额差异）　2 000
　贷：原材料——A材料　192 000

（2）月末结转材料成本差异。

借：生产成本——丙产品（原材料成本差异）　3 840
　贷：原材料成本差异　3 840

（3）结转丙产品的人工费用，区分定额费用与脱离定额差异。

借：生产成本——丙产品（人工定额成本）　54 000
　　　　　　——丙产品（脱离定额差异）　1 800
　贷：应付职工薪酬　55 800

（4）分配制造费用，区分定额费用与脱离定额差异。

借：生产成本——丙产品（制造费用定额成本）　45 000
　　　　　　——丙产品（脱离定额差异）　1 800
　贷：制造费用　43 200

月初在产品定额成本变动差异不必进行账务处理，可在基本生产成本明细账中直接列示。

根据会计处理结果，登记丙产品的基本生产成本明细账，见表3-93。

表 3－93　基本生产成本明细账

产品名称：丙　　　　　　　　　　　　　　　　　　　　总第　　页
　　　　　　　　　　　　　　　　　　　　　　　　　　第　　页

20××年		凭证号数	摘要	成本项目/元											合计/元			
				直接材料费用					直接人工费用			制造费用						
月	日			定额成本	定额调整	定额变动差异	脱离定额差异	原材料成本差异	定额成本	脱离定额差异	定额变动差异	定额成本	脱离定额差异	定额变动差异	定额成本	脱离定额差异	定额变动差异	原材料成本差异
12	1		期初在产品成本	10 000	－500	＋500	－200		1 500	＋100		1 250	＋50		12 250	－50	＋500	
	31	略	分配原材料费用	190 000			＋2 000								190 000	＋2 000		
	31	略	分配原材料成本差异					＋3 840										＋3 840
	31	略	分配人工费用						54 000	＋1 800					54 000	＋1 800		
	31	略	分配制造费用									45 000	－1 800		45 000	－1 800		
	31		生产费用合计	200 000	－500	＋500	＋1 800	＋3 840	55 500	＋1 900		46 250	－1 750		301 250	＋1 950	＋500	＋3 840
	31		脱离定额差异率				0.9%			3.42%			－3.78%					
	31	略	完工产品定额成本	152 000	－500				48 000			40 000			239 500			
	31	略	完工产品应负担差异			＋500	＋1 368	＋3 840		＋1 642			－1 512			＋1 498	＋500	＋3 840
	31		月末在产品成本	48 000			＋432		7 500	＋258		6 250	－238		61 750	452		

注：本月完工丙产品实际成本＝239 500＋1 498＋500＋3 840＝245 338（元）

月末在产品实际成本＝61 750＋452＝62 202（元）

在丙产品基本生产成本明细账中，涉及的各种脱离定额差异分配率计算如下：

$$直接材料费用脱离定额差异分配率=\frac{1\ 800}{200\ 000}\times100\%=0.9\%$$

$$直接人工费用脱离定额差异分配率=\frac{1\ 900}{55\ 500}\times100\%=3.42\%$$

$$制造费用脱离定额差异分配率=\frac{-1\ 750}{46\ 250}\times100\%=-3.78\%$$

月末，根据完工产品入库单，编制完工产品入库的会计分录：

会计分录（52）借：库存商品——丙产品　　245 338

　　贷：生产成本——丙产品（定额成本）　　239 500

　　　　——丙产品（脱离定额差异）　　1 498

　　　　——丙产品（定额变动差异）　　500

　　　　——丙产品（原材料成本差异）　　3 840

从本月完工的丙产品实际成本构成中，可以看到本月完工的丙产品定额成本为239 500元，实际成本为245 338元，成本超支5 838元。这反映了在定额法下实际成本脱离定额成本的情况，依据资料可以分析实际成本脱离定额成本的原因：一是脱离定额差异超支1 498元，属于生产耗费的超支，应该作为成本控制的重点；二是原材料成本差异超支3 840元，主要是原材料价格上涨所致，不是车间工作的缺点，但应从原材料采购角度分析原材料成本提高的原因；三是定额变动差异超支500元，这是11月30日对丙产品原材料消耗定额进行调整引起月初在产品定额成本的结果，说明丙产品的生产车间改进生产技术、节约原材料消耗的成绩。从加强产品成本管理的角度出发，还应当按照各个成本项目的实际情况分别进行成本分析，逐项查明实际成本脱离定额成本的真正原因，以有利于定期考核成本计划的完成情况，寻求降低产品成本的途径。这正是定额法的优点，同时，定额法也增加了成本计算的工作量。

项目小结

产品成本计算的方法分为基本方法和辅助方法，企业采用哪种计算方法取决于企业的生产特点和管理要求，可以使用其中一种、多种结合或多种同时使用。

企业因生产的产品品种繁多而需要分类进行产品成本计算，或企业形成比较先进且稳定的产品成本定额而需要采用定额法进行产品的成本计算，都必须选择与产品生产组织方式、工艺流程和管理要求相适应的产品成本计算的基本方法结合使用，才能真正奏效。

练习题

一、单项选择题

1. 某公司生产甲产品和乙产品，甲产品和乙产品为联产品。6月发生加工成本900万元。甲产品和乙产品在分离点上的数量分别为300件和200件。采用实物数量分配法分配联合成本，甲产品应分配的联合成本为（　　）万元。

A. 540　　B. 240　　C. 300　　D. 450

2. 某公司在生产主要产品的同时，还生产了某种副产品。该种副产品可直接对外出售，公司规定的售价为每千克 150 元。8 月主要产品和副产品发生的生产成本总额为 500 000 元，副产品的产量为 150 千克。假定该公司按预先规定的副产品的售价确定副产品的成本，则主产品的成本为（　　）元。

A. 22 500　　B. 500 000　　C. 0　　D. 477 500

3. 某公司生产甲产品和乙产品，甲产品和乙产品为联产品。1 月发生加工成本 1 000 万元。甲产品和乙产品在分离点上的数量分别为 300 件和 200 件。采用实物数量法分配联合成本，甲产品应分配的联合成本为（　　）万元。

A. 600　　B. 500　　C. 300　　D. 200

4. 分类法的适用范围（　　）

A. 是大批量单步骤生产　　B. 是大批量多步骤生产

C. 是单件小批单步骤生产　　D. 与企业生产类型没有直接关系

5. 企业利用同种原材料，在同一生产过程中同时生产出的几种使用价值不同，但具有同等地位的主要产品，称为（　　）。

A. 产成品　　B. 联产品　　C. 等级品　　D. 副产品

6. 定额成本是一种（　　）。

A. 先进企业的平均成本　　B. 本企业实际发生的成本

C. 本企业成本控制的目标　　D. 本企业的计划成本

7. 制定定额成本的依据是（　　）。

A. 本企业现行原材料消耗定额、工时消耗定额和费用定额

B. 本企业平均原材料消耗定额、工时消耗定额和费用定额

C. 本企业实际原材料消耗和工时消耗

D. 先进企业定额成本

8. 按计件单价支付的产品生产工人工资等于（　　）。

A. 定额工资　　B. 脱离定额差异

C. 直接人工费用　　D. 定额变动差异

9. 在本月完工产品与月末在产品之间脱离定额差异的依据是（　　）.

A. 本月投入产品定额成本

B. 月末在产品定额成本与本月完工产品定额成本之和

C. 月初在产品定额成本

D. 月末在产品定额成本

10. 采用分类法，应当按照（　　）设置生产成本明细账。

A. 产品品种　　B. 产品类别　　C. 联产品　　D. 副产品

11. 采用定额法计算产品成本，本月完工产品实际成本以（　　）为基础。

A. 月初在产品定额成本　　B. 本月完工产品定额成本

C. 月末在产品定额成本　　D. 本月投入产品定额成本

二、多项选择题

1. 联产品的成本分配法有（　　）。

A. 售价法　　B. 产成品产量比例法

C. 实物数量法　　D. 定额比例法

2. 下列产品中，可以作为同一成本计算对象的有（　　）。

A. 灯泡厂同一类别不同瓦数的灯泡

B. 无线电元件厂同一类别不同规格的无线电元件

C. 炼油厂同时生产出的汽油、柴油、煤油

D. 机床厂各车间同时生产的车床、刨床、铣床

3. 类内不同品种规格、型号产品之间成本分配的标准有（　　）。

A. 定额耗用总量　　B. 定额总费用

C. 产品售价　　D. 产品编号顺序

4. 确定类内不同规格、型号产品系数的依据有（　　）。

A. 产品定额消耗量　　B. 产品定额费用

C. 产品售价　　D. 产品的体积、面积、质量、长度

5. 副产品成本的确定一般有（　　）等方法。

A. 按副产品售价减去销售税金和利润后的余额计价

B. 按副产品计划成本或定额成本计价

C. 按副产品的可归属成本计价

D. 按副产品的计划售价计价

6. 用定额法计算成本的特点有（　　）。

A. 事先制定定额成本

B. 分别计算符合定额费用和脱离定额差异

C. 以定额成本为基础，加、减各种差异求得产品实际成本

D. 根据月初在产品成本和本月发生生产费用，计算产品实际成本

7. 采用定额法计算产品成本，产品实际成本的组成项目有（　　）。

A. 定额成本　　B. 脱离定额差异

C. 材料成本差异　　D. 定额变动差异

8. 原材料脱离定额差异的计算方法有（　　）。

A. 加权平均法　　B. 限额领料法

C. 切割核算法　　D. 盘存法

9. 为了简化成本计算工作，（　　）等一般可以全部由本月完工产品成本负担。

A. 定额成本　　B. 脱离定额差异

C. 材料成本差异　　D. 定额变动差异

10. 采用定额法计算产品成本的企业应当具备（　　）等条件。

A. 定额管理制度比较健全　　B. 定额管理基础工作比较好

C. 产品生产已经定型　　D. 各项消耗定额比较准确、稳定

11. 下列各项中，属于副产品成本分配方法的有（　　）。

A. 代数分配法　　B. 不计算副产品扣除成本法

C. 定额比例法　　D. 副产品作价扣除法

12. 某公司生产主产品的同时还生产了副产品，以下关于副产品的说法中，正确的有（　　）。

A. 一般副产品的价值相对较低

B. 在分配主产品和副产品生产成本时，通常先确定主产品成本，后确定副产品成本

C. 副产品的产量随着主产品产量的变动而变动

D. 副产品可以按预先确定的固定单价确定成本

13. 以下关于联产品和副产品的说法中，正确的有（　　）。

A. 联产品是指使用同种原材料，经过同一生产过程同时生产出来的两种或两种以上的非主要产品

B. 在分离点之前，联产品和副产品尚未分离，发生的成本为联合成本

C. 联产品和副产品分离后可按一个成本核算对象设置一个成本明细账

D. 在联产品和副产品分离后可以采用售价法、实物数量法等在各联产品之间进行分配

三、判断题

1. 生产产品原材料消耗的实际数量与计划数量的差额与实际价格的乘积为原材料消耗量变动差异。（　　）

2. 直接人工实际成本与计划成本之间的差额构成了直接人工成本差异。（　　）

3. 联产品是指在同一生产过程中，使用同种原材料，在生产主产品的同时附带生产出来的非主要产品。（　　）

4. 副产品的产量取决于主产品的产量，随主产品产量的变动而变动。（　　）

5. 联产品是指使用同种原材料，经过不同生产过程生产出来的两种或两种以上的主要产品。（　　）

6. 在分配主产品和副产品生产成本时，通常先确定副产品的生产成本，然后确定主产品的生产成本。（　　）

四、业务题

1. 某公司生产 A、B 两种联产品，采用售价法分配联合成本。3 月发生的全部成本为 120 万元，A、B 产品在分离点上的销售价格总额是 180 万元，其中 A 产品的销售价格总额为 60 万元，B 产品的销售价格总额为 120 万元，计算 B 产品应分配的联合成本。

2. 甲公司采用品种法计算产品成本，对 A 产品采用约当产量比例法分配完工产品和月末在产品之间的成本，原材料在生产开始时一次性投入，其他加工费用均衡发生。有关 A 产品 2013 年 3 月的成本费用资料见表 3－94。

表 3－94　A 产品 2013 年 3 月的成本费用资料

产品名称：A

摘要	产量/件	直接材料费用/万元	直接人工费用/万元	制造费用/万元	合计/万元
月初在产品成本	200	200	180	100	480
本月发生生产成本	800	880	760	500	2 940
本月生产成本合计	1 000	1 080	940	600	2 620

本月月末完工产品为 800 件，在产品为 200 件。本年 A 产品的单位计划成本：直接材料费用为 1.5 万元，直接人工费用为 1 万元，制造费用为 0.85 万元。计算 A 产品成本变动额、直接材料费用变动额、直接人工费用变动额、制造费用变动额。

计算其他行业成本

【内容摘要】

本项目列举了几个典型行业的成本内容和构成，并对行业的成本业务处理加以说明，让学生在掌握制造业成本计算方法之外，对其他行业的产品成本也有所了解。

【知识目标】

1. 了解其他行业成本计算的异同点。
2. 了解其他行业的成本计算对象。
3. 了解其他行业的成本项目构成。
4. 掌握其他行业的成本费用的归集方法。

【技能目标】

1. 能运用成本计算方法进行其他行业成本业务处理。
2. 能正确运用成本计算方法计算其他行业产品成本。

【素质目标】

1. 能够运用办公软件编制各计算方法下的成本计算表。
2. 能够根据成本计算了解各成本数据之间的关联关系。

【思政目标】

1. 树立正确的价值理念，明确产品成本的重要性。
2. 坚持原则，按章办事。

【知识结构】

案例导入

小明即将参加工作，由于对服务业情有独钟，多次参加商品流通、餐饮、物流等服务业的招聘会。小明虽然在校期间学习了不少会计专业知识，但对这一类企业的成本计算情况一无所知，他很担忧。

除了制造企业外，其他行业企业同样存在成本计算问题。如商品流通企业需要计算商品采购成本与商品销售成本；物流企业要计算运输成本；旅游、餐饮企业需要计算服务成本。本章将对上述行业的成本计算作简单的介绍。

任务一　计算商品流通企业成本

商品流通企业是指通过货币结算进行商品交换活动的企业，其主要经济业务是组织商品流通，包括批发商品流通和零售商品流通两个环节。商业、粮食、物资供销、供销社合作、对外贸易、医药销售、石油商业、烟草商业、图书发行等商品流通企业，主要通过商品购、销、调、存等经营业务来组织商品流转。

一、商品流通企业成本的构成内容

商品流通企业为了销售商品，必须先购进商品，按购进价格支付采购成本，将发生的采购费用列入当期经营费用。为了保证商品销售活动能够持续不断地正常进行，需要储存一定数量的商品，必定会发生储存费用。在销售商品过程中，还会发生经营费用。由于购进商品最终是为了销售商品，因此，这些商品储存和销售过程中发生的费用一般被列为经营费用。此外，企业行政管理部门为了组织和管理经营活动，还会发生管理费用。为了筹集业务经营所需资金，还要支付财务费用。因此，商品流通企业的期间费用包括经营费用、管理费用和财务费用。本任务主要讲述商品购进成本和商品销售成本。

二、商品购进成本的计算

购进商品的采购成本一般以商品的原进价为准。采购过程中发生的运输费、装卸费、保险费、包装费、仓储费等费用，运输中的合理损耗和入库前的挑选整理等进货费用，计入当期损益，列入经营费用。

（一）数量进价金额计算法

数量进价金额计算法一般适用于批发企业、外贸企业、农副产品收购企业、粮食部门。为了便于计算商品购进成本，企业设置“商品采购”账户，用来核算购进商品发生的成本。该账户的借方登记按进价计算的商品购进成本；贷方登记按进价计价并已验收入库的商品购进成本；期末借方余额反映企业已经支付采购款，但尚未验收的在途商品的采购成本。

为了反映商品的收入、发出和结存的情况，企业应该设置“库存商品”账户。在商品验收入库时记入该账户的借方，发出加工或结转已销售商品成本时记入该账户的贷方，期末余额表示全部库存商品的价值。在“库存商品”账户下，按商品品名、规格等分户设置数量进价金额明细账，也可在“库存商品”总账户与明细账之间加设库存商品类目账。

采购商品支付货款时，按照进价，借记“商品采购”账户，采购费用可以借记“库存商品——采购费用”账户，月末统一在已销商品与库存商品之间分配。商品到库后，根据收货单等有关凭证，按进价，借记“库存商品”账户，贷记“商品采购”账户。

（二）售价金额计算法

售价金额计算法一般适用于零售企业。在这种方法下，“库存商品”账户按商品售价登记，其进销差价在“商品进销差价”账户中登记。采购商品结算货款时，按照进价，借记“商品采购”账户，采购费用可以借记“库存商品——采购费用账户”，也可以直接记入该批商品的进货成本。商品到达验收以后，应根据收货单等有关凭证，按照售价，借记“库存商品”账户，贷记“商品采购”账户，同时，按照商品的进销差价，贷记或借记“商品进销差价”账户。

三、商品销售成本的计算

（一）数量进价金额计算法下商品销售成本的计算

采用数量进价金额计算法确定商品销售成本的计算方法有先进先出法、加权平均法、移动加权平均法、个别计价法和毛利率法等多种方法。这些方法在计算上各有优、缺点，企业可根据经营商品的特点和管理要求的需要，选定其中一种方法或结合几种方法计算和结转商品销售成本，既使计算结果符合实际，又使计算工作简便。不论采用何种方法，在一个会计年度内都不应变动，以保持年度销售成本计算的一致性。

$$加权平均单价=\frac{期初结存余额+本期增加金额-本期非销售减少金额}{期初结存数量+本期增加数量-本期非销售减少数量}$$

$$商品销售成本=销售数量\times 加权平均单价$$

其中，“非销售减少”是指出售商品以外的商品减少，如盘亏商品、拨付加工商品、进货退出等。

$$期末库存商品金额=期末结存数量\times 加权平均单价$$

$$商品销售成本=期初结存商品金额+本期增加商品金额-本期非销售减少商品金额-期末库存商品金额$$

采用加权平均法计算商品销售成本与期末结存商品的进价成本，价值比较均衡，但月末的计算工作量较大，商品销售成本的结转也只能在月末进行。因此，当月内必须随时结转某一发出商品的进价成本时，可以按照该商品上月的加权平均单价计算。

（二）售价金额计算法下商品销售成本的计算

采用售价金额计算法，平时商品销售后，按含税售价结转商品销售成本，借记“主营业务成本”账户，贷记“库存商品”账户。期末，再按照一定的方法，计算出已销商品应分摊的进销差价，通过进销差价的分摊，将平时按售价结转的商品销售成本调整为进价成本。按已销商品应分摊的进销差价借记“商品进销差价”账户，贷记“主营业务成本”账户。

已销商品进销差价的计算，应结合企业实际情况选择适当的方法。常用的计算方法有以下两种。

1. 差价率计算法

差价率计算法是指按照商品存销比例分摊进销差价的方法。各企业根据自身商品特点选择适当的进销差价率进行计算，也可以根据会计资料计算出差价率。

$$差价率=\frac{月末分摊前商品进销差价余额}{月末库存商品余额+月末受托代销商品进销差价余额+本月商品销售额}$$

$$已销商品应分摊的进销差价=本月商品销售额\times 差价率$$

差价率分为综合差价率和分柜组差价率。采用综合差价率的企业，按以上公式计算全部商品的差价率和当月已销商品应分摊的进销差价。采用分柜组差价率的企业，应按以上公式分别计算各实物负责小组经营商品的差价率和各组当月已销商品应分摊的进销差价。为此，采用分柜组差价率的企业，除“库存商品”账户应按实物负责分户外，“商品进销差价”账户也应按实物负责分户进行核算。财会部门月末应编制“已销商品进销差价计算表”，根据计算结果结转商品进销差价。

例 3－3－1　某商品流通企业月末有关账户余额分别为："库存商品"账户 200 万元、"委托代销商品"账户 120 万元、"进销差价"账户 180 万元、"主营业务收入"账户贷方发生额 780 万元。采用综合差价率计算如下：

$$差价率=\frac{180}{200+120+780}=16.3636\%$$

已销商品应分摊的进销差价＝780×16.363 6%＝127.64（万元）

根据计算结果编制分录如下：

会计分录（53）借：商品进销差价　　　　1 276 400

　　　　　　　　贷：主营业务成本　　　　1 276 400

采用综合差价率计算简便，一般适用于经营的商品各品种进销差价相差不大的企业。

例 3－3－2　某商品流通公司采用分柜组差价率计算已销商品应分摊的进销差价。20××年 11 月有关账户的资料见表 3－95。

表 3－95　各柜组账户余额　　元

营业柜组	分摊前商品进销差价账户余额	库存商品账户余额	受托代销商品账户余额	主营业务收入账户余额
食品组	75 000	178 321		134 500
图书组	82 756	214 968	14 800	169 239
百货组	68 389	198 765	32 000	154 873
合计	226 145	592 054	46 800	458 612

根据以上资料，计算各柜组的差价率如下：

食品组：$差价率=\frac{75000}{178321+134500}=23.98\%$

图书组：$差价率=\frac{82756}{214968+14800+169239}=20.74\%$

百货组：$差价率=\frac{68389}{198765+32000+154873}=17.73\%$

各柜组应分摊的进销差价分别为：

食品组：134 500×23.98%＝32 253.10（元）

图书组：169 239×20.74%＝35 100（元）

百货组：154 873×0.177 3＝27 458.98（元）

根据以上计算结果，已销商品应分摊的商品进销差价为：

会计分录（54）借：商品进销差价——食品组　　32 253.10

　　　　　　　　　　　　　　——图书组　　35 100

　　　　　　　　　　　　　　——百货组　　27 458.98

　　　　　　　　贷：主营业务成本——食品组　　32 253.10

　　　　　　　　　　　　　　　——图书组　　35 100

　　　　　　　　　　　　　　　——百货组　　27 458.98

采用分柜组差价率计算，由于把计算平均差价的范围缩小到各大类，故较采用综合差价率计算更接近实际。此种方法工作量大，适用于所经营的各类商品进销差价率相差幅度较大的企业。

2. 盘存商品实际差价计算法采用差价率计算的差价率是平均差价率，据以分摊后保留下来的商品进销差价，与库存商品实际进价与售价之间的真正差额一般是不会一致的。为了克服这一缺点，有些企业采用盘存商品实际差价计算法计算已销商品应分摊的进销差价。

盘存商品实际差价计算法，是根据库存商品的实际盘点，先求出库存商品应保留的进销差价，然后倒计出销售商品应分摊的进销差价的方法。具体做法如下：

（1）计算库存商品应保留的进销差价。期末以库存商品盘点单中所列各种商品的盘存数量，分别乘以该商品的原进价减总售价，计算出期末全部库存商品应保留的进销差价。

（2）计算应调整的进销差价。用分摊前商品进销差价余额减去期末全部库存商品应保留的进销差价，求出销售商品应分摊的商品进销差价。

例3-3-3 某商场年末商品盘点表见表3-96。实物负责人的库存商品总额为125 685元（售价），年末盘点数量按实际进价计算的库存商品总额为82 600元。“商品进销差价”账户期末余额为68 340元。

表3-96 商品盘点表

年 月 日 元

序号	品名	单位	盘存数量	销售价		实际进价	
				单价	金额	单价	金额
1	夏款男装运动服	套	6	298	1 788	160	960
2	炫彩家居服	件	2	199	398	120	240
3	绅士型POLO衫	件	3	199	597	128	384
	…		…	…		…	
合计					125 685		82 600

（1）计算库存商品应保留的进销差价：

$$125\ 685-82\ 600=43\ 685\text{（元）}$$

（2）计算应调整的进销差价：

$$68\ 340-43\ 685=24\ 955\text{（元）}$$

会计分录（54）借：商品进销差价——服装组 24 955

贷：主营业务成本——服装组 24 955

采用这种方法计算结果正确，但工作量大。因此，企业一般在年度过程中采用差价率计算法，而在年末通过商品盘点，采用盘存商品实际差价计算法，计算年末库存商品应保留的商品进销差价，调整年度内多计/少计的已销商品的进销差价。

案例分析

商品流通企业与制造企业相比较，没有生产环节，只有购进和销售环节。因此，此行业的成本计算可以柜组负责人为计算对象，既能计算商品的进价成本、销售成本，又能对商品进行专人管理。

任务二　计算旅游餐饮企业成本

旅游、餐饮、企业以服务设施为条件，向消费者提供服务。该类企业的成本有其特殊性，下面分别介绍。

一、旅游企业成本计算

（一）旅游业务经营成本的内容及分类

旅游业务经营成本按为旅游者提供服务所发生的支出项目的不同可分为以下几类：

（1）组团外联成本。指各组团社组织的外联团，按规定开支的住宿费、餐饮费、综合服务费、国内车市间交通费等。

（2）综合服务成本。指接待由旅行社组织的包价旅游团，按规定开支的住宿费、餐饮费、车费、组团费和接团费等。

（3）零星服务成本。指接待零星散客、委托代办事项等，按规定开支的委托费、手续费、导游接待费、车费、托运费服务费及其他支出。

（4）劳务成本。指非组团旅行社为组团派出的翻译导游人员参加全程陪同，按规定开支的各项费用。

（5）票务成本。指各地旅行社代办国际联运客票和国内客票等，按规定开支的各项手续费、退票费等。

（6）地游及加项成本。指各地旅行社接待的小包价旅游，或因游客要求增加游览项目而按规定开支的综合服务费、超公里费、游江费和风味费等。

（7）其他服务成本。指不属于以上各项成本的支出。

（二）旅游业务营业成本计算

（1）账户设置。为反映旅行社在一定时期所发生的各项营业支出，设置“主营业务成本”账户，该账户借方登记确认的各项营业成本；贷方登记期末转入“本年利润”账户，结转后该账户无余额。

（2）组团社营业成本的账户处理。组团社的营业成本有两部分：一部分是拨付支出，即拨付给接团社的综合服务费、住宿费等支出，属于代收代付；另一部分是为组团而发生的外联费用和全陪人员的部分费用支出，属于组团社的服务性支出。

一般情况下，组团社是先收费后接待，接团社则是先接待后向组团社收费，这样，两者之间就形成了一个结算期。该结算期经常跨月份，这样给旅行社准确、及时地核算带来了困难。按收入与成本相配比的原则，应按计划成本先行结转。待算出实际成本后再结转其差额。结转营业成本时，借记“主营业务成本”账户，贷记“应付账款”“银行存款”等账户。旅行社除上述直接成本外，在经营过程中还会发生与接待游客有关的其他间接费用，这些费用发生时可记入“销售费用”账户，作为期间费用处理。

例3－3－4 海外旅行社20××年10月共支付房费300 000元、交通费25 000元、餐饮费10 000元，共计335 000元，均以银行存款支付。另外，支付广告费8 000元、职工工资36 000元，合计379 000元。

费用发生时：

会计分录（55）借：主营业务成本——综合服务成本　　335 000
　　　　　　　　　　销售费用　　44 000
　　　　　　　　贷：银行存款　　379 000

月末结转至“本年利润”账户：

会计分录（56）借：本年利润　　379 000
　　　　　　　　贷：主营业务成本——综合服务成本　　335 000
　　　　　　　　　　　销售费用　　44 000

接团社和组团社主营业务成本的确认时间往往不一样。接团社的主营业务成本一般按实际费用，依组团社的标准，支付各项费用后入账核算。

组团社则根据接团社报来的“旅游团结算费用通知单”，按照收费标准计算应付接团社的全部各项费用，计入当月主营业务成本，并通过“应付账款”账户进行记录。

二、餐饮企业成本计算

餐饮企业是加工烹制食品，并以向顾客提供消费设施、场所和服务为主要业务的企业，主要包括饭店、酒楼、宾馆、副食品加工厂等企业。与商业、工业企业相比，其特点是：随时生产随时销售；原材料的进价随季节变化而变化；对每种产品无法分批分件进行成本计算，一般按经营单位或经营类别计算。餐饮企业成本管理的重点是对原材料的采购、加工和烹制过程的监督和控制。

餐饮企业的成本计算采用只计算原材料成本、不计算制造成本的方法，其余生产、销售、服务过程中所发生的各项支出，均作为销售费用处理，不记入主营业务成本。对原材料的购进、领用的管理办法通常有两种。

（一）领料制

这种方法通常适用于饭店和大中型餐馆。原材料的管理平时按进价计入原材料账户，领用原材料时，只登记数量，月末采用一定方法倒计出当月发出原材料的金额，记入“主营业务成本”账户。

餐饮成本一般每月计算结转一次。成本对象视企业规模大小和管理需求设定。可以以实物负责人为成本对象，也可以以菜品、海鲜等产品品种为成本对象。

餐饮原材料很大一部分是鲜活原料，只能按当时市场进价入账，并交厨房点验领用。干货和调料价格一般比较稳定，而且进货频率较高，基本上也能按当时市场实际价格入账，交仓库验收入库。对于少量价格有波动的原材料，可采用加权平均法计价。

1. 餐饮原材料的核算

1）原材料的购进

对于原材料采购，应由厨师会同仓库保管员，每天根据订餐或预计餐饮制品销售情况，提出次日的原材料采购申请单（表3－97），经业务主管批准后，交采购员进行采购，或通知供货商送货。

表 3－97　原材料采购申请单

年　　月　　日　　　　　　　　　　　　　　　　　　　　　　　　第　　页

品名	单位	申购数量	单价/元	批准		备注	
				数量	金额/元		
合计							
备注							

审批人：　　　　　　　　　　　　　　　　　　　　　　　　　　　厨师长：

对于原材料验收，其中粮食类、干货类、调味类均应由仓库验收入账，填制入库单（表 3－98，一式三联）。鲜活类原材料不入库，但必须经仓库清点验收，并填开验收单后，直接交厨房收货投入使用。

表 3－98　入库单

年　　月　　日　　　　　　　　　　　　　　　　　　　　　　　　第　　页

品名	单位	申购数量	单价/元	金额/元	备注	
合计						
备注：一联仓库留存；一联交财务部门；一联交收货人。						

仓库保管员：　　　　　　　　　　　　　　　　　　　　　　　　　采购员：

酒店购进的鲜活原料和干货等物资，绝大多数是由本地区的供货商送货，或由采购员就地采购，没有运杂费。购进核算时可以不通过“物资采购”账户，而直接在“主营业务成本”等账户进行核算，既方便又快捷。

2）原材料的发出

酒店对已进入仓库的干货、调料、酒等的领用，必须由领料部门填开领料单（表 3－99）发出。

表 3－99　领料单

年　　月　　日　　　　　　　　　　　　　　　　　　　　　　　　第　　页

品名	单位	申购数量	单价/元	金额/元	备注	

续表

品名	单位	申购数量	单价/元	金额/元	备注	
合计						
备注：一联仓库留存；一联交财务部门；一联交收货人。						

仓库保管员：　　　　　　　　　　　　　　　　　　　　　采购员：

鲜活原材料直接交厨房时记入“主营业务成本”账户，厨房领用其他干货、调料等用于菜品，也计入“主营业务成本”账户。餐饮吧台领出酒水、香烟等食品则转换实物负责人，即

借：库存商品——餐饮吧台——香烟等

　贷：库存商品——仓库——香烟等

3）自制原材料核算

为了降低原材料成本，充分发挥本店特色，酒店需要加工一些香肠、板鸭等之类自制原材料，完工后交仓库验收入库。该自制原材料的成本只计算原材料、辅助材料的消耗，不计算人工费用等其他费用，其成本在成本计算单中列示（表3－100）。

表3－100　自制原材料成本计算单

年　　月　　日

耗用原材料					自制原材料				
品名	单位	数量	单价/元	金额/元	品名	单位	数量	单价/元	金额/元
瘦猪肉	千克	40	18	720	香肠	千克	50	18.91	945.3
肥猪肉	千克	10	10	100					
肠衣	根	100	1	100					
尖庄	瓶	1	8	8					
食盐	包	1	1.3	1.3					
胡椒	千克	0.5	10	5					
酱油	瓶	1	10	10					
粗棉线	卷	1	1	1					
合计				945.3	合计				945.3

备注：

制单：

2. 餐饮成本计算方法

厨房月度终了，应对剩余原材料进行盘点，并编制厨房原材料盘存表（表3－101），交财务部门据以计算餐饮成本。

表 3－101　厨房原材料盘存表

年　　月　　日　　　　　　　　　　　　　　　　　　　　　　第　　页

品名	单位	数量	单价/元	金额/元	备注	
合计						
备注						
注：本表一式三联，申报部门、财务、厨师长各执一联。						

厨师长：　　　　　　　　　　　　　　　　　　　　　　　　填表：

例 3－3－5　某酒店月末计算餐饮成本，原材料明细账有关数据如下：月初余额为 25 600 元，本月原材料贷方发生额为 48 000 元，另购入鲜活原材料支出 78 350 元，月末厨房转来“厨房原材料盘存表”，金额为 16 780 元。

（1）购进、同时厨房领用鲜活原材料：

会计分录（57）借：主营业务成本——菜品　　78 350

　　　　　　　　贷：应付账款——××　　78 350

（2）从仓库领用调料等其他调味品：

会计分录（58）借：主营业务成本——菜品　　48 000

　　　　　　　　贷：原材料　　48 000

（3）月末厨房盘存：

会计分录（59）借：主营业务成本——菜品　　16 780

　　　　　　　　贷：原材料——厨房　　16 780

（4）结转本月餐饮制品成本

本月餐饮制品成本＝月初原材料金额＋本月购进金额－本月末原材料盘存金额

＝25 600＋78350＋48 000－16 780

＝135 170（元）

会计分录（60）借：本年利润　　135 170

　　　　　　　　贷：主营业务成本——菜品　　135 170

（二）非领料制

这种方法通常适用于小型餐饮业，餐馆不设置专职保管人员，只对原材料的购进和使用实行现场监督。原材料的购进和领用不办理入库和领用手续，而是根据原材料购进的原始凭证，直接记入“主营业务成本”账户。

案例分析

制造业的产品生产成本包括了构成产品实体的原材料、直接人工费用和其他制造费用，而对于旅行、餐饮等服务性行业的企业来说，业务成本主要是业务开展过程中的主要制品的消耗，而职工薪酬等其他费用主要记入经营费用。

任务三　计算物流运输企业成本

物流运输企业是运用交通工具使货物发生空间移动的独立组织机构，是在经济上实行独立核算、自负盈亏的生产经营单位。企业的物流活动主要包括运输、储存、装卸、搬运、包装、流通加工、配送和信息处理多个环节。每个环节都产生费用、成本，本任务主要对运输环节成本进行分析。

一、物流运输企业成本计算的特点和账户体系

（一）物流运输企业成本计算的特点

由于生产经营活动的特点，物流运输企业的成本计算的特点也有别于其他工业企业。

（1）物流运输企业的成本计算单位是货物的周转量。它既要考虑计算对象的位移距离的大小，还要考虑计算对象的数量，所以运输成本的计算单位一般采用复合单位如吨/千米、千吨/千米等表示。

（2）物流运输企业的运输生产过程和销售过程是统一的，其生产成本和销售成本也是统一的。

（3）物流运输企业的成本构成中，由于不创造实物产品，不消耗劳动对象，因而其成本支出中没有构成产品实体的原材料支出，占运输支出比重较大的是运输设备和工具的折旧费、修理费、燃料费等。

（4）物流运输企业的成本受自然地理环境的优劣、运输距离的长短、是否空驶运行等的影响较大。

（二）物流运输企业成本计算账户体系

物流运输企业的劳务成本，包括运输成本、包装成本、仓储成本、装卸成本、配送成本等。为计算物流运输企业成本，应设置“主营业务成本”账户，下设多个明细账户进行计算。

二、物流运输企业的成本计算

（一）物流运输企业运输成本的计算

物流运输企业运输成本是物流成本的重要组成部分，包括直接材料费用、直接人工费用、其他费用及营运间接费用。

1. 直接材料费用的归集和分配

1）燃料费用的归集和分配

各种运输工具耗用的燃料应根据领料单进行汇总，编制燃料耗用汇总表，以便于对燃料费用进行归集和分配。

确定各月燃料实际耗用数的方法有满油箱制和实地盘存制两种。满油箱制下，在月初、月末油箱加满的前提下，车辆当月加油的数量即当月燃料的实际耗用数。实地盘存制下，车辆当月燃料的实际耗用数等于月初车存数加本月领用数减月末车存数。

2）轮胎费用的归集和分配

各种车辆领用的轮胎外胎、内胎和垫带应根据领料单进行汇总，编制轮胎领用汇总表，以便于对轮胎费用进行归集和分配。

如果对外胎采用一次性摊销法，在领用时记入相关成本费用账户；如果对外胎采用按行程摊销法，应根据外胎行驶里程记录和外胎里程记录摊提率，编制外胎摊提费用计算表。

2. 直接人工费用的归集和分配

直接人工费用是指车辆司机和助手的职工薪酬费用。

（1）固定车辆司机和助手工资，根据工资汇总表直接列入各成本计算对象的明细账。

（2）没有固定车辆司机和助手工资、后备司机和助手的工资，按一定标准分配记入各成本计算对象的明细账户。分配标准有营运货物吨位和营运车日两种。

（3）相应的其他薪酬费用直接列入各成本计算对象的明细账户。

3. 其他直接费用的归集和分配

（1）养路费：根据缴款凭证直接记入各成本计算对象的成本及有关费用。

（2）折旧费：一般采用工作量法计提。如果外胎按行驶里程摊提，计算折旧费时，应从车辆原值中扣减轮胎的价值。

（3）其他费用：根据相关凭证直接记入各类运输成本。领用随车工具及其他低值易耗品，根据领用凭证，一次或分次摊入各类运输成本。

4. 营运间接费用的归集和分配

物流运输企业在营运过程中发生的不能直接记入成本计算对象的各项间接费用，发生时记入“营运间接费用”科目的借方，期末从贷方分配转入各类成本计算对象，结转后无余额。营运间接费用的分配标准有直接费用或营运车日等。

例 3－3－6　某物流运输企业有甲、乙两个车队。20××年 6 月相关情况如下：

（1）企业对燃料耗用量采用实地盘存制计算。甲、乙两车队月初车存汽油分别为 900 升和 1 100 升，当月分别领用汽油 10 000 升和 5 000 升，月末车存油量分别为 600 升和 500 升。汽油的计划成本为每升 3.2 元，成本差异率为 2%。

（2）企业对轮胎采用一次摊销法。甲、乙车队各领用外轮胎 3 个和 1 个，每个外轮胎的成本为 800 元。

（3）甲车队的司机和助手的工资为 30 000 元，乙车队的司机和助手的工资为 18 000 元。两个车队机动司机和助手的工资为 7 000 元。福利费按工资总额的 14% 计提，甲车队当月营运货物 900 千吨/千米，乙车队当月营运货物 500 千吨/千米。

（4）企业缴纳养路费 110 000 元，其中甲车队 70 000 元、乙车队 40 000 元。

（5）甲车队计提折旧费 80 000 元，乙车队计提折旧费 50 000 元。

（6）甲车队发生过桥费、洗车费等杂费 3 200 元，乙车队发生该类杂费 2 200 元。

（7）企业发生间接营运费用 26 000 元。

甲车队耗用燃料的计划成本＝(900＋10 000－600)×3.2＝32 960（元）

乙车队耗用燃料的计划成本＝(1 100＋5 000－500)×3.2＝17 920（元）

甲车队耗用燃料的差异＝32 960×2%＝659.2（元）

乙车队耗用燃料的差异＝17 920×2%＝358.4（元）

甲车队分摊机动司机及助手工资＝7 000÷(900＋500)×900＝4 500（元）

乙车队分摊机动司机及助手工资 = 7 000 ÷ (900 + 500) × 500 = 2 500（元）

该企业编制会计分录如下：

会计分录（61）借：主营业务成本——运输支出——甲车队　33 619.2
　　　　　　　　　　　　　　　　　　　——乙车队　18 278.4
　　　　　　　贷：原材料——燃料　50 880
　　　　　　　　　材料成本差异　1 017.6

会计分录（62）借：主营业务成本——运输支出——甲车队　2 400
　　　　　　　　　　　　　　　　　　　——乙车队　800
　　　　　　　贷：原材料——轮胎　3 200

会计分录（63）借：主营业务成本——运输支出——甲车队　39 330
　　　　　　　　　　　　　　　　　　　——乙车队　23 370
　　　　　　　贷：应付职工薪酬——工资　55 000
　　　　　　　　　　　　　　　——福利费　7 700

会计分录（64）借：主营业务成本——运输支出——甲车队　70 000
　　　　　　　　　　　　　　　　　　　——乙车队　40 000
　　　　　　　贷：银行存款　110 000

会计分录（65）借：主营业务成本——运输支出——甲车队　80 000
　　　　　　　　　　　　　　　　　　　——乙车队　50 000
　　　　　　　贷：累计折旧　130 000

会计分录（66）借：主营业务成本——运输支出——甲车队　3 200
　　　　　　　　　　　　　　　　　　　——乙车队　2 200
　　　　　　　贷：银行存款　5 400

甲车队当月发生直接费用：

33 619.2 + 2 400 + 39 330 + 70 000 + 80 000 + 3 200 = 228 549.2（元）

乙车队当月发生直接费用：

18 278.4 + 800 + 23 370 + 40 000 + 50 000 + 2 200 = 134 648.4（元）

营运间接费用分配表见表 3 - 102。

表 3 - 102　营运间接费用分配表

年　　月　　日　　　　　　　　　　　　　　　　　　　　元

受益对象	分配标准（直接费用）	分配率	分配金额
甲车队	228 549.2		16 361.01
乙车队	134 648.4		9 638.99
合计	363 197.6	0.071 6	26 000

审核：　　　　　　　　　　　　　　制表：

根据表 3 - 102 编制会计分录如下：

会计分录（67）借：主营业务成本——运输支出——甲车队　16 361.01
　　　　　　　　　　　　　　　　　　　——乙车队　9 638.99

贷：营运间接费用　　26 000

（二）物流运输企业包装成本的计算

包装成本包括：包装材料费用、包装机械费用、包装人工费用、包装技术费用、其他辅助费用。

（1）如果企业的包装收入单独计算，对于包装业务中产生的各种费用，凡是能和包装收入配比的，直接记入“主营业务成本——包装成本”科目；不能直接配比的，则记入“营业费用”科目。

（2）如果企业的包装收入未能单独核算，对于发生于物流环节的包装费用应区分费用性质和项目记入“营业费用”科目。

（三）物流运输企业仓储成本的计算

（1）仓储成本包括堆存直接费用、营运间接费用两种。

（2）计算仓储成本需要了解仓储成本的计算对象、计算单位和计算周期。仓储成本计算包括堆存直接费用的归集以及堆存间接费用的归集和分配。

（3）货物的堆存成本计算。

（四）物流运输企业装卸成本的计算

（1）装卸分为广义和狭义两种。广义的装卸包括狭义的装卸和搬运。狭义的装卸是指在指定地点以人力或机械将货物卸下或装入运输设备。搬运是指在同一场所内对货物进行水平移动。

（2）计算装卸成本需要了解装卸成本的计算对象、计算单位和计算期。装卸成本的归集和分配包括直接人工费用、直接材料费用、其他直接费用和营运间接费用的归集和分配。

（3）装卸成本的归集和分配。装卸费用主要通过“主营业务成本——装卸支出”账户进行归集与分配。该账户按成本计算对象设置明细账，并按成本项目进行成本核算。

（五）物流运输企业配送成本的计算

（1）配送业务指物流运输企业根据客户的要求，对货物进行配送储存、拣选、包装、组配等作业，并按时将组配的货物以最合理的方式送交收货人服务。配送是一种特殊综合的活动形式，集装卸、储存、包装、运输等活动于一身。

（2）计算配送成本需要了解配送成本的计算对象、计算单位和计算期。配送成本的归集和分配包括配送直接费用的归集以及营运间接费用的归集和分配。

（3）配送直接费用的归集和分配：

根据各种凭证直接列入各环节的成本，借记“主营业务成本——配送支出——堆存费用”“主营业务成本——配送支出——分拣配货费用”“主营业务成本——配送支出——配装费用”“主营业务成本——配送支出——运输费用”等科目。

（4）配送间接费用的归集和分配：

平时按组织和管理这些业务的营运部门或分公司归集，借记“营运间接费用——配送营运部”科目。期末按堆存、分拣、配货及配装及运输 4 项业务的直接费用比例进行分配。

案例分析

物流运输企业的成本组成中，运输成本所占比重较大，运输形式多样，成本计算相对其他项目成本等较为复杂。因此，在物流运输企业的成本计算中，运输成本是重点项目。

任务四　计算房地产企业成本

房地产企业是指从事房地产的开发建设、经营管理和维修服务等业务，具有独立的法人资格，实行自主经营、独立核算、自负盈亏的经济组织。房地产的开发建设和经营管理是房地产企业的基本经济活动。

一、房地产企业成本计算的特点

房地产企业向社会提供的是房屋、土地等不动产形式的产品，主要业务包括土地开发、房屋开发、配套设施开发和代建工程开发等。其成本计算的特点如下：

（1）成本计算对象。房地产企业的成本计算对象应根据开发项目的地点、用途、结构、装修、层高等因素加以确定。

（2）成本计算期。开发产品的成本计算期，一般以开发产品的开发周期为准。

（3）成本计算项目。房地产开发产品一般包括5个成本项目。

（一）土地征用及拆迁补偿费

土地征用及拆迁补偿费指为取得土地开发使用权而发生的各项费用，主要包括：土地征用费、拆迁补偿费、市政配套费、其他费用。

（二）前期工程费

前期工程费指在取得土地开发权之后，项目开发前期的筹建、规划、设计、可行性研究、水文地质勘察、测绘、“三通一平”等前期费用，主要包括项目整体性批报建费、规划设计费、勘测丈量费、“三通一平”费、临时设施费、预算编审费、其他费用。

（三）基础设施费

基础设施费指项目开发过程中发生的小区内、建筑安装工程施工图预算项目之外的道路、供电、供水、供气、供热、排污、排洪、通信、照明、绿化等基础设施工程费用，红线外两米与大市政接口的费用，以及向水、电、气、热、通信等大市政公司交纳的费用，主要包括道路工程费、供电工程费、给排水工程费、煤气工程费、供暖工程费、通信工程费、电视工程费、照明工程费、绿化工程费、环卫工程费、其他费用。

（四）建筑安装工程费

建筑安装工程费指项目开发过程中发生的列入建筑安装工程施工图预算项目内的各项费用（含设备费、出包工程向承包方支付的临时设施费和劳动保险费）。发包工程应依据承包方提供的经甲方审定的“工程价款结算单”来确定。建筑安装工程费主要包括土建工程费、安装工程费、装修工程费、项目或工程监理费、其他费用。

（五）配套设施费

配套设施费指房屋开发过程中，根据有关法规，产权及其收益权不属于开发商，开发商不能有偿转让，也不能转作自留固定资产的公共配套设施支出。该成本项目下按各项配套设施设立明细科目。

（六）开发间接费

开发间接费指房地产企业内部独立核算单位为组织和管理开发产品的开发建设而发生的各项费用。开发间接费包括：现场管理费用、利息并借款费用、固定资产投资方向调节税、物业管理基金、公建维修基金或其他专项基金、质检费、其他费用。

二、房地产开发成本的账户设置

房地产企业应设置“开发成本”和“开发间接费用”账户，用来计算企业在土地、房屋、配套设施和代建工程的开发过程中所发生的各项成本费用。

“开发成本”账户的借方登记成本计算对象发生的各项成本费用，贷方登记结转开发项目的完工成本，借方余额反映在建开发项目的实际成本。“开发成本”账户应按开发成本的种类设置明细账，如“土地开发”“房屋开发”“配套设施开发”及“代建工程开发”等，并在明细账下按成本计算项目进行明细核算。对于由多项开发产品共同负担的间接费用，先归集在“开发间接费用”账户，再按一定的分配标准记入有关开发产品的成本。

（一）土地开发成本的计算

企业在土地开发过程中所发生的各项费用支出，除能直接记入房屋开发成本的自用土地开发支出在“开发成本——房屋开发”账户计算外，其他土地开发支出均应通过“开发成本——土地开发”账户计算。分别按照“自用土地开发”“商品性土地开发”等设置二级明细账户，按企业选择的成本计算对象设置账页，进行土地开发费用的明细核算。

（二）房屋开发成本的计算

开发企业对房屋开发成本的计算应设置以下几个成本项目：土地征用及拆迁费、前期工程费、基础设施费、建筑安装工程费、公共配套设施费。

以上费用发生时，直接或分配记入“开发成本——房屋开发成本”账户的借方，当房屋验收合格时，则

借：开发产品

　　贷：开发成本——房屋开发成本

（三）配套设施开发成本的计算

配套设施是开发产品的一部分，也会发生土地拆迁、基础设施、建筑安装等费用。企业发生的这些支出，在“开发成本——配套设施开发成本”账户中进行计算，并按成本项目进行明细分类核算。

对于不能有偿转让的配套设施，如果按规定应记入商品房开发成本的，应在竣工验收后，将发生的实际成本，按一定的标准分配记入“开发成本——房屋开发成本”账户。

对于能有偿转让的配套设施，竣工验收后，应将实际成本转入“开发产品”账户。

（四）代建工程开发成本的计算

代建工程是指房地产企业接受委托单位的委托，代为开发建设的工程，或参加委托单位招标，中标后承建的开发建设工程。代建工程包括建设场地、房屋、市政工程等。

代建工程的成本计算方法与土地计算和房屋计算相同，但企业为委托单位代建除场地和房屋以外的其他各种市政建设工程，包括城市道路建设、园林绿化、旅游风景区建设及城市

基础建设等，由此而发生的代建工程开发费用，先计入“开发成本——代建工程开发”账户，竣工结束后，将实际成本转入“开发产品——代建工程”账户。

（五）开发间接费用的计算

开发间接费用是指房地产企业内部独立核算单位在开发现场组织管理开发产品而发生的各项费用。这些费用虽然属于直接为房地产开发而发生的费用，但不能确定应为某项开发产品所负担，因此无法直接记入各项开发产品的成本。

为了计算该项费用，房地产企业应设置“开发间接费用”科目，用以归集所发生的各项间接费用。期末，按一定标准将开发间接费用分配记入各有关开发项目的成本中。

项目小结

商品流通企业成本计算构成如图3－10所示。

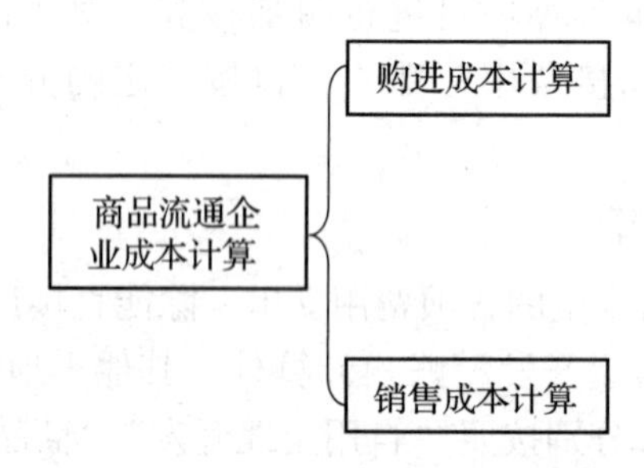

图3－10　商品流通企业成本计算构成

旅游、餐饮企业成本计算构成如图3－11所示。

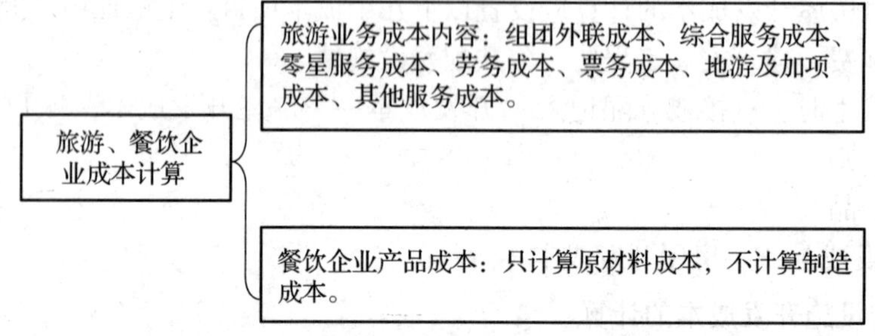

图3－11　旅游、餐饮企业成本计算构成

物流运输企业成本计算构成如图3－12所示。

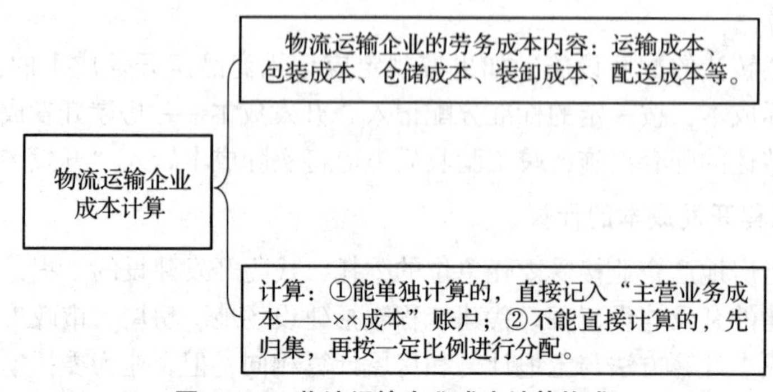

图3－12　物流运输企业成本计算构成

房地产企业成本计算构成如图3－13所示。

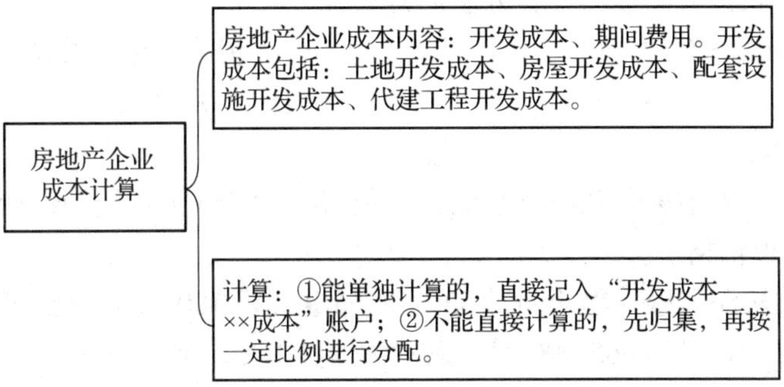

房地产企业成本计算	
	房地产企业成本内容：开发成本、期间费用。开发成本包括：土地开发成本、房屋开发成本、配套设施开发成本、代建工程开发成本。
	计算：①能单独计算的，直接记入“开发成本——××成本”账户；②不能直接计算的，先归集，再按一定比例进行分配。

图3－13　房地产企业成本计算构成

练 习 题

一、单项选择题

1. 售价金额计算法一般适用于（　　）。

A. 零售企业　　B. 批发企业

C. 外贸企业　　D. 农副产品收购企业

2. 票务成本是（　　）成本计算的内容之一。

A. 商品流通企业　　B. 旅游、餐饮企业

C. 物流运输企业　　D. 房地产企业

3. 运输车队司机的薪酬费用应记入企业的（　　）。

A. 运输成本　　B. 包装成本　　C. 仓储成本　　D. 配送成本

4. 房地产企业的开发费用包括期间费用和（　　）。

A. 土地开发成本　　B. 配套设施开发成本

C. 房屋开发成本　　D. 开发成本

5. 商品流通企业的含税价格中的税费是指（　　）。

A. 消费税　　B. 所得税　　C. 增值税　　D. 契税

二、多项选择题

1. 旅游企业的业务经营成本包括（　　）。

A. 组团外联成本　　B. 综合服务成本

C. 票务成本　　D. 运输成本

2. 物流运输企业的劳务成本包括（　　）。

A. 材料购进成本　　B. 运输成本

C. 装卸成本　　D. 配送成本

3. 房地产企业的开发成本包括（　　　）等各项内容。

A. 土地开发成本　　B. 代建工程开发成本

C. 开发间接费用　　D. 配套设施开发成本

4. 商品流通企业一般采用（　　）。

A. 数量进价金额计算法　　B. 售价金额计算法

C. 领料制　　　　D. 非领料制

5. 餐饮企业对原材料成本的计算方法通常有（　　）等几种。

A. 数量进价金额计算法　　　　B. 售价金额计算法

C. 领料制　　　　D. 非领料制

三．计算分析题

1. 某百货大楼销售小家电九阳豆浆机，含税售价为565元/只。该企业适用增值税率为13%，请计算不含税价格。

2. 某百货大楼从深圳康佳集团购进52寸液晶电视机100台，每台售价为5 000元，货款共计500 000元，增值税为65 000元，运费为6 000元，增值税为540元，请采用托收承付结算方式结算。

3. 承上题，该批商品验收入库，货款已付。含税零售价为6 780元。所欠款项以银行存款归还。请分别按售价金额计算法、数量进价金额计算法进行账务处理。

模块四

编制与分析成本报表

内容提要

成本报表是企业内部报表中的主要报表，本模块主要阐述成本报表的种类及其编制方法、分析方法。企业会计报表分为两大类：一类为向外报送的会计报表，如资产负债表、损益表、现金流量表，其具体格式和编制说明由企业会计制度作出规定；另一类为企业内部管理需要的报表，如成本报表等，其具体种类、格式由企业自行规定。

知识目标

1. 了解企业成本报表的作用、种类和编制要求。
2. 掌握商品产品成本报表、主要产品单位成本报表及制造费用明细表等主要成本报表的编制方法。
3. 掌握成本报表分析的方法。

技能目标

1. 根据企业会计资料提供的数据，编制成本报表。
2. 根据企业所提供的主要产品单位成本表的计划和实际指标，分别按各成本项目采取因素分析法分析具体原因。
3. 根据成本报表所提供的资料，选择不同的成本计算方法进行指标分析，并根据分析过程寻求降低成本的途径。

素质目标

1. 能够运用办公软件编制各计算方法下的成本报表和分析表。
2. 能够根据成本计算了解各成本数据之间的关联关系。

思政目标

1. 树立正确的价值理念，明确产品成本的重要性。
2. 诚实守信，具有团队协作意识。

知识结构

本模块的知识结构如图4-1所示。

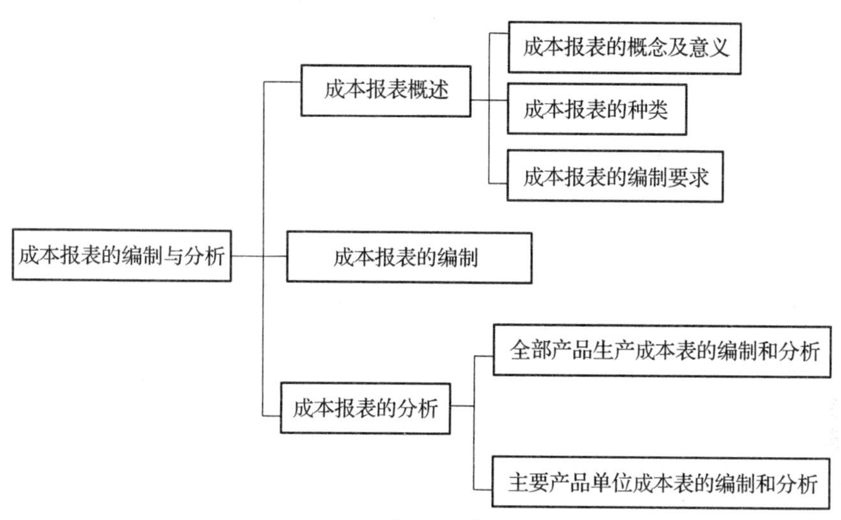

图4-1　模块四的知识结构

编制成本报表

案例导入

小张目前在一家玩具加工企业从事成本会计工作。最近，棉花价格涨幅较大，导致小张所在玩具加工企业原材料成本大幅增加，总经理对具体成本数据不大理解，要求小张作介绍。小张编制了一份“主要产品单位成本表”，表中将公司生产的玩具熊分原材料（布和填充物）、职工薪酬、制造费用等三大成本项目作了列示，并将三大成本项目的“本年实际成本”分别与“历史先进水平”“上年实际成本”“本年计划成本”作了详细的比较，总经理看了非常满意。本模块讲述如何编制成本报表及如何对其进行分析，从而为企业的管理提供参观，为企业的经营活动提出合理化建议。

任务一　成本报表的种类和作用

为了加强成本工作的预见性，考核企业在成本计划执行过程中能否按要求完成成本计划，可以向企业内部有关部门的有关人员提供对内的成本报告，便于及时监督和管理成本计划完成的情况。

一、成本报表的种类

由于成本报表属于内部报表，因此，成本报表的种类、格式、项目、指标的设计和编制方法，编报日期，具体报送对象由企业自行决定。主管企业的上级机构为了对本系统所属企业的成本管理工作进行领导或指导，也可以要求企业将其成本报表作为会计报表的附表上报。在这种情况下，企业成本报表的种类、格式、项目和编制方法也可以由主管企业的上级机构同企业共同商定。无论企业使用何种格式的成本报表，一般来说，成本报表可以分为以下几类。

（一）按成本报表反映的内容分类

1. 反映产品成本情况的报表

这类报表有商品产品成本表、主要产品单位成本表等。这类报表主要反映报告期内企业各种产品的实际成本水平。通过本期实际成本与前期平均成本、本期计划成本对比，可以了解企业成本发展变化趋势和成本计划的完成情况，找出差距，发现薄弱环节，进一步采取有效措施，为挖掘降低成本的内部潜力提供有效的资料。

2. 反映各种费用支出的报表

这类报表有制造费用明细表、管理费用明细表、销售费用明细表等。通过这类报表可以知道企业在一定时期内费用支出总额及其构成，了解费用支出的合理性，分析费用支出的变动趋势。各种费用支出报表有利于企业和主管部门正确制定费用预算，控制费用支出，考核费用支出指标的合理性，明确有关部门和人员的经济责任，防止随意扩大费用开支范围。

（二）按成本报表编制的时间分类

成本报表按编制的时间可分为年报、季报、月报。成本报表根据管理上的要求一般可按月、按季、按年编报。同时针对企业内部管理的特殊需要，也可以按旬、按周、按日，甚至按工作班来编报，以满足日常临时或特殊任务管理的需要，使成本报表及时服务于生产经营的全过程。

二、成本报表的作用

成本报表是为企业内部管理需要而编制的，对加强成本管理，提高经济效益有着重要的作用，其根本作用在于提供了真实可靠的产品成本信息。

（一）综合反映报告期内的产品成本

产品成本是反映企业生产经营各方面工作质量的一项综合性指标，也就是说，企业的供、产、销的各个环节的经营管理水平，最终都直接、间接地反映到产品成本中来，通过成本报表资料，能够及时发现在生产、技术、质量和管理等方面取得的成绩和存在的问题。

（二）评价和考核各成本环节成本管理的业绩

利用成本报表所提供的资料，经过有关指标的计算、对比，可以明确各有关部门和人员在执行成本计划、费用预算过程中的成绩和差距，以便总结工作的经验和教训，奖励先进，鞭策后进，调动广大职工的积极性，为全面完成和超额完成企业成本费用计划预算而努力奋斗。

（三）可利用成本资料进行成本分析

通过成本报表资料的分析，可以揭示成本差异对产品成本升降的影响程度以及发现产生差异的原因和责任，从而可以有针对性地采取措施，把注意力放在解决那些属于不正常的、对成本有重要影响的关键性差异上，这样加强日常成本的控制和管理就有了明确的目标。

（四）成本报表资料为制定成本计划提供依据

企业要制定成本计划，必须明确成本计划目标。这个目标建立在报告年度产品成本实际水平的基础上，结合报告年度成本计划执行的情况，考虑计划年度中可能变化的有利因素和不利因素，制定新年度的成本计划。所以说本期成本报表所提供的资料是制定下期成本计划的重要参考资料。同时，管理部门也根据成本报表资料对未来时期的成本进行预测，为企业制定正确的经营决策和加强成本控制与管理提供必要的依据。

任务二　产品成本报表的编制

一、产品成本报表编制概述

企业在生产经营中所耗费的资金总额即成本，成本在市场经济中是客观存在的，任何企业都在力求降低成本，通过加强成本管理来提高企业的经济效益。为了加强对成本的管理，企业的会计部门要准确及时地编报成本费用的支出情况，向有关部门的有关人员有针对性地报送成本报表，提供其所需的会计资料。成本报表的编制工作是成本会计工作的一项重要内容。

（一）产品成本报表的设置要求

产品成本报表一般根据企业的生产特点与管理需要自行设置，并可随着情况的变化对报表的种类、格式进行调整。在设置成本报表时应重点考虑以下几个方面。

1. 内容的专题性

不同企业的管理者对成本信息的需求不同，所以产品成本报表的设置首先要考虑企业对成本信息的要求，从自身生产经营活动的实际出发，设计报表的专题种类和内容，以满足企业成本管理各个方面决策的需要。

2. 指标的实用性

产品成本报表应根据企业生产的特点和管理的要求自行设置，并随时根据情况的变化进行调整。产品成本报表所提供的各项指标项目应当简明实用，不刻意制造烦琐计算和无意义的数据罗列，而应注重指标的实用性。

3. 报表格式的针对性

通过有某一具体特点格式的报表和报表项目，可以突出成本管理工作的重点，满足各个方面的专门需要；同时，企业也可利用成本报表的专门信息，有针对性地解决实际生产和管理中的难题。

（二）产品成本报表的编制要求

1. 数字准确

数字准确，是指报表中的各项数据必须真实可靠，不能任意估计，更不允许弄虚作假、篡改数字。因此，企业在编制报表前，应该核对有关凭证和账簿，做到账证相符；将所有的经济业务登记入账，并核对各种账簿之间的记录，做到账账相符；清查财产、物资，做到账实相符；最后依据有关账簿记录编制报表，使账表相符。

2. 内容完整

内容完整，是指主要报表种类齐全，应填列的报表指标和文字说明必须全面，表内项目和表外补充资料，不论是根据账簿资料直接填列，还是经过分析计算填列，都应当完整无缺，不得任意取舍。注意保持各成本计算口径一致，计算方法如有变动，应在附注中说明。对定期报送的主要产品成本报表，还应有分析说明生产成本和费用升降情况、原因、措施的文字材料。

3. 编报及时

产品成本报表有些定期编制，有些不定期编制，无论是定期还是不定期编制，都要求及时编制、及时反馈。只有这样，才能及时地对企业成本完成情况进行检查和分析，从中发现问题，及时采取措施加以解决，以充分发挥产品成本报表应有的作用。

二、产品成本报表的编制介绍

（一）商品产品成本报表的编制

商品产品成本报表是反映企业在报告期内生产的全部商品产品总成本和单位成本的会计报表。

1. 作用

编制商品产品报表是为了考核企业全部商品产品成本的执行情况以及各种可比产品成本降低任务的完成情况，以便分析其成本增减变化的原因，指出进一步降低产品成本的途径。

2. 格式

商品产品成本报表按可比产品和不可比产品分别反映其单位成本和总成本。

（1）对可比产品而言，因需要同上一年度实际成本作比较，所以表中不仅要列示本期的计划成本和实际成本，还要列示按上一年度实际平均单位成本计算的总成本。

（2）对不可比产品而言，因没有上一年度的实际单位成本可比，所以只列示计划成本和实际成本。

商品产品成本报表的格式见表4－1。

3. 编制方法

（1）“产品名称”栏按企业规定的可比产品和不可比产品品种分别列示，每项注明该品种的名称、规格和计量单位。

（2）“实际产量”栏数字应根据“产品成本明细账”的记录计算填列。

（3）“单位成本”栏数字应按上年或以前年度报表资料、本期成本计划资料和本期实际成本资料分别计算填列。

（4）“本月总成本”栏数字按本月实际产量分别乘以上年实际平均单位成本、本月计划单位成本和本月实际单位成本的积填列。

（5）“本年累计总成本”栏数字应按自年初到本月末止的本年累计产量分别乘以上年实际平均单位成本、本年计划单位成本和本年累计实际平均单位成本的积填列。

（6）补充资料中，可根据计划、统计和会计等有关资料计算后填列。其中，可比产品成本降低额和可比产品成本降低率可以按下列公式计算后填列：

$$\text{可比产品成本降低额}=\text{可比产品按上年实际平均单位成本计算的总成本}-\text{可比产品本年累计实际总成本}$$

$$\text{可比产品成本降低率}=\frac{\text{可比产品成本降低额}}{\text{可比产品按上年实际平均单位成本计算的总成本}}$$

根据表中资料计算如下：

$$\text{可比产品成本降低额}=862\ 200-838\ 665=23\ 535\text{（元）}$$

（二）主要产品单位成本报表

主要产品单位成本报表，是反映企业一定时期内主要产品生产成本水平、变动情况及构成情况的成本报表，是商品产品成本报表的补充报表。

表 4－1　商品产品成本报表

编制单位：北方工具厂　　　　200×年 12 月

产品名称	计量单位	实际产量		单位成本/元				本月总成本/元			本年累计总成本/元		
		本月	本年累计	上年实际平均	本年计划	本月实际	本年累计实际平均	按上年实际平均单位成本	按本年计划单位成本	本月实际	按上年实际平均单位成本计算	按本年计划单位成本计算	本年实际
		（1）	（2）	（3）	（4）	（5）=（9）÷（1）	（6）=（12）÷（2）	（7）=（1）×（3）	（8）=（1）×（4）	（9）	（10）=（2）×（3）	（11）=（2）×（4）	（12）
可比产品合计									47 200	93 420		827 700	838 665
1. A 产品	件	90	765	600	580	555	573	98 100	52 200	49 950	862 200	443 700	438 345
2. B 产品	件	105	960	420	400	414	417	54 000	42 000	43 470	459 000	384 000	400 320
不可比产品合计								44 100	16 200	16 560	403 200	170 100	171 990
丙产品	件	60	630		270	276	273		16 200	16 560		170 100	171 990
全部商品产品成本									63 400	109 980		997 800	1 010 655

补充资料（本年累计实际成本）：

1. 可比产品成本降低额为：23 535 元（本年计划降低额 32 200 元）；
2. 可比产品成本降低率为：2.73%（本年计划降低率 4%）；
3. 按现行价格计算的商品值：1 698 450 元；
4. 产值成本率：59.5 元/百元（本年计划为 56 元/百元）。

1. 作用

主要产品单位成本报表可以反映出主要产品单位成本的变动，并可分析产品成本变动的原因。

2. 格式

主要产品单位成本报表的格式见表4－2。补充资料见表4－3。

表4－2　主要产品单位成本报表

编制单位：北方工具厂　　　　　　20××年12月

产品名称		A	本月实际产量			90
规格			本年累计实际产量			765
计量单位		件	销售单价/元			930
成本项目	行次	历史先进水平 20××年/元	上年实际平均/元	本年计划/元	本月实际/元	本年累计实际平均/元
		(1)	(2)	(3)	(4)	(5)
直接材料费用	1	279	315	300	285	294
直接工资	2	135	156	150	147	153
制造费用	3	114	129	130	123	126
产品生产成本		528	600	580	555	573

表4－3　补充资料

项目	上年实际	本年实际
成本利润率/%		
资金利润率/%		
净产值率/%		
流动资金周转次数		
实际利税总额/元		
职工工资总额/元		
年末职工人数		
全年平均职工人数		

本报表的特点是按产品的成本项目分别反映产品单位成本及各成本项目的历史先进水平、上年实际平均、本年计划、本月实际和本年累计实际平均的成本资料。

3. 编制方法

(1) 基本部分的产品名称、规格、计量单位、产量，根据有关产品成本计算单填列。

（2）各成本项目的历史先进水平的数字，根据企业的成本历史资料填列。

（3）各成本项目的上年实际平均单位成本的数字，根据上年的成本资料填列。

（4）各成本项目的本年计划单位成本的数字，根据本年计划资料填列。

（5）各成本项目的本月实际单位成本的数字，根据实际成本资料填列。

（6）各成本项目的本年累计实际平均单位成本的数字，是指本年年初至本月末止该种产品的平均实际单位成本和单位用量。应根据年初至本月末止已完工产品成本计算单等有关资料，采用加权平均计算后填列，其计算公式如下：

$$\text{某产品的实际平均单位成本}=\frac{\text{该产品累计总成本}}{\text{该产品累计产量}}$$

$$\text{某产品的实际平均单位用量}=\frac{\text{该产品累计总用量}}{\text{该产品累计产量}}$$

（7）补充资料有关指标的计算公式如下：

$$\text{成本利润率}=\frac{\text{产品销售利润}}{\text{产品销售成本}}\times 100\%$$

$$\text{资金利润率}=\frac{\text{利润总额}}{\text{资金总额}}\times 100\%$$

$$\text{净产值率}=\frac{\text{工业净产值}}{\text{产品销售收入}}\times 100\%$$

$$\text{流动资金周转次数}=\frac{\text{产品销售收入}}{\text{流动资金平均余额}}$$

（三）制造费用明细表的编制

1. 作用

制造费用明细表是反映企业在一定时期内为组织和管理生产所发生费用总额和各明细项目数额的报表。利用该报表可以考核企业制造费用的构成和变动情况。

（1）通过本年实际与上年实际的比较，可了解制造费用各项目的变动情况，从动态上研究其特征及发展规律；

（2）通过本年实际与本年计划的比较，可以反映制造费用计划完成情况及节约或超支的原因。

2. 格式

制造费用明细表按照其费用明细项目反映企业在本期内实际发生的各项费用。该表按费用项目分别以“本月计划”“上年同期实际”“本月实际”“本年累计实际”进行反映。制造费用明细表的格式见表4－4。

表4－4　制造费用明细表

编制单位：北方工具厂　　　　20××年12月　　　　元

费用项目	行次	本月计划	上年同期实际	本月实际	本年累计实际
职工薪酬	1	2 712	2 655	2 769	30 280
办公费	2	800	700	800	9 200
折旧费	3	3 300	3 000	3 350	36 860
修理费	4	1 160	1 040	1 180	12 440

续表

费用项目	行次	本月计划	上年同期实际	本月实际	本年累计实际
运输费	5	1 500	1 380	1 300	15 700
租赁费	6	600	450	650	7 400
保险费	7	800	700	820	9 120
水电费	8	500	400	500	5 460
劳动保护费	9	400	300	430	4 880
机物料消耗	10	210	180	220	2 470
其他	11	153	127	170	1 400
合计	12	12 135	10 932	12 189	135 210

3. 编制方法

（1）“本年累计实际”栏应根据制造费用明细账中有关数字填列；

（2）“上年同期实际”栏应根据上年制造费用明细表的有关数字填列；

（3）“本月计划”栏应根据本月费用计划资料填列。

分析成本报表

任务一　成本报表分析概述

一、成本报表分析的含义

成本报表分析属于事后分析。它以成本报表所提供的反映企业一定时期产品成本水平和构成情况的资料和有关的计划、核算资料为依据，运用科学的分析方法，通过分析各项指标的变动以及指标之间的相互关系，揭示企业各项成本指标计划的完成情况和原因，从而对企业一定时期的成本管理工作情况获得比较全面的本质认识。

二、成本报表分析的作用

成本报表分析的意义

成本报表分析的主要作用表现在以下 4 个方面：

（1）通过成本报表分析，可以考核企业成本计划的执行情况，评价企业过去的成本管理工作。

（2）通过成本报表分析，可以揭示存在的问题和差距，促使企业挖掘降低成本的潜力，寻找降低成本的途径和方法。

（3）通过成本报表分析，可以认识和掌握成本变动的规律，从中总结成本管理的经验和教训，提高企业经营管理水平。

（4）通过成本报表分析，可以为企业编制成本计划、预算和进行经营决策提供可靠的依据。

三、成本报表分析的常用方法

（一）对比分析法

对比分析法又叫指标对比法或比较法，它是通过实际数与基期数的对比来揭示实际数与基期数之间的差异，借以了解经济活动的成绩和问题的一种分析方法。它是成本报表分析中最简便、运用范围最广泛的一种方法。

采用对比分析法时，由于分析的目的不同，对比的基期数也有所不同。常用的对比指标主要有以下几种：

（1）本期实际与计划或定额指标对比；

（2）本期实际与前期（上期、上年同期或历史先进水平）的实际成本对比；

（3）本企业实际成本指标（或某项技术经济指标）与国内外同行业先进指标对比。

采用对比分析法时，要注意指标的可比性，即对比指标采用的计价标准、时间单位、指标内容和计算方法及有关条件应当相互一致。在比较同类企业成本指标时，还必须考虑到在技术上和经济上的可比性，尤其在与国外企业成本比较时，还应充分考虑到社会经济条件、财务会计环境等因素的影响。

例4-2-1 北方工具厂对生产的A产品单位消耗原材料进行分析，编制A产品原材料消耗对比表，见表4-5。

表4-5 A产品原材料消耗对比表

产品名称：A　　20××年12月31日　　元

指标	上年实际	本年		先进企业实际	差异		
		计划	实际		比计划	比上年	比先进
原材料消耗	60	59	56	50	-3	-4	+6

由上表可知，A产品的原材料消耗量本年实际比计划、比上年实际都有所降低，但与先进水平相比还有较大差距，说明在降低原材料消耗方面企业还有很大潜力可挖掘。

（二）比率分析法

比率分析法是指通过计算和对比经济指标的比率，进行数量分析的一种方法。采用这一方法，先要将对比的数值变成相对数，求出比率，然后进行对比分析。其具体形式如下。

1. 相关指标比率分析法

把两个性质不同但又相关的指标进行对比求出比率，再将实际数比率与计划（或前期实际）数比率进行对比分析，从经济活动的客观联系中，更深入地认识企业的生产经营情况。如将成本指标与反映生产、销售等生产经营成果的产值、销售收入、利润指标进行对比，求出的产值成本率、销售成本率和成本利润率指标，通过若干期间同类比率的对比，就可据以分析和比较生产耗费对经济效益的影响情况与影响程度。

2. 构成比率分析法

所谓构成比率，是指某项经济指标的各个组成部分与总体的比重。如将构成产品成本的各个成本项目同产品成本总额相比，可计算出各个成本项目占总成本的比重，确定成本的构成比率，然后将不同时期的成本构成比率相比较，观察产品成本构成的变动，掌握经济活动情况及其对产品成本的影响。产品成本构成比率的计算公式如下：

$$某成本项目比率=\frac{该成本项目金额}{该产品成本}\times 100\%$$

（三）因素分析法

因素分析法也称为连环替代法，是指把某一综合指标分解为若干个相互联系的因素，并分别计算，分析各因素影响程度的方法。

成本指标是一个综合性指标，它受到各种因素的影响，只有把成本指标分解为若干构成要素进行分析，才能明确成本指标完成的程度原因和责任，这就需要运用因素分析法进行成本报表分析。

运用因素分析法，必须确定某项分析指标的构成因素与各因素的排列顺序。明确各因素与分析指标的关系，如加减关系、乘除关系、乘方关系、函数关系等，并根据分析的目的，将各因素进行分解，以测定某一因素对指标变动的影响方向和影响程度，为进一步深入分析提供方向。

1. 因素分析法的运用程序

（1）根据指标的计算公式确定影响指标变动的各项因素。

（2）确定各项因素的排列顺序。各因素的排列顺序要根据指标与各因素的内在联系加以确定，一般是数量因素排列在前，质量因素排列在后；用实物与劳动量表示的因素排列在前，用货币表示的因素排列在后；主要因素与原始因素排列在前，次要因素与派生因素排列在后。

（3）按排定的因素顺序对各因素的基数进行计算，确定综合指标的基期数值。

（4）顺序将前面一项因素的基数替换为实际数，将每次替换后的计算结果与前一次替换后的计算结果进行对比，顺序算出每项因素的影响程度，有几项因素就替换几次。

（5）将各因素的影响（有的正方向影响，有的反方向影响）数值的代数和，与指标变动的差异总额核对相符。

2. 因素分析法的计算原理

因素分析法的计算原理可用简单的数学公式表示如下。

设成本指标 C 是由 X、Y、Z 三个因素乘积所组成，其计划成本指标与实际成本指标分别计算如下：

计划成本 $C_1 = X_1 \times Y_1 \times Z_1$

实际成本 $C_2 = X_2 \times Y_2 \times Z_2$

差异总额 $H = C_2 - C_1$

在分析各因素的变动对指标的影响时，首先，确定三个因素的替代顺序依次为 X、Y、Z；其次，假定在 Y、Z 这两个因素不变的条件下，计算第一个因素 X 的变动对指标的影响；再次，在第一个因素已经替代的基础上，计算第二个因素 Y 的变动的影响，依此类推，直到各个因素变动的影响都计算出来为止；最后，计算各因素对综合指标影响值的代数和，以验证分析结果的正确性。

第一个因素变动的影响（H_1）计算如下：

$$C_1 = X_1 \times Y_1 \times Z_1 \quad ①$$

$$C_3 = X_2 \times Y_1 \times Z_1 \quad ②$$

$$H_1 = ② - ① = C_3 - C_1$$

第二个因素变动的影响（H_2）计算如下：

$$C_4 = X_2 \times Y_2 \times Z_1 \quad ③$$

$$H_2 = ③ - ② = C_4 - C_3$$

第三个因素变动的影响（H_3）计算如下：

$$C_2 = X_2 \times Y_2 \times Z_2 \quad ④$$

$$H_3 = ④ - ③ = C_2 - C_4$$

将各因素变动的影响加以汇总，其结果应与实际脱离计划的总差异相等：

$$H = C_2 - C_1 = H_1 + H_2 + H_3$$

乙产品的原材料费用由产品产量、单位产品原材料消耗量和原材料单价 3 个因素组成，这 3 个因素的关系可用下列公式计算：

原材料费用 = 产品产量 × 单位产品原材料消耗量 × 原材料单价

例 4-2-2 有关资料见表 4-6，运用因素分析法分析各因素变动对原材料费用实际脱离计划的影响。

表 4-6 A 产品原材料成本分析资料

项目	计划数（C_1）	实际数（C_2）
产品产量（X）/件	50	55
单位产品原材料消耗量（Y）/千克	25	20
原材料单价（Z）/元	5	6
原材料费用（C）/元	6 250	6 600

确定分析对象：$C_2 - C_1 = 6\ 600 - 6\ 250 = 350$

因素分析：$C_1 = X_1 \times Y_1 \times Z_1 = 50 \times 25 \times 5 = 6\ 250$ ①

$C_3 = X_2 \times Y_1 \times Z_1 = 55 \times 25 \times 5 = 6\ 875$ ②

$C_4 = X_2 \times Y_2 \times Z_1 = 55 \times 20 \times 5 = 5\ 500$ ③

$C_2 = X_2 \times Y_2 \times Z_2 = 55 \times 20 \times 6 = 6\ 600$ ④

产品产量变动的影响数：

$$② - ① = 6\ 875 - 6\ 250 = 625 \text{（元）}$$

单位产品原材料消耗变动影响数：

$$③ - ② = 5\ 500 - 6\ 875 = -1\ 375 \text{（元）}$$

原材料单价变动影响数：

$$④ - ③ = 6\ 600 - 5\ 500 = 1\ 100 \text{（元）}$$

$$H = 625 - 1\ 375 + 1\ 100 = 350 \text{（元）}$$

从以上分析计算可以看出，该种产品所耗原材料费用超支 350 元，主要是由原材料价格提高和产品产量增加引起的。由于原材料价格提高，产品的原材料费用超支 1 100 元，这是企业供应部门的责任，应当由企业供应部门查明原因。由于产品产量增加，产品的原材料费用超支 625 元，产量增加应具体分析，如果产品适销对路，则增加产量是允许的，否则将会由于产品积压而形成浪费。在原材料消耗方面不仅没有超支，而且还节约了。如果产品产量没有增加，材料价格没有提高，产品的原材料费用不仅不会超支，而且还会节约 1 375 元，这一般是生产车间成本管理的成绩。应该在以上分析计算的基础上，进一步查明产品产量增加、原材料价格提高以及单位产品原材料消耗节约的具体原因，以便总结经验、发扬成绩、采取措施、克服缺点、加强管理、节约产品的原材料费用。

必须指出的是，采用因素分析法在测定某一变动影响时，是以假定其他因素不变为条件的。因此，其计算结果只能说明是在某种假定条件下的结果。这就要求在分析时，在确定每项因素变动影响的基础上，还要进一步查明具体原因和潜力所在。要深入车间，在生产第一线深入了解产品的原材料消耗的第一手资料，再进行由此及彼、由表及里的分析，把数量分析和情况调查结合起来加以研究。

（四）差额分析法

差额分析法是直接利用各因素的实际数和基期数之间的差额计算确定各因素变动对综合指标影响程度的方法，是因素分析法的简化形式。对于表 4－5 提供的分析资料，改用差额分析法，可以得到如下同样的结果：

$$\text{产品产量变动的影响数} = (55-50)\times 25\times 5 = 625(\text{元})$$

$$\text{单位产品原材料消耗量变动的影响数} = 55\times(20-25)\times 5 = -1\ 375(\text{元})$$

$$\text{原材料单价变动的影响数} = 55\times 20\times(6-5) = 1\ 100(\text{元})$$

$$H = 625-1\ 375+1\ 100 = 350(\text{元})$$

任务二　主要产品单位成本报表的分析

主要产品单位成本报表分析的内容是：主要产品单位成本计划完成情况的分析，影响主要产品单位成本变动的主要因素分析、技术经济指标对产品单位成本的影响分析。

一、主要产品单位成本计划完成情况的分析

主要产品单位成本计划完成情况的分析，要依据产品单位成本各项目的实际数与计划数，确定其差异额和差额率以及各成本项目变动对单位成本计划的影响程度。

例 4－2－3　承前资料，对北方工具厂的主要产品 A 产品的单位成本进行分析，比较分析表见表 4－7。

表 4－7　A 产品的单位成本比较分析表

编制单位：北方工具厂　　　　　20××年度

项目	计划成本/元	实际成本/元	升降情况		各项目升降对单位成本的影响/%
			降低额/元	降低率/%	
直接材料费用	300	294	+6	+2	+1.05
直接人工费用	150	153	－3	－2	－0.53
制造费用	130	126	+4	+3.1	+0.69
合计	580	573	+7	+1.21	+1.21
注：“－”为上升，“+”为降低。					

从表中可以看出，A 产品单位成本实际比计划的降低额为 7 元，降低率为 1.21%，主要是直接材料费用和制造费用缩减所致，直接人工费用比计划则有所增加。从降低额对单位成本的影响看，由于直接材料费用和制造费用的减少，A 产品的单位成本大幅下降，直接人工费用的增加相对减缓了 A 产品单位成本上升的速度。这说明企业在加强生产管理方面取得

了较好的成绩，但劳动力成本增加，说明企业需要提高劳动生产率。

二、影响主要产品单位成本变动的主要因素分析

（一）直接材料费用的分析

当企业生产的产品只耗用一种原材料，或虽耗用几种原材料，但它们之间不存在配比关系时，对单位原材料成本的变动情况，可结合单位产品原材料消耗量（简称单耗）和原材料单价两个因素的变动情况，运用因素分析法进行深入分析，其因素分解公式为：

单位产品原材料成本 = Σ（单位产品原材料消耗量 × 原材料单价）

利用因素分解公式测定各因素的变动对单位原材料成本的影响，具体计算公式如下：

单耗变动对单位原材料成本的影响 = Σ[（实际单耗 − 计划单耗）× 计划原材料单价]

单价变动对单位原材料成本的影响 = Σ[实际单耗 ×（实际原材料单价 − 计划原材料单价）]

例4－2－4 根据北方工具厂的主要产品单位成本报表（表4－2）所列A产品单位原材料成本资料，整理后见表4－8。

表4－8 A产品单位原材料成本

编制单位：北方工具厂　　　　20××年

计划			实际		
单耗/千克	原材料单价/元	原材料成本/元	单耗/千克	原材料单价/元	原材料成本/元
12.5	24	300	12.5	23.52	294

原材料成本变动对A产品成本降低的影响 = 300 − 294 = 6（元）

其中：

单耗变动对单位产品原材料成本的影响 =（12.5 − 12.5）× 24 = 0（元）

原材料单价变动对单位产品原材料成本的影响 = 12.5 ×（24 − 23.52）= 6（元）

两个因素对产品成本的影响程度 = 0 + 6 = 6（元）

从分析计算中可见，A产品原材料成本降低6元，是原材料单价降低因素所致，属于客观原因形成的产品成本降低。

发生单耗上升与企业的生产管理有关，需要进一步分析引起单耗上升的原因。通常而言，影响单耗变动的原因有：原材料质量的变化，原材料加工方式的改变，利用废料或代用材料，原材料利用程度的变化，产品零、部件结构的变化，废料回收情况等，应结合上述原因深入生产环节进行具体分析。

发生原材料单价变动，同样要分析其原因。影响原材料单价变动的原因有：原材料采购地点、采购方式、原材料买价、运费、运输途中的损耗、原材料入库前的逃选整理费用等因素的变动，这些原因既有主观的因素，又有客观的因素，也应结合具体情况深入分析。

（二）直接人工费用的分析

1. 单一产品的人工成本的分析

当企业只生产一种产品时，单位产品的人工成本是用人工成本总额除以产品总量求得的，其因素分解公式为：

$$\text{单位产品人工成本}=\frac{\text{生产工人薪酬总额}}{\text{完工产品产量}}$$

在这种情况下，影响单位产品人工成本的因素只有两个，即工人薪酬因素和产品产量因素。这两个因素变动对单位人工成本的影响可用如下公式测定：

$$\text{产品产量变动对单位产品人工成本的影响}=\frac{\text{计划工人薪酬总额}}{\text{实际产品产量}}-\frac{\text{计划工人薪酬总额}}{\text{计划产品产量}}$$

$$\text{工人薪酬总额变动对单位产品人工成本的影响}=\frac{\text{实际工人薪酬总额}-\text{计划工人薪酬总额}}{\text{实际产品产量}}$$

人工成本总额变动与企业工资政策、岗位定员、出/缺勤等情况有关，所以应结合有关因素深入分析；产品总量变动结合企业生产和销售的具体情况进行分析。

2. *多种产品的人工成本的分析*

在多数企业中，产品品种往往不是单一的，各产品的人工费用一般按生产工时比例分配记入各种产品成本。因此，单位产品人工成本的高低取决于单位产品的生产工时和小时薪酬率这两个因素，其因素分解公式为：

单位产品人工成本 = 单位产品生产工时 × 小时薪酬率

每个因素变动对单位产品人工成本的影响，可以用下列公式测定：

$$\text{单位产品工时变动对单位产品人工成本的影响}=\left(\text{单位产品实际工时}-\text{单位产品计划工时}\right)\times\text{计划小时薪酬率}$$

$$\text{小时薪酬率变动对单位产品人工成本的影响}=\text{单位产品实际工时}\times\left(\text{实际小时薪酬率}-\text{计划小时薪酬率}\right)$$

例 4-2-5　产品人工成本分析表见表 4-9。

表 4-9　产品人工成本分析表

编制单位：北方工具厂　　　　　　20××年

项目	计划	实际	差异
单位产品工时/小时	50	50	0
小时薪酬率/（元·小时$^{-1}$）	3.0	3.06	-0.06
单位产品人工成本/元	150	153	-3

直接人工费用变动对 A 产品成本降低的影响 = 150　153 =　3（元）

其中：

单位产品工时变动对单位产品人工成本的影响 =（50 - 50）×3 = 0（元）

小时薪酬率变动对单位产品人工成本的影响 = 50 ×（3 - 3.06）= -3（元）

两个因素对产品人工成本的影响程度 = 0 +（-3）= -3（元）

以上分析计算表明，A 产品直接人工费用比计划上升 3 元，这是由小时薪酬率提高 0.06 元引起的。一般来讲，职工工资水平适当提高是正常的。

单位产品所耗工时的节约，一般是生产工人提高了劳动的熟练程度，从而提高了劳动生产率的结果，但也不排斥是投机取巧造成的。应该查明节约工时以后是否影响了产品的质量。通过降低产品质量来节约工时的行为，是不被允许的。

小时薪酬费用是以生产工人的薪酬总额除以生产工时总额计算求出的。薪酬总额控制得好，会使每小时薪酬费用节约，否则会使每小时薪酬费用超支。对生产工人薪酬总额变动的分析，可以与前述按成本项目反映的产品生产成本表中直接人工费用的分析结合起来进行。一般来说，小时薪酬率会呈增长趋势，但在新工人增加较多的条件下，也可能会在一定期间有所回落。

在工时总量固定的情况下，非生产工时控制得好，减少非生产工时，增加生产工时总额，会使每小时薪酬费用节约，否则会使每小时薪酬费用超支。因此，要查明每小时薪酬费用变动的具体原因，还应对生产工时的利用情况进行调查研究。

（三）制造费用的分析

制造费用是为组织和管理生产所发生的费用，由部分不能直接记入产品成本的直接费用和生产车间开展生产管理活动发生的间接费用组成。单位产品制造费用的分析方法取决于车间生产的产品品种的多少。

1. 单一产品制造费用的分析

企业只生产一种产品时，单位产品制造费用的因素分解公式为：

$$单位产品制造费用=\frac{制造费用总额}{完工产品产量}$$

上式中各因素变动对单位产品制造费用的影响的测定公式为：

$$\text{产品产量变动对单位产品制造费用的影响}=\frac{计划制造费用}{实际产品产量}-\frac{计划制造费用}{计划产品产量}$$

$$\text{制造费用总额变动对单位产品制造费用的影响}=\frac{实际制造费用总额-计划制造费用总额}{实际产品产量}$$

2. 多种产品制造费用的分析

企业生产多种产品，则单位产品的制造费用应按以下因素分解公式进行分析：

单位产品制造费用 = 单位产品生产工时 × 小时制造费用率

每个因素变动对单位制造费用的影响，可按以下公式测定：

$$\text{单位产品工时变动对单位产品制造费用的影响}=(\text{单位产品实际工时}-\text{单位产品计划工时})\times\text{计划小时费用率}$$

$$\text{小时制造费用率变动对单位产品制造费用的影响}=\text{单位产品实际工时}\times(\text{实际小时费用率}-\text{计划小时费用率})$$

例4-2-6 制造费用分析表见表4-10。

表4-10 制造费用分析表

编制单位：北方工具厂　　　　20××年

项目	计划	实际	差异
单位产品工时/小时	50	50	0
小时制造费用率/（元·小时$^{-1}$）	2.60	2.52	0.08
单位制造费用/元	130	126	4

制造费用变动对甲产品成本降低的影响 = 130 - 126 = 4（元）

其中：

单位产品工时变动对单位产品制造费用的影响 =（50 - 50）×2.6 =0（元）

小时制造费用率变动对单位产品制造费用的影响 =50 ×（2.60 - 2.52）=4（元）

两个因素对产品成本的影响程度 =0 +4 =4（元）

以上分析计算表明，甲产品制造费用比计划降低 4 元，是减少制造费用支出，使小时制造费用率降低 0.08 元/小时所致，这是车间节约支出的成绩。

三、技术经济指标对产品单位成本的影响分析

技术经济指标是指从各种生产资源利用情况和产品质量等方面反映生产技术水平的各种指标的总称，不同企业由于生产技术特点不同，用来考核的技术经济指标也各不相同。企业各项技术经济指标完成的好坏，直接或间接地影响产品成本。因此把成本报表分析深入到技术领域，一方面能克服技术人员不问经济、财会人员不问技术的这种技术与经济脱离的现象，另一方面也能具体查明影响成本升降的各种生产技术因素，促使企业技术部门进行技术攻关，改进不合理的工艺及操作技术，从而解决降低成本的根本问题。

对技术经济指标进行分析，主要是从产品数量与质量变化的角度，对与产品成本有关的主要经济技术指标变动情况进行分析，以便从生产、技术领域查明产品成本升降的内在原因，寻找用改善技术经济指标降低产品成本的途径，达到提高成本管理水平的目的。

案例分析

由于市场及企业内部各种因素的影响，某橡胶厂主要产品——胶鞋的单位成本比上年同期有所提高，而市场销售价格比以往还低，这无疑使企业利润大大降低，企业面临巨大考验。经过深入车间考察分析，发现鞋面布裁剪方法不一，胶底设计导致用料过多。通过以老带新教授科学排刀法裁剪、改进大底的设计这两项改进工作，大大提高了企业材料的利用率，胶鞋的单位成本达到了历史最低水平，从而也使企业大大增强了市场竞争力。

分析：通过对产品的原材料因素进行分析比较，找出企业的原材料单价变动因素，可使企业单位成本降低，从而使企业增强市场竞争力。

项目小结

成本报表是通过表格的形式对企业发生的成本费用进行归纳和总结，为企业的内部管理提供所需的会计信息的报表。成本报表为企业制定成本计划提供依据，反映成本计划的完成情况，为企业降低成本指明方向。

练习题

一、单项选择题

1. 成本报表作为内部报表，其种类、项目、格式和编制方法由（　　）确定。

A. 企业自行　　　　B. 主管企业的上级机构

C. 财政部门　　　　D. 审计部门

2. 用来计算若干个相互联系的因素，对综合经济指标变动影响程度的一种分析方法是（　　）。

A. 对比分析法　　B. 比率分析法
C. 连环替代分析法　　D. 差额计算分析法
3. 产量变动影响产品单位成本的原因是（　　）。
A. 在产品全部成本中包括了一部分变动费用
B. 在产品全部成本中包括一部分相对固定的费用
C. 在产品总成本不变动
D. 在产品产量增长超过产品总成本增长
4. 企业以前正式生产过的有历史成本资料的产品是（　　）。
A. 可供销售产品　　B. 全部商品产品
C. 可比产品　　D. 不可比产品
5. 在影响因素只有两个时更为适用的分析方法是（　　）。
A. 对比分析法　　B. 比率分析法
C. 连环替代分析法　　D. 差额计算分析法
6. 通过计算某项经济指标的各个组成部分占总体的比重，即部分与全部的比率，进行数量分析的方法是（　　）。
A. 构成比率分析法　　B. 相关指标比率分析法
C. 动态比率分析法　　D. 对比分析法
7. 产值成本率是产品总成本与（　　）的比率。
A. 总产值　　B. 净产值
C. 商品产值　　D. 总产值或商品产值

二、多项选择题

1. 主要产品单位成本表反映的单位成本，包括（　　）。
A. 同行业同类产品实际　　B. 上年实际
C. 本年计划　　D. 本年累计实际平均
2. 企业成本报表（　　）。
A. 能综合反映报告期内的产品成本水平
B. 是评价和考核各成本中心成本管理业绩的重要依据
C. 是确定奖惩的依据
D. 是进行成本差异分析的依据
3. 指标对比的主要形式有（　　）。
A. 实际与计划指标对比　　B. 本期实际与上年同期实际指标对比
C. 本期实际与同行业先进水平对比　　D. 本期实际与历史最好水平对比
4. 成本报表一般包括（　　）。
A. 产品生产成本表　　B. 主要产品单位成本表
C. 制造费用明细表　　D. 产品销售费用明细表
5. 连环替代分析法的特征有（　　）。
A. 计算程序的连环性　　B. 替代计算的顺序性
C. 计算结果的假定性　　D. 计算结果的真实性
6. 成本报表的分析方法是（　　）。

A. 对比分析法　　　　B. 比率分析法
C. 连环替代分析法　　　　D. 差额计算分析法

7. 影响可比产品成本降低率变动的因素有（　　）。

A. 产品产量　　　　B. 产品价格
C. 产品品种构成　　　　D. 产品单位成本

8. 比率分析法主要有（　　）3 种。

A. 相关指标比率分析法　　　　B. 构成比率分析法
C. 动态比率分析法　　　　D. 连环替代分析法

9. （　　）属于影响产品单位成本的技术经济指标。

A. 劳动生产率　　　　B. 设备利用率
C. 合格品率　　　　D. 动态比率

三、判断题

1. 成本报表是对内还是对外，由企业自行决定。（　　）
2. 差额计算法是连环替代分析法的一种简化形式。（　　）
3. 企业的成本报表均是定期编制的。（　　）
4. 技术经济指标变动对产品成本的影响主要表现为对产品单位成本的影响。（　　）
5. 成本分配和计算方法一经确定就不能改变。（　　）
6. 差额计算法适合同质指标的数量对比。在其他条件不变的前提下，合格品率提高会引起产品单位成本的降低。（　　）
7. 影响可比产品成本降低额指标变动的因素有产品产量、产品品种结构和产品单位成本。（　　）
8. 不可比产品是企业以前未生产过的没有历史成本资料的产品。（　　）
9. 采用比率分析法，先要把对比的数值换成相对数，求出比率。（　　）
10. 构成比率是计算某项指标的各个组成部分占总体的比重。（　　）

四、计算分析题

1. 某企业 A 材料 2019 年有关资料见表 4 - 11。

表 4 - 11　某企业 A 材料 2019 年有关资料

项目	单位	计划	实际
产品产量	台	20	22
单位产品原材料消耗量	千克	38	35
材料单价	元	240	256
材料费用总额	元	182 400	197 120

要求：分别采用替代连环分析法和差额计算法分析相关因素对原材料费用变动的影响程度。

2. 某企业 2019 年有关产品成本资料见表 4 - 12。

表4－12　某企业2019年有关产品成本资料

产品名称	计量单位	本年累计实际产量	单位成本/元		
			上年实际平均	本年计划	本年累计实际总成本
可比产品					
甲	台	1 000	900	800	750 000
乙	台	500	700	650	300 000
不可比产品					
丙	台	200		420	81 000

要求：

（1）编制产品成本报表。

（2）计算可比产品成本本年实际降低额和降低率。

（3）计算全部产品成本降低额。

3. 某企业2019年有关产品成本资料见表4－13。

表4－13　某企业2019年有关产品成本资料

成本项目	产量/件		单位成本/元	
	计划	实际	计划	实际
变动成本			560	590
固定成本			320	320
单位成本	500	550	880	910

要求：分析产量变动对产品单位成本的影响。

4. 某工业企业2019年12月产品生产成本表中按产品种类反映所列全部可比产品的本年累计实际总成本为455 000元，按上年实际平均单位成本计算的本年累计实际总成本为455 000元，按本年计划成本计算的本年累计总成本为458 000元，该企业2020年可比产品成本的计划降低额为34 000元，计划降低率为8.5%。

要求：

（1）计算该企业2019年可比产品成本的实际降低额和实际降低率。

（2）确定可比产品成本降低计划的执行结果。

（3）采用连环替代分析法，计算产品产量、产品品种比重和产品单位成本对可比产品成本降低计划执行结果的影响程度。

参考文献

[1] 张桂春. 成本核算实务 [M]. 北京：人民邮电出版社，2011.

[2] 于富生，黎来芳. 成本会计学 [M]. 北京：人民大学出版社，2009.

[3] 蔡凤乔. 酒店会计实务 [M]. 上海：立信会计出版社，2013.

[4] 胡志明，余浩：行业特殊业务会计教程 [M]. 武汉：武汉大学出版社，2010.

[5] 徐晓敏，杨应杰，杨建. 成本会计 [M]. 北京：人民邮电出版社，2012.

[6] 程坚. 成本会计实务 [M]. 北京 高等教育出版社 2010.

[7] 刘建中.《成本会计》[M]. 北京：北京大学出版社，2012.

[8] 崔红敏，徐洪梅. 成本会计实务 [M]. 北京：北京理工大学出版社，2013.

[9] 财政部会计资格评价中心. 中级会计实务 [M]. 北京：经济科学出版社，2020.

[10] 财政部会计资格评价中心. 初级会计实务 [M]. 北京：经济科学出版社，2019.

[11] 中华人民共和国财政部. 企业会计准则 [M]. 上海：立信会计出版社，2020.

[12] 中华人民共和国财政部. 企业会计准则应用指南 [M]. 上海：立信会计出版社，2020.

[13] 江希和，向有才. 成本会计教程 [M]. 北京：高等教育出版社，2011.